改定承認年月日	平成19年8月6日
訓練の種類	普通職業訓練
訓練課程名	普通課程
教材認定番号	第58917号

改訂 設備施工系基礎

独立行政法人 高齢・障害・求職者雇用支援機構
職業能力開発総合大学校 基盤整備センター 編

は　し　が　き

　本書は職業能力開発促進法に定める普通職業訓練に関する基準に準拠し，設備施工系配管科の訓練を受ける人々のために，設備施工系基礎の教科書として作成したものです。

　作成に当たっては，内容の記述をできるだけ平易にし，専門知識を系統的に学習できるように構成してあります。

　このため，本書は職業能力開発施設で使用するのに適切であるばかりでなく，さらに広く知識・技能の習得を志す人々にも十分活用できるものです。

　なお，本書は次の方々のご協力により作成したもので，その労に対して深く謝意を表します。

　　　　＜改定委員＞
　　　　　小 谷 泰 彦　　株式会社ワイケイアソシエイツ
　　　　　玉 澤 伸 章　　城東技術専門校

　　　　＜監修委員＞
　　　　　戸 﨑 重 弘　　全国管工事業協同組合連合会
　　　　　橋 本 幸 博　　職業能力開発総合大学校

　　　　　　　　　（委員名は五十音順，所属は執筆当時のものです）

平成 20 年 3 月

　　　　　　　　　　　　　独立行政法人　高齢・障害・求職者雇用支援機構
　　　　　　　　　　　　　職業能力開発総合大学校　基盤整備センター

目　次

第1章　建築構造 ……………………………………………………………………… 1
第1節　建築構造の種類と分類 ……………………………………………………… 1
　　1．1　上部構造の種類（1）　1．2　基礎構造（1）　1．3　建築物の部位（2）
　　1．4　建築の用語（3）
第2節　測量，土工事，地業 ………………………………………………………… 8
　　2．1　建築工事測量（8）　2．2　水盛り，やり方（遣方）（8）
　　2．3　工事測量に使用する器具（9）　2．4　根切り，埋戻し（9）
　　2．5　掘削機械（10）　2．6　山止め（11）　2．7　くい（杭）（11）
　　2．8　地盤（11）　2．9　地盤改良（12）
第3節　木質構造 ……………………………………………………………………… 13
　　3．1　在来軸組構法（13）　3．2　枠組壁工法（19）
　　3．3　木質プレハブ構法（21）　3．4　集成材構造（22）
　　3．5　丸太組構法（23）
第4節　鉄筋コンクリート構造 ……………………………………………………… 24
　　4．1　鉄筋及びコンクリート（25）　4．2　鉄筋の加工・組立て（26）
　　4．3　型枠（28）　4．4　コンクリートの打込み（28）
第5節　鉄骨構造 ……………………………………………………………………… 29
　　5．1　鋼材（30）　5．2　小屋組（30）
第6節　鉄骨鉄筋コンクリート構造 ………………………………………………… 32
第7節　組積式（メーソンリー）構造 ……………………………………………… 33
　　7．1　補強コンクリートブロック造（33）
第8節　安全作業法 …………………………………………………………………… 35
　　8．1　服装，装具及び保護具（36）　8．2　作業場の整理，整とん（38）
　　8．3　電気の取扱い，火気の安全（40）　8．4　足場作業，高所作業（42）

第2章　建築設備 ……………………………………………………………………… 50
第1節　概　　要 ……………………………………………………………………… 50
　　1．1　設備の種類（50）　1．2　設備計画（51）
第2節　換気・暖房・空気調和設備 ………………………………………………… 53
　　2．1　換気設備（54）　2．2　暖房設備（58）　2．3　空気調和設備（62）
　　2．4　空気清浄装置（70）　2．5　集じん装置（73）

第3節　給排水・衛生設備 ……………………………………………………………… 79
　　3．1　上水道設備（79）　3．2　給水設備（84）　3．3　給湯設備（90）
　　3．4　衛生器具（94）　3．5　排水・通気設備（101）
　　3．6　下水道施設（105）　3．7　し尿浄化槽（111）

第4節　防災設備 ………………………………………………………………………… 114
　　4．1　防災設備とは（114）　4．2　防災設備の種類（114）
　　4．3　消火設備（116）　4．4　警報設備（129）
　　4．5　避難設備（131）　4．6　消火活動上必要な施設（132）

第5節　ガス設備 ………………………………………………………………………… 137
　　5．1　ガスの種類（137）　5．2　ガス機器と燃焼形式（138）
　　5．3　ガス漏れ警報設備（139）

第6節　電気設備 ………………………………………………………………………… 141
　　6．1　引込み設備（142）　6．2　受変電設備（143）　6．3　監視制御設備（144）
　　6．4　非常用発電設備（144）　6．5　蓄電池設備（145）　6．6　幹線設備（145）
　　6．7　電気工事（147）　6．8　コンセント設備（149）　6．9　照明設備（151）
　　6．10　情報通信設備（153）

第7節　その他の設備 …………………………………………………………………… 156
　　7．1　小型乗用エレベーター設備（156）　7．2　防犯設備（157）
　　7．3　建築設備における省エネルギー対策（159）　7．4　新エネルギー（160）

【練習問題の解答】 ……………………………………………………………………… 172

第1章 建 築 構 造

　建築物は，その用途に応じた規模・形状を必要とされるが，これをつくり出しているのが，建築計画・建築構造・建築設備などである。
　造作を担う建築計画，建物を有機化する建築設備とともに，骨格を決める工学的要素が建築構造である。
　建築構造の使命は，建築物が受けるであろう重量・風・地震などから十分に耐え得る構造物をつくり上げることである。しかも，合理的かつ経済的なものであることが重要である。

第1節　建築構造の種類と分類

　建築構造は図1－1のように，基礎面を境として，**上部構造**と**基礎（下部）構造**とに分けられる。

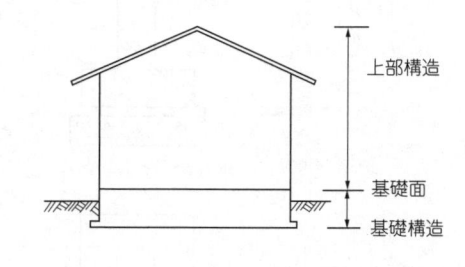

図1－1　上部構造と基礎構造

1．1　上部構造の種類

　上部構造の分類方法にはいろいろあるが，一般的には，使用材料，施工法，構造形式・形状による分類がなされる。

1．2　基 礎 構 造

　基礎構造は，上部構造を支えるもので，上部構造に影響を及ぼし建物全体の良否を左右するほど重要なものである。
　基礎構造（図1－2）は，**基礎**と**地業**に分けられる。基礎は上部構造を直接支えている部分で，地業は基礎部分を支える地盤を強化するためのものであり，礎版（基礎スラブ）の下に設けられた捨てコンクリート，砂利又は割りぐり石，くい（杭）などをいう。

基礎は礎版と立上がり部分からなり，形状からは**独立基礎・布基礎・べた基礎**（図1－3）の3種類に分けられる。

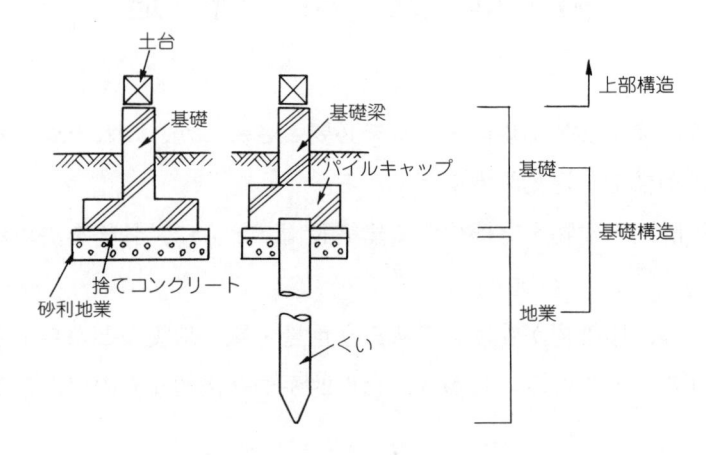

図1－2　基礎構造

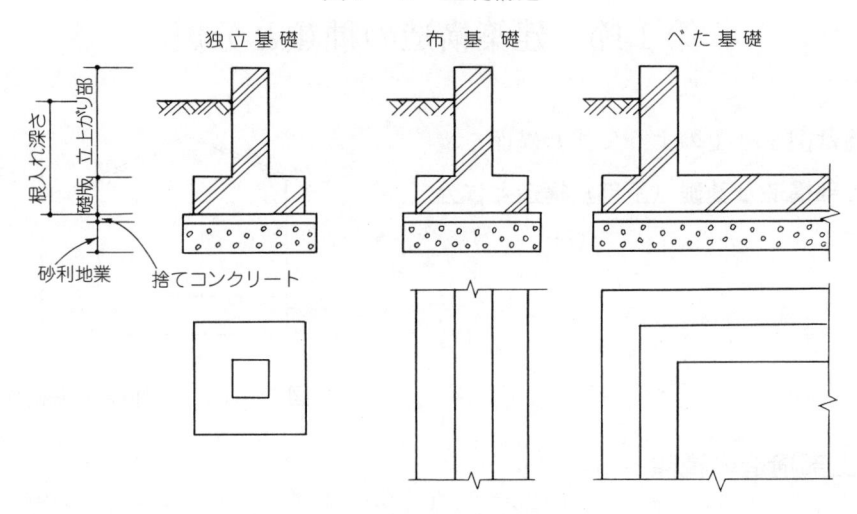

図1－3　形状による基礎の分類

1．3　建築物の部位

いろいろな構造法によってつくられる建築物を，部位により分類すると**構造部と仕上げ部**に大別できる（図1－4）。

構造部とは，基礎構造，主体構造，階段を指し，仕上げ部は外部仕上げ，内部仕上げ，開口部を指す。

図1-4 部位による分類

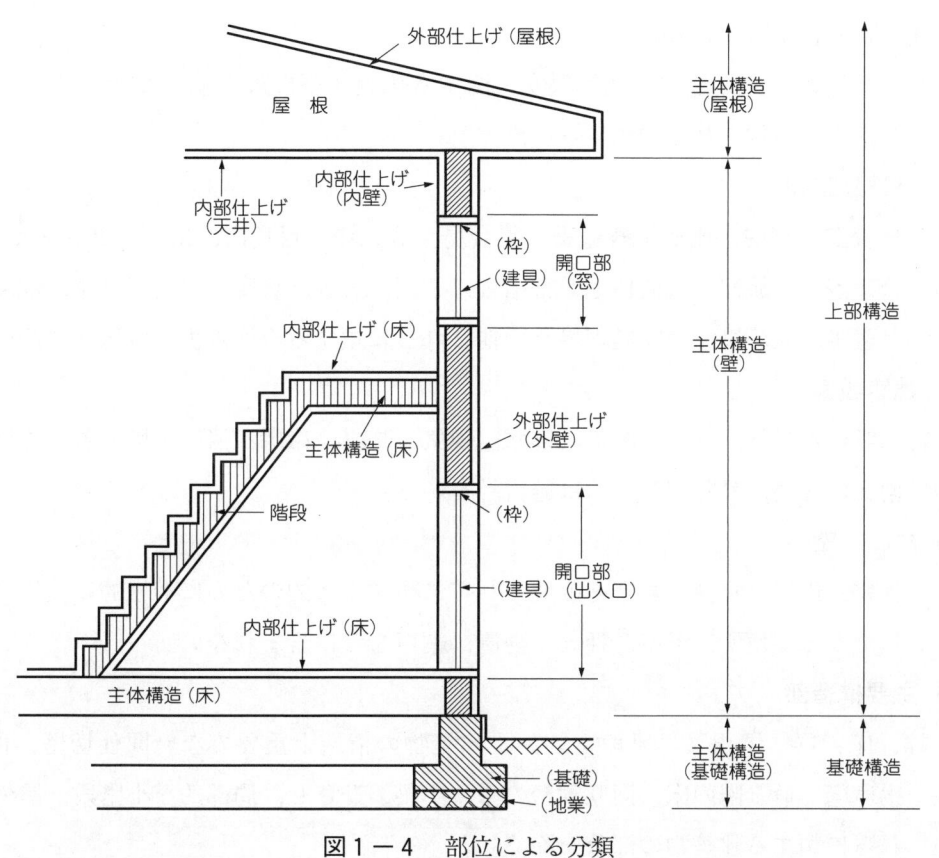

1.4 建築の用語

建築基準法をはじめ法令による建築物に関する用語の定義は，以下のように定められている（一部抜粋）。

（1）建築物

a）建築物に含まれるもの

① 土地に定着する工作物のうち，屋根及び柱若しくは壁を有するもの（これらに類する構造のものを含む。）
② ①に付属する門若しくは塀
③ 観覧のための工作物（例えば，野球場，競馬場の観覧席）
④ 地下若しくは高架の工作物内に設ける事務所，店舗，興行場，倉庫その他これらに類する施設
⑤ ①に付属する建築設備

b）建築物に含まれないもの

鉄道及び軌道の線路敷地内の運転保安に関する施設並びに跨線橋，プラットホームの上家，貯蔵槽，その他これらに類する施設

（2）**特殊建築物**

学校，体育館，病院，劇場，観覧場，集会場，展示場，百貨店，市場，ダンスホール，遊技場，公衆浴場，旅館，共同住宅，寄宿舎，下宿，工場，倉庫，自動車車庫，危険物の貯蔵場，と畜場，火葬場，汚物処理場その他これらに類する用途に供する建築物をいう。

（3）**建築設備**

建築物に設ける電気，ガス，給水，排水，換気，暖房，冷房，消火，排煙若しくは汚物処理の設備又は煙突，昇降機若しくは避雷針をいう。

（4）**居　　室**

居住，執務，作業，集会，娯楽その他これらに類する目的のために継続的に使用する室をいう。したがって便所，浴室，押入，物置，納戸などは含まれない。

（5）**主要構造部**

壁，柱，床，梁，屋根又は階段をいい，建築物の構造上重要でない間仕切壁，間柱，付け柱，揚げ床，最下階の床，回り舞台の床，小梁，ひさし，局部的な小階段，屋外階段その他これらに類する建築物の部分を除く。

（6）**延焼のおそれのある部分**

隣地境界線，道路中心線又は同一敷地内の2以上の建築物（延べ面積の合計が500m^{2}以内の建築物は，1の建築物とみなす。）相互の外壁間の中心線から，1階にあっては3m以下，2階以上にあっては5m以下の距離にある建築物の部分をいう（図1−5）。

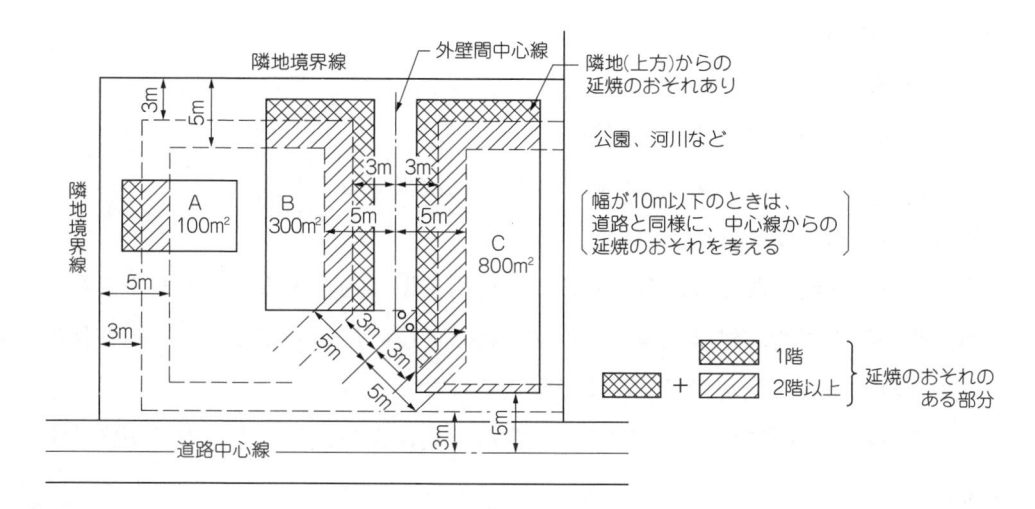

図1-5　延焼のおそれのある部分

ただし，防火上有効な公園，広場，川などの空地若しくは水面又は耐火構造の壁その他これらに類するものに面する部分を除く。

(7) **耐火構造**

壁，柱，床その他の建築物の部分の構造のうち，**耐火性能**に関して政令で定める技術的基準に適合する鉄筋コンクリート造，れんが造などの構造で，国土交通大臣が定めた構造方法を用いるもの又は国土交通大臣の認定を受けたものをいう。

(8) **防火構造**

建築物の外壁又は軒裏の構造のうち，**防火性能**に関して政令で定める技術的基準に適合する鉄網モルタル塗，しっくい塗などの構造で，国土交通大臣が定めた構造方法を用いるもの又は国土交通大臣の認定を受けたものをいう。

(9) **不燃材料**

建築材料のうち，**不燃性能**に関して政令で定める技術的基準に適合するもので，国土交通大臣が定めたもの又は国土交通大臣の認定を受けたものをいう。

(10) **準不燃材料**

建築材料のうち，通常の火災による火熱が加えられた場合に，加熱開始後10分間政令に掲げる要件を満たしているものとして，国土交通大臣が定めたもの又は国土交通大臣の認定を受けたものをいう。

(11) **難燃材料**

建築材料のうち，通常の火災による火熱が加えられた場合に，加熱開始後5分間政令に掲げる要件を満たしているものとして，国土交通大臣が定めたもの又は国土交通大臣の認

定を受けたものをいう。

(12) 耐火建築物

次に掲げる基準に適合する建築物をいう。

ⅰ．その主要構造部がa）又はb）のいずれかに該当すること。

a）耐火構造であること。

b）次に掲げる性能に関して政令で定める技術的基準に適合するものであること。

① 当該建築物の構造，建築設備及び用途に応じて屋内において発生が予測される火災による火熱に当該火災が終了するまで耐えること。

② 当該建築物の周囲において発生する通常の火災による火熱に当該火災が終了するまで耐えること。

ⅱ．その外壁の開口部で延焼のおそれのある部分に，防火戸その他の政令で定める**防火設備**を有すること。

(13) 設計図書

建築物，その敷地又は工作物に関する工事用の図面（現寸図その他これらに類するものを除く。）及び仕様書をいう。

(14) 建　　築

建築物を新築し，増築し，改築し，又は移転することをいう。

(15) 大規模の修繕

建築物の主要構造部の一種以上について行う過半の修繕をいう。

(16) 大規模の模様替え

建築物の主要構造部の一種以上について行う過半の模様替えをいう。

(17) 特定行政庁

原則として，建築主事を置く市町村の区域については，当該市町村の長をいい，その他の市町村の区域については，都道府県知事をいう。

(18) 敷　　地

1の建築物，又は用途上不可分の関係にある2以上の建築物のある一団の土地をいう。

(19) 敷地面積

敷地面積の算定は，図1－6に示すように敷地の水平投影面積による。

(20) 建築面積

建築物（地階で地盤面上1m以下にある部分を除く。）の外壁，又はこれに代わる柱の中心線（軒，ひさし，はね出し縁その他これらに類するもので，当該中心線から水平距離1m以上突き出たものがある場合においては，その端から水平距離1m後退した線）で囲まれた部分の水平投影面積による（図1－7）。

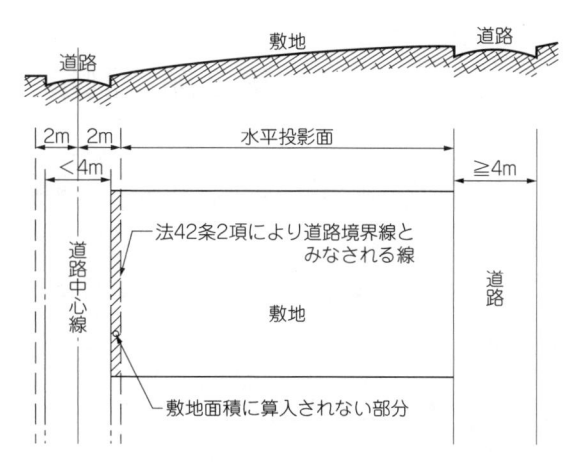

図1－6　敷地面積の算定

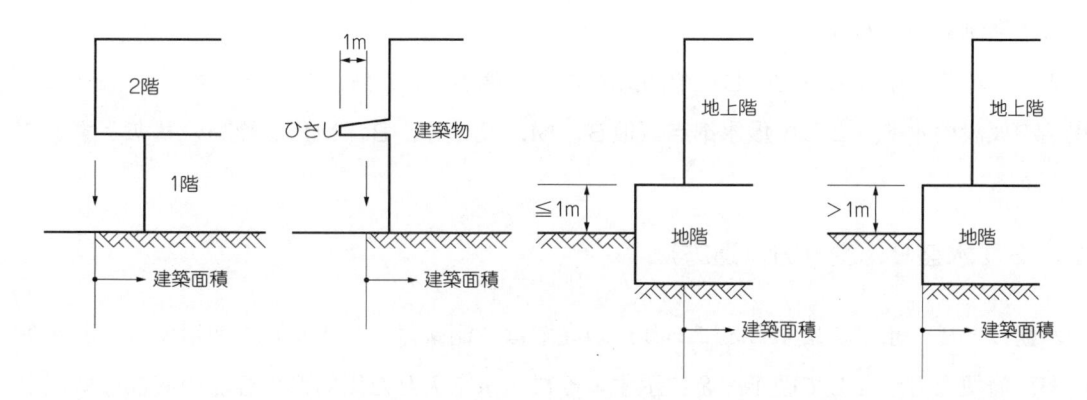

図1－7　建築面積の算定

ただし，国土交通大臣が高い開放性を有すると認めて指定する構造の建築物又はその部分については，その端から水平距離1m以内の部分の水平投影面積は，当該建築物の建築面積に算入しない。

(21) 床 面 積

建築物の各階又はその一部で，壁その他の区画の中心線で囲まれた部分の水平投影面積による。

(22) 延べ面積

建築物の各階の床面積の合計による。

(23) 地　　階

床が地盤面下にある階で，床面から地盤面までの高さが，その階の天井の高さの1／3以上のものをいう。

第2節　測量，土工事，地業

　基礎の周辺作業として土地を測定する建築工事測量が行われ，根切り・埋戻しなどの土工事が行われる。
　また，事前に地盤の強度・質などが調査され，状況に応じた地盤強化のための地業が行われる。

2．1　建築工事測量

　設計図，仕様書などに示された寸法に基づき，基準点，基準線，各種の中心線など所要の点や線を標示する作業を**建築工事測量**といい，距離を測定する**距離測量**や高低差を測定する**水準測量**が行われる。
　また，基準となる国が設置した標高既知点を**水準点（B．M．：ベンチマーク）**といい，現場の仮設の水準点として**仮水準点（仮B．M．又はK．B．M）**を標高の基準とすることがある。

2．2　水盛り，やり方（遣方）

　水盛りとは，水平を出すことであり，現在では，測量器（レベル）を使用することが多いが，簡便な方法として図1－8に示すように，水を入れた円筒形の容器の底部にゴムホースをつなぎ，ゴムホースの先端にガラス管を付けた簡単な道具で，水平の位置を移すことが行われていたことから，この言葉が生まれた。
　水盛りによって出した水平，柱や壁の心などを，建物の周囲に，ぬきや垂木(たるき)を使って表示するものが，**やり方**（図1－9）である。

図1-8 水盛り　　　　　　　　図1-9 やり方

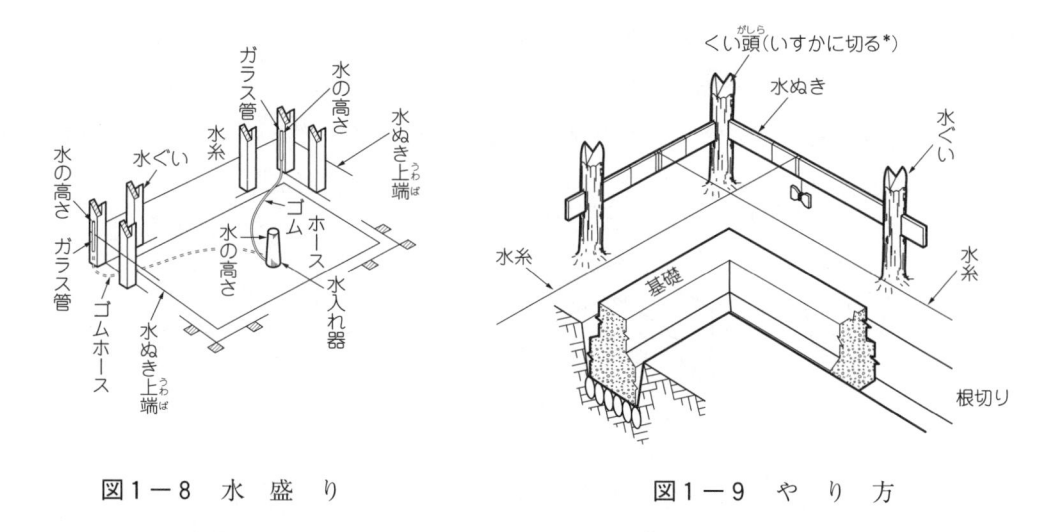

2.3 工事測量に使用する器具

　建築工事測量に使用する器具類は，レベル（水準儀）などの測量用器械・器具のほかに，さしがね，水準器，墨つぼ，水糸，下げ振り，尺づえなどが補助用具として使われる（図1-10）。

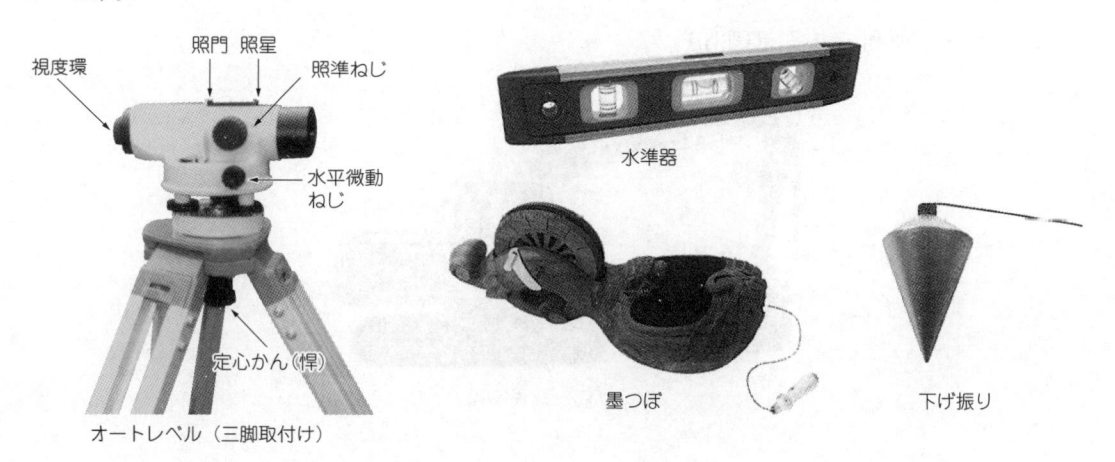

図1-10　工事測量の補助用具

2.4　根切り，埋戻し

　基礎工事などのために土地を掘ることを**根切り**という（図1-11）。根切りには，つぼ掘り，布掘り，総掘りがある。独立した柱の基礎などを掘るのをつぼ掘りといい，溝状に

＊いすかに切る〈鵤に切る〉：やり方ぐいの頭を切るときなどに用いる方法で，同一の木の先端を前半分は右上の止めに切り，後ろ半分は左上の止めに切って，いすかのくちばしのように食い違わせてつくり出したもの。

掘るのを布掘り，全体を掘るのを総掘りという。

　基礎などを打ったのち，周囲を埋戻して打ち固める。**埋戻し**は，厚さ30cmごとに，ランマー（突き固め機械）などで突き固めながら行う。パイプなどを埋設して，その下まで十分埋土を入れる必要があるときには，砂を水で流し込むこともある。

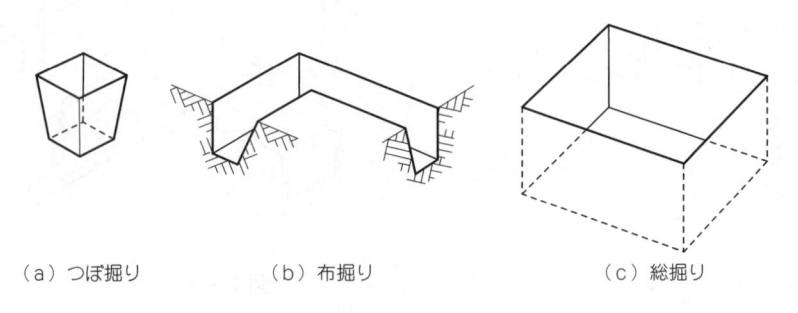

　　　　（a）つぼ掘り　　　　（b）布掘り　　　　（c）総掘り

図1－11　根　切　り

2．5　掘　削　機　械

　掘削機械の代表はパワーショベルである（図1－12(a)）。パワーショベルは，作業腕の部分を交換することによって，各種の掘削作業，クレーン作業に適用できる。布掘りには，トレンチャーが便利である（図(b)）。

(a)　パワーショベル

(b)　トレンチャー

図1－12　掘　削　機　械

2.6 山 止 め

地盤を掘削する際，周囲地盤（やま）の崩壊を防ぐため，矢板などを用いて土圧を受ける壁を設けた仮設材，支持架構を**山止め**（図1－13）という。深さ2m以上の根切りの山止めをするには，有資格の土止め支保工作業主任者の指揮が必要である。

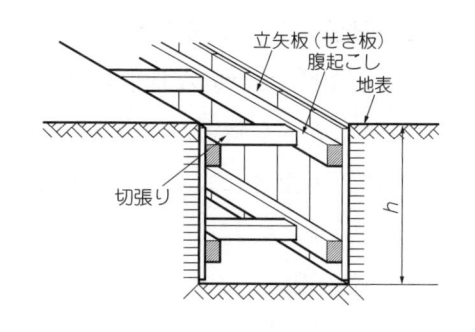

図1－13 山 止 め

2.7 く い（杭）

地盤の支持力を**地耐力**といい，kN/m^2で表示する。

上部の地盤が軟弱で地耐力が不足するときにくいを打つ。地中の固い地盤に達するまで打ち込むくいを支持くいという。固い地盤が深くて，やむを得ない場合には，くいと土との摩擦力で支持することがある。これを摩擦くいという。

コンクリート製のくいを打ち込む場合と，現場にくい用の穴を掘って，鉄筋を入れ，コンクリートを打ち込む「現場打ちくい」がある。

既製くいを打ち込むには，ディーゼルハンマなどで打ち込む方法もあるが，騒音の問題から，低騒音，低振動によって打ち込む方法が用いられる。

2.8 地 盤

構造物を支持する地盤の状態を知ることは，構造物を計画する上で，重要なことである。**地盤**の状況を知るためには，現地でのボーリングなど各種の調査のほか，現場付近で行われた過去の調査結果などを比較検討することによっても知ることができる。

地盤は，一般に年代の古いものほど固く，新しい地盤ほど軟弱である。特に，河川のたい積によってできた地盤や埋め立てなどによって人工的につくられた地盤は軟弱で耐力が小さく，地盤沈下が起こりやすい。地震時には建物に大きな力が作用したり，流砂現象などが生じやすいので，これらの軟弱地盤に建物を建てる場合には，建物，基礎をより丈夫にしておくなどの配慮が必要である。

（1）軟弱地盤

敷地の地層が泥土，腐植土などで構成されていたり，沼や緩い砂などからなる海岸を埋め立てた土地を一般に**軟弱地盤**と呼ぶ。

(2) 地盤沈下，不同沈下

地表面が極めて軟弱な地盤に独立基礎や布基礎を採用すると，基礎が異なった沈下をし，上部構造に大きな障害が発生することがあり，このような沈下を**不同沈下**という。また，地下水のくみ上げによるようなゆっくりとした沈下を一般に**地盤沈下**又は**圧密沈下**という。

(3) 流砂現象

水分を含んだ砂に強い振動を与えると，ちょうど液体のような動きをする現象を**流砂現象**又は**液状化現象**という。

2.9 地盤改良

軟弱な地盤を改良する方法は，いろいろ行われている。次にそれらを述べる。

(1) セメント系固化材を用いた混合処理法

セメント系固化材（セメントミルク）を対象土に添加し，混合かくはんして対象土の改善を図る方法である。

(2) パイルドラフト基礎を用いた住宅地盤補強工法

住宅などに用いられ，荷重の影響がある主要な地中応力（ＧＬ５～７ｍ）の範囲を地盤補強して支持力の増加と低減を図る方法である。地盤全体の沈下は生じるが建物の不同沈下を低減させるという考え方である。

(3) 木造住宅を対象とした鋼管くいによる地盤改良工法

基礎下に鋼管くいを回転圧入し，支持力の強化を図る改良工法である。

第3節　木質構造

　木材は加工が容易で，軽量のわりに強く，その種類も多く，外観も日本人の好みにあっているなどの利点もあるが，乾燥による狂いを生じ，腐りやすく，燃えやすいなどの欠点もある。そこで木材の長所を残し，欠点を補った各種の木質系材料が使用されるようになり，木材だけを主要材料とする構造を表してきた木構造という名称の代わりに，木材及び木質材料を使用するという意味で，**木質構造**という名称が使用されている。

　木質構造の主なものには，**在来軸組構法**，**枠組壁工法**，**木質プレハブ構法**，**集成材構造**，**丸太組構法***がある。

　木質構造の壁の納まりには，軸の軸組（骨組）である柱が見える**真壁式**と柱が見えないように壁仕上げをした**大壁式**がある。

　真壁式は，寺社建築や数寄屋建築などに，大壁式は事務所建築に用いられることが多い。また，一般の住宅には両者が併用されることが多い。

3．1　在来軸組構法

　我が国の伝統的な木造の構法で，主要構造部を柱，梁，けた，土台などの木材の軸組（線状部材）で構成する構法を在来軸組構法という（在来軸組構法は，在来構法とも呼ばれることがある。）。

　新しい構法が出現して木質構造という名称が使用されるようになるまでは，木構造といえばこの構法のことを指し，木造建築物のほとんどすべてが在来軸組構法によって建てられていた。

　在来軸組構法には，昔からの伝統があり，この構法による木造建築を専門とする建築大工が全国に多数いて，現在でも多くの木造建築が，この構法によって建てられている。

　在来軸組構法は，昔からの伝統を持っているが，現代の在来軸組構法が昔からの伝統的な構法をそのままの形で受け継いでいるわけではない。すなわち，現代の在来軸組構法は，昔からの伝統に立脚しながら，時代の変化に対応した様々な改良・合理化の過程を経て，できあがったものである。このことは，古い時代に建てられた建物と現在建てられている建物を比較するとよく理解できる。

---

*構法：「工法」が建物・建物部位の構成方法，構造の計画から施工方法までを含む広い意味を持つのに対し，「構法」は建物の組立て方，施工方法をいう。

木造建築には，和風構造と洋風構造があり（図1-14），住宅建築では両者を併用したものが多い。

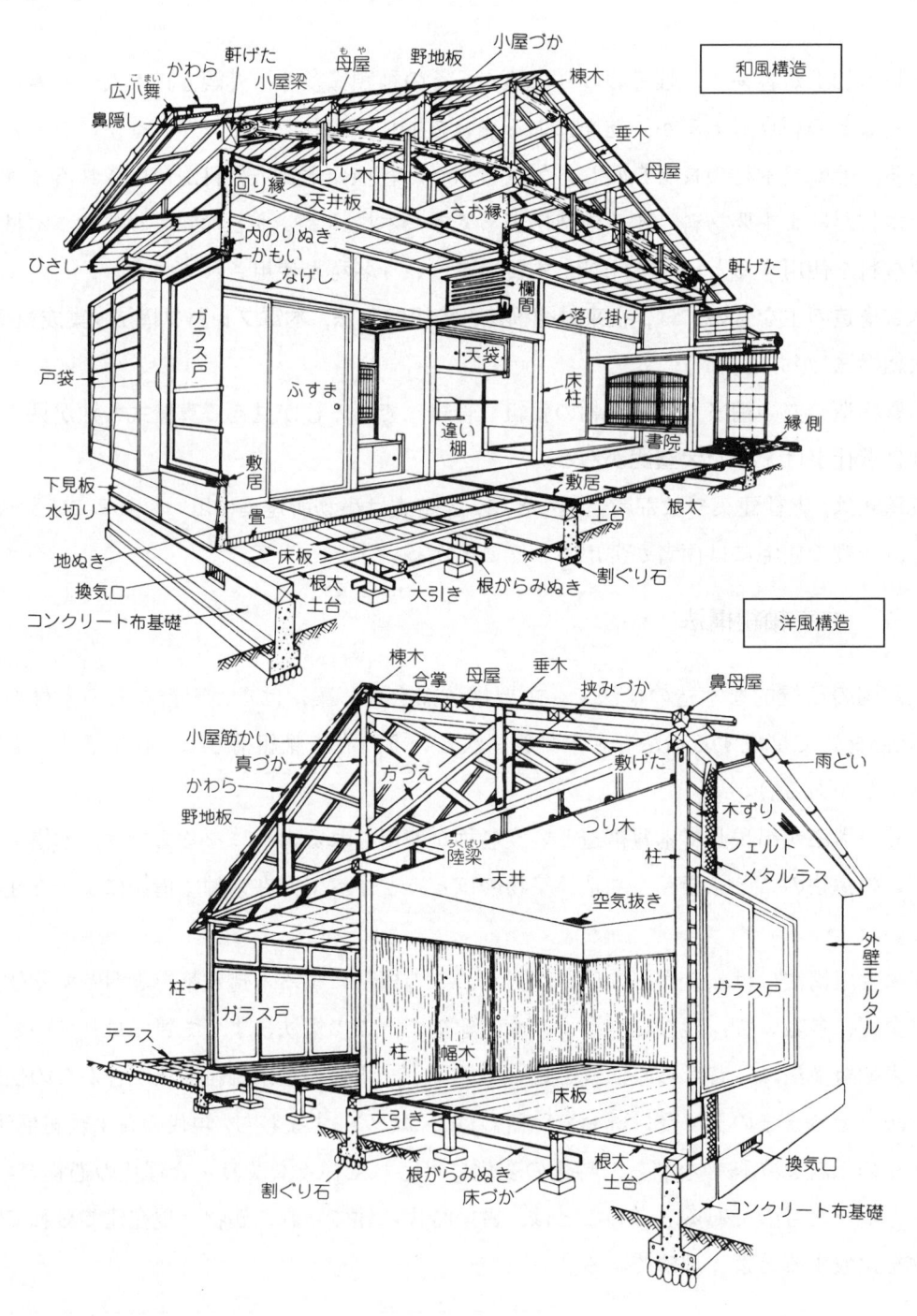

図1-14 在来軸組構法

（1）在来軸組構法による構造部の構成

在来軸組構法による構造部は，**軸組**，**床組**，**小屋組**からなる主体構造部と，それを支える基礎から構成される（図1－15）。

基礎は，主体構造部を支え，建物に作用する荷重を地盤に伝える働きをする。在来軸組構法では，鉄筋コンクリートによる布基礎が用いられることが多く，一部に独立基礎も使用される。また，地盤が軟弱な場合にはべた基礎も用いられる（図1－3参照）。

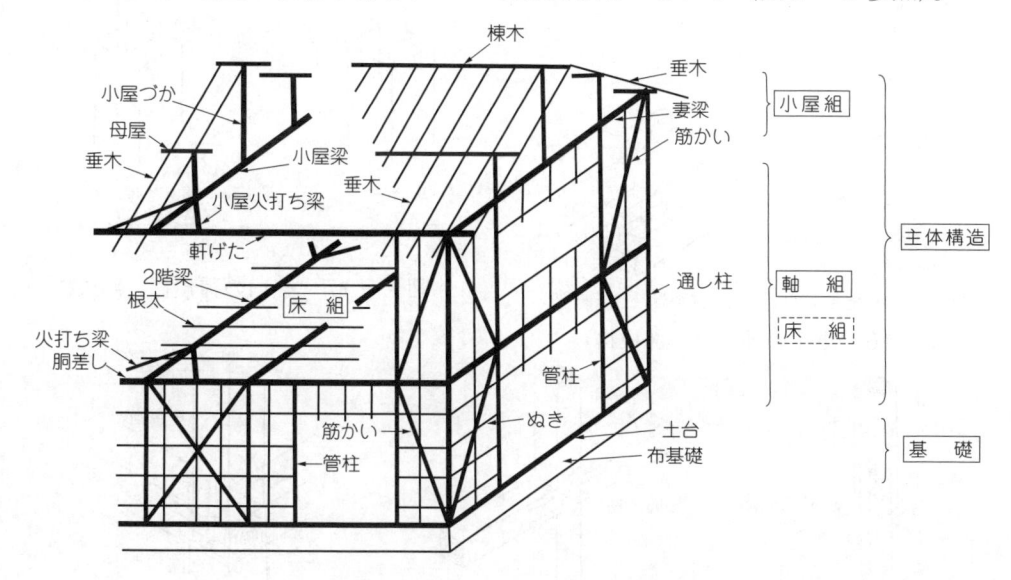

図1－15 在来軸組構法の構成

軸組は，壁体の骨組で，土台，柱，けた，胴差し，筋かいなどから構成され，積載物，自重，雪などによる**鉛直荷重**と，地震，風などによる**水平荷重**に抵抗する。

床組は，床板，根太，梁などから構成され，床，天井などの鉛直荷重を支え，その荷重を軸組に伝える働きをする。また，建物を一体化させ，建物に水平荷重が作用したときには，水平荷重を建物全体に分散させる働きをする。

小屋組は，屋根を形づくる骨組で，棟木，母屋，垂木，野地板などで構成され，屋根に加わる荷重を支え，その荷重を軸組に伝える働きをする。また，床組と同様，建物を一体化させる働きをする。

（2）**継手**，**仕口**，**緊結金物**

在来軸組構法の場合，主体構造である軸組，床組，小屋組は，木材を組み合わせ，接合して構成する。接合方法のうち，材料の軸方向に接合してさらに長い材料をつくる接合方法を**継手**（図1－16），材料を直角又は斜めに接合するものを**仕口**（図1－17）という。

木材の継手・仕口については，古くから，その使用場所に応じた方法がいろいろ考案さ

れ使用されてきたが，機械加工（プレカット）に適した形状のものも使用されている。

また，木材の継手・仕口には各種の**緊結金物**（図1-18）を併用することが多い。

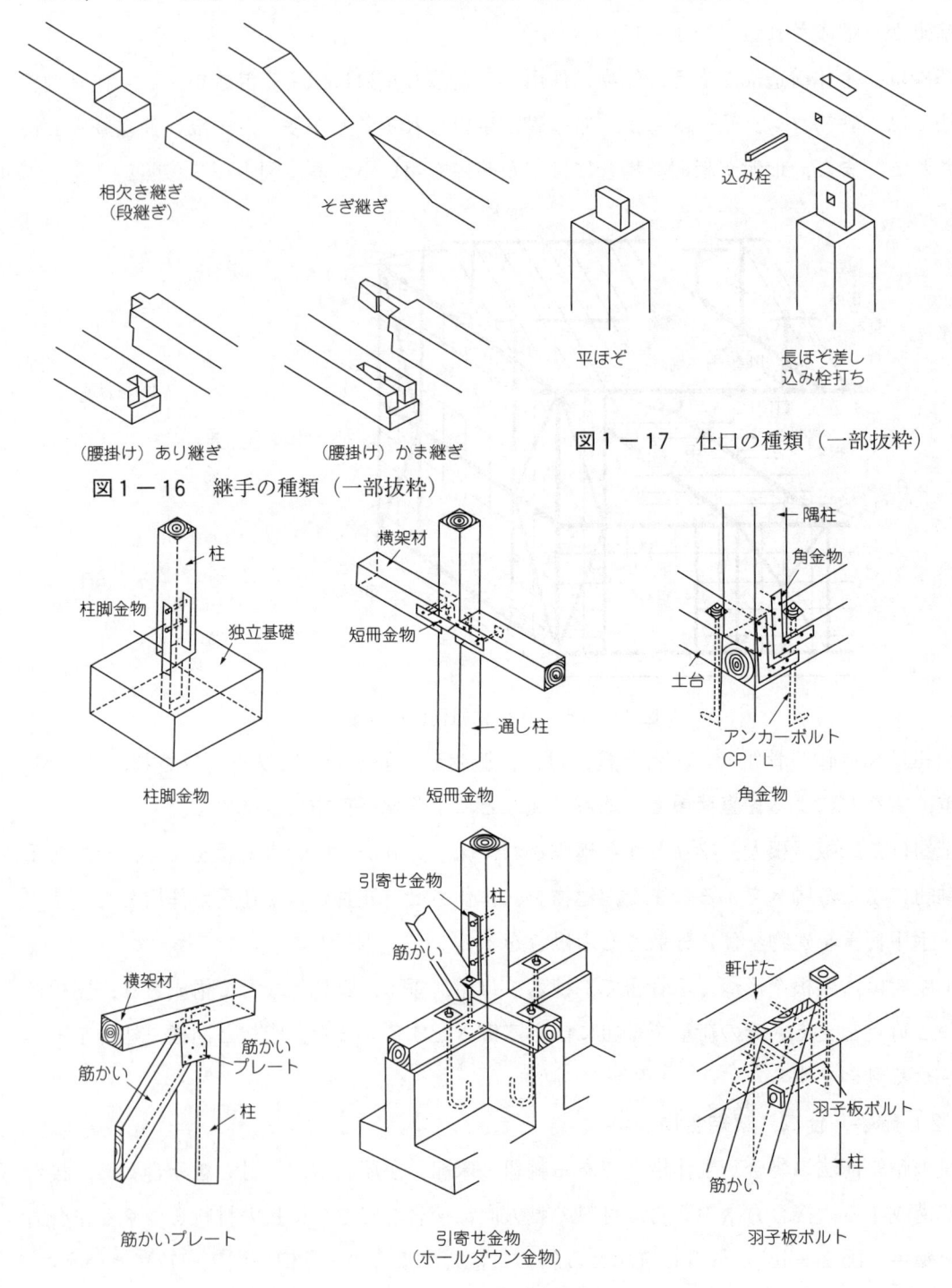

図1-16 継手の種類（一部抜粋）

図1-17 仕口の種類（一部抜粋）

図1-18 緊結・補強金物の種類（一部抜粋）

（3）基　礎

　基礎は，建物を地盤に定着させるためのもので，軸組下部に設けられる。通常，建物の外周部，主要な間仕切壁の下部，浴室などの水回りは布基礎とし，布基礎のない位置で柱などを支える場合には独立基礎とする。

　基礎には，構造的な働きのほか，土台の防腐の役目もあるので，基礎上端面(うわばめん)は地表面から30cm以上高くしておくことが必要である。また，床下換気のため，基礎長さ5m以内ごとに30cm²以上の換気口を設け，ねずみなどの侵入を防ぐためのスクリーンを堅固に取り付ける。

　また，基礎と土台を緊結するためのアンカーボルトを，土台の端部，継手，仕口付近，耐力壁の脚部，その他の部分で間隔2.7m以内に埋め込んでおく（図1－19）。

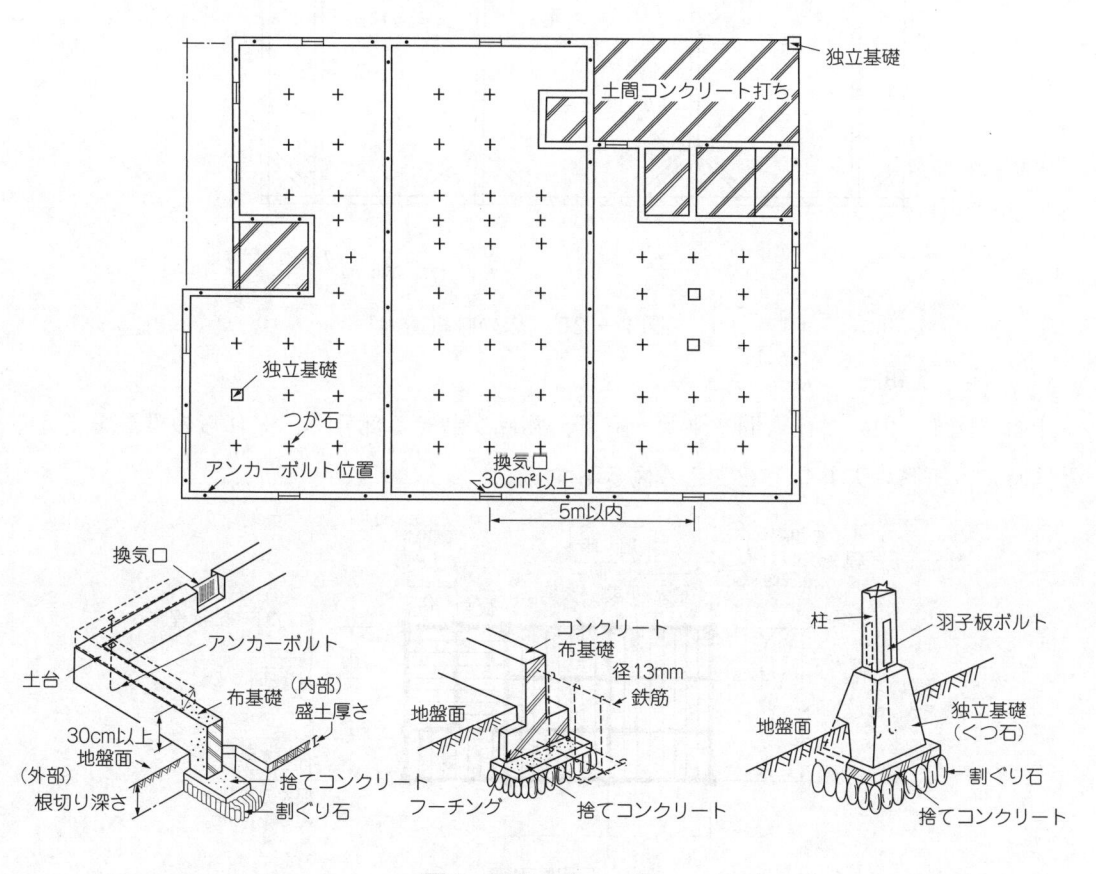

図1－19　基　礎

（4）床の軸組

床の軸組（図1-20）は，構造耐力上重要な部分であるので，地盤面から1m以内の部分には，十分な防腐処理をしておくことが必要である。

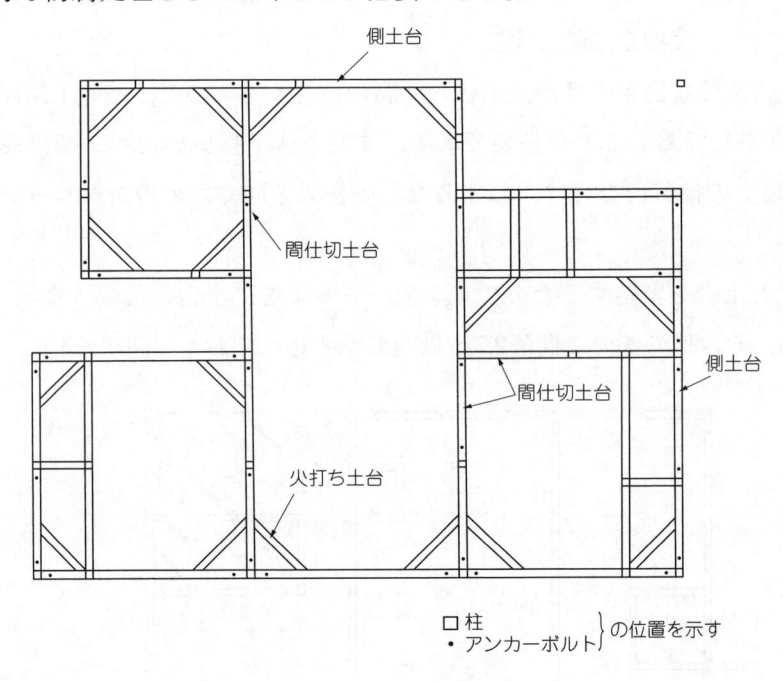

図1-20 床の軸組

（5）床　組

床組（図1-21）は，人間を乗せ，家具，物品を載せる部分で，それらの重量を支えると同時に，下階の天井などを支える働きもする。

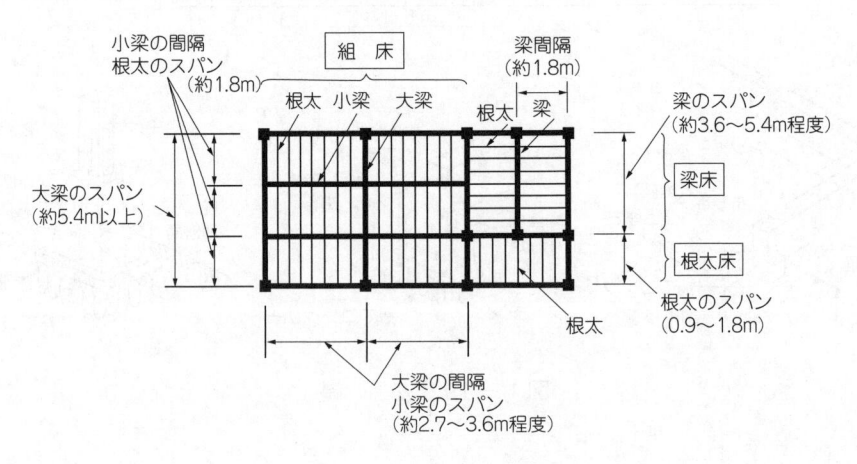

図1-21 床組の構成

(6) 小屋組

屋根を形づくる骨組を**小屋組**又は**小屋**という。

小屋組は、屋根ふき材、天井、積雪荷重などの鉛直荷重を支え、軸組へ伝達する働きをすると同時に、建物を一体化し水平力を分散させる働きをする。

屋根の形状は、図1-22に示すようなものであり、屋根の小屋組の種類は図1-23に示すようなものである。

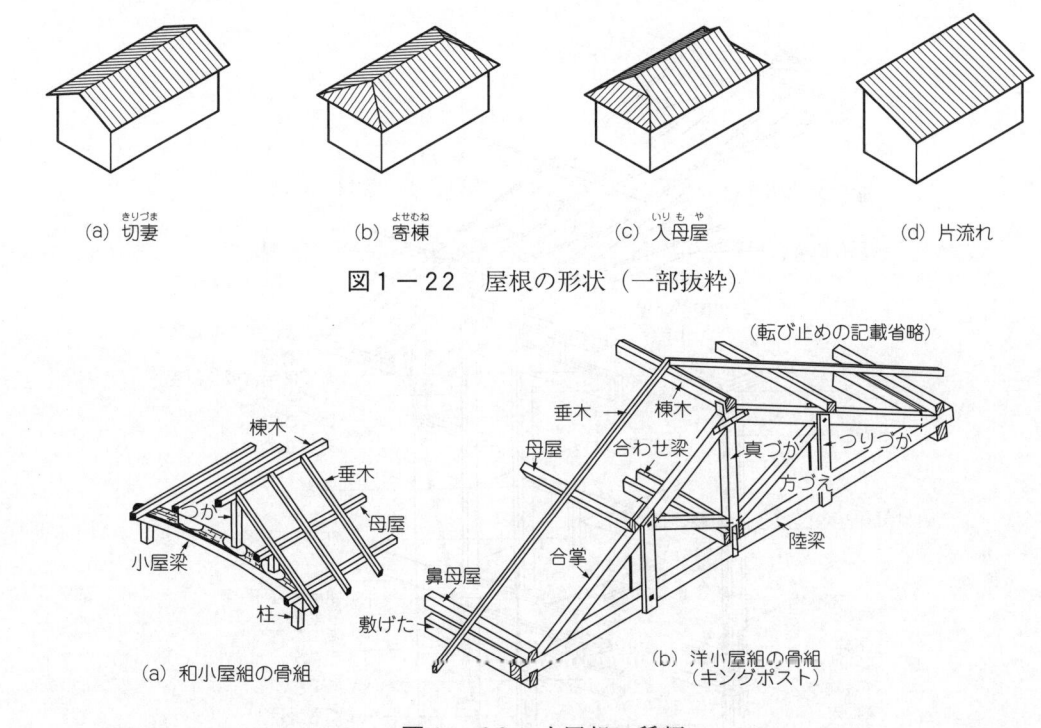

(a) 切妻　　(b) 寄棟　　(c) 入母屋　　(d) 片流れ

図1-22　屋根の形状（一部抜粋）

(a) 和小屋組の骨組　　(b) 洋小屋組の骨組（キングポスト）

図1-23　小屋組の種類

3.2　枠組壁工法

枠組壁工法は、昭和49年建設省告示により、在来軸組構法と同様な一般的構法として認められた木造の構法である。この構法は北アメリカの伝統的かつ一般的な構法であるプラットフォーム構法を採り入れたもので、**ツーバイフォー構法（2×4構法）**とも呼ばれている。

枠組壁工法は、スラブ*（床版）と耐力壁により建物全体を一体化し、一種の箱をつくることを基本とした工法であり、主な特徴は次の点である。

＊スラブ：鉄筋コンクリートの床。

① 構造耐力上使用される木材の断面寸法の種類が少なく，また断面寸法の規格は北アメリカの規格と同じであるので，北アメリカの製材品をそのまま使用できる。
② 継手・仕口が簡単で，釘，金物により緊結される。
③ 床組を作業床として利用できることなど，施工体系が合理的である。
④ 基本的に大壁式構造であるので，耐火性能・断熱性能を向上させやすい。

図1－24に各部位の構成と名称を示す。

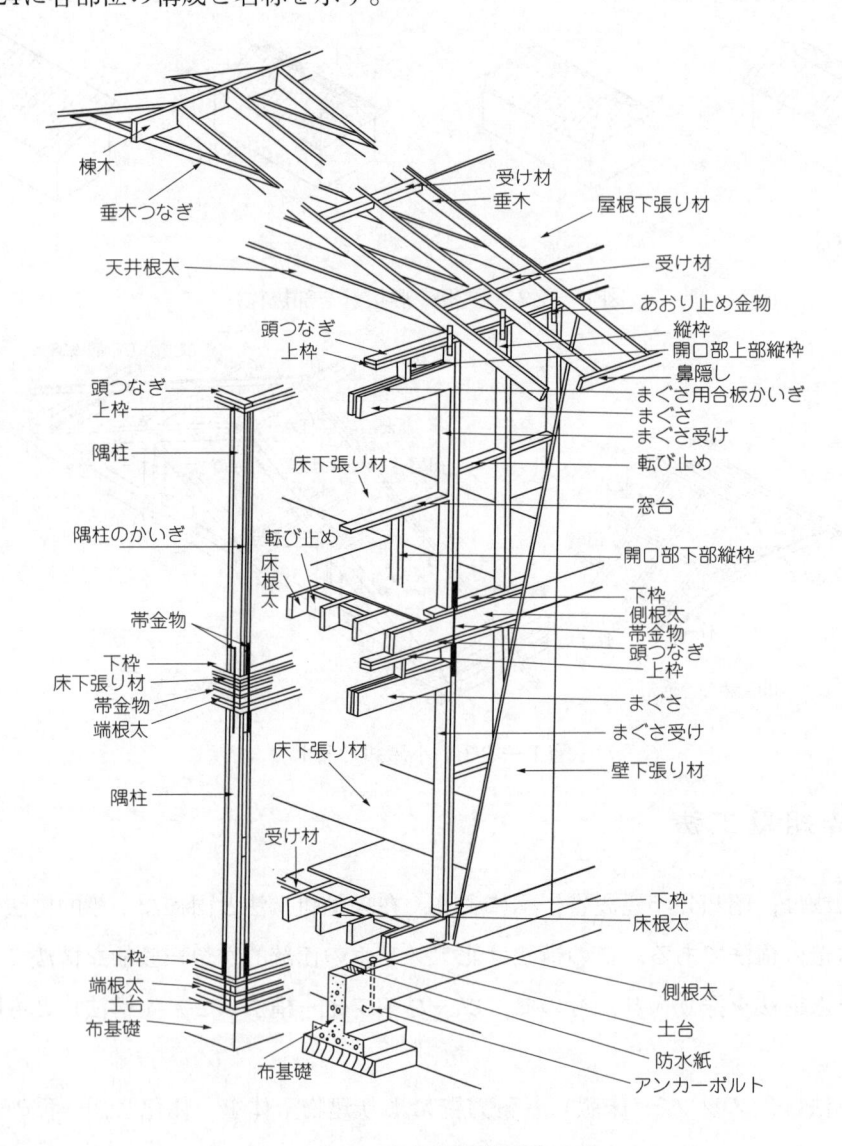

図1－24 各部位の構成と名称

3.3 木質プレハブ構法

プレハブという言葉は，英語のプレファブリケーション（Prefabrication）—あらかじめつくる—という言葉の略語からできた日本語である。

プレハブ構法とは，建築現場以外の場所であらかじめつくられた建築構成材を建築現場で組み立てる構法のことをいう。

木質プレハブ構法とは，木材又は木質系材料を主要構造材として使うプレハブ構法のことをいい，木質プレハブ構法によってできる構造を**木質プレハブ構造**という。

木質プレハブ構造は，構成部材を工場生産するので，量産しやすい利点があり，量産された住宅を**量産住宅**という。また，構造強度，居住性能，工場生産体制などが一定水準以上であることを認められた住宅を**工業化住宅**という。

図1−25に組立て詳細を示す。

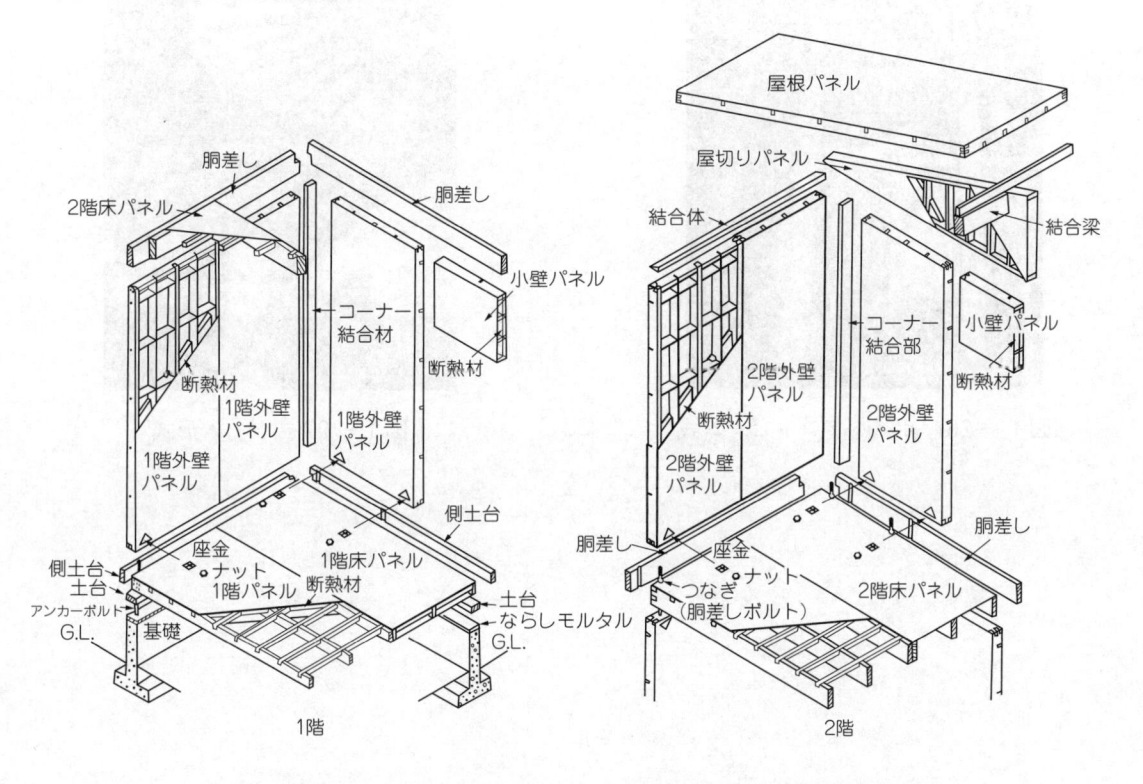

図1−25 小型パネル組立て方式における組立て詳細（例）

3.4 集成材構造

　集成材により骨組をつくる建築物を集成材構造といい，特に大断面の集成材を使用する場合には**大断面集成材構造**と呼ぶ。大断面集成材構造により，大規模な建物を建築できるが，これは大断面集成材が耐火性に優れているからである。

　架構の形式には，柱・梁として通直材(つうちょくざい)を用いた形式（ポストアンドビーム式）（図1－26），湾曲材を用いたアーチ形式，立体的なドーム形式（図1－27）などがある。

　大断面集成材の接合は，各種の金物とボルトをはじめとする各種の接合具を使用して行われるが，すべての接合部が構造計算により決定される。

図1－26　ポストアンドビーム式　　　　図1－27　ドーム形式

3.5 丸太組構法

　丸太組構法とは，丸太や角材を水平に積み重ねた壁により建物をつくる構法のことである。なお，丸太組構法は，我が国で校倉構法＊と呼ばれてきた構法の一種である。図1－28に校木の組み方を示す。

　丸太組構法で建築できる建物は，特別な場合を除き小屋裏利用の2階建て以下で，高さが8.5m以下，延べ面積が300m^{2}以下のものに限られている。

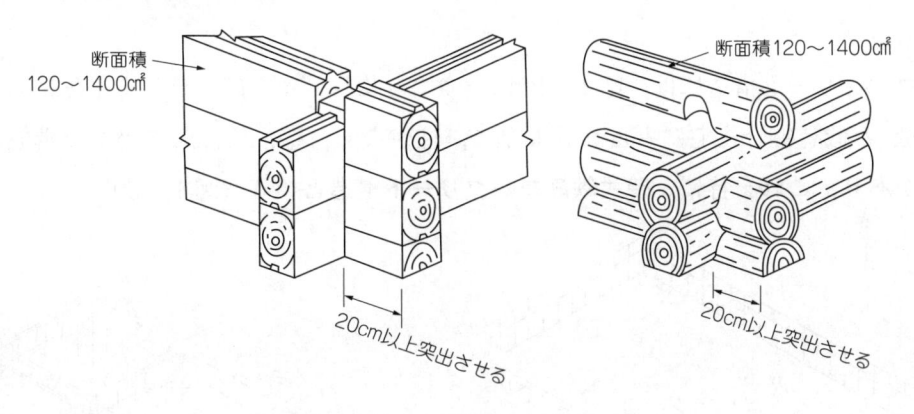

図1－28　校木の組み方

＊校倉構法：校倉を組む木材を校木といい，横に長い校木を水平に積み重ね交差部をかみ合わせて外壁をつくる構法で，寺院や神社の倉（高倉）などに用いられている構法である。

第4節　鉄筋コンクリート構造

コンクリートは耐火性が大きく，圧縮に対して強いが，引張りに対しては弱い。これに対して，鉄筋は引張りに強いが，圧縮に対して曲がりやすく，熱に弱く，さびやすい性質を持っている。この2つの材料を組み合わせることによって，両者の長所を生かし欠点を補った構造が**鉄筋コンクリート構造**で，**RC構造**とも呼ばれ，一般に広く使われている構造である。

鉄筋コンクリート構造には，図1-29に示すように柱，梁，床スラブを主体にした**ラーメン構造**[*]と低層集合住宅にみられるように，柱がなく，壁，梁，床スラブで構成しているものがあり，これを特に，**壁式鉄筋コンクリート構造**という（図1-30）。

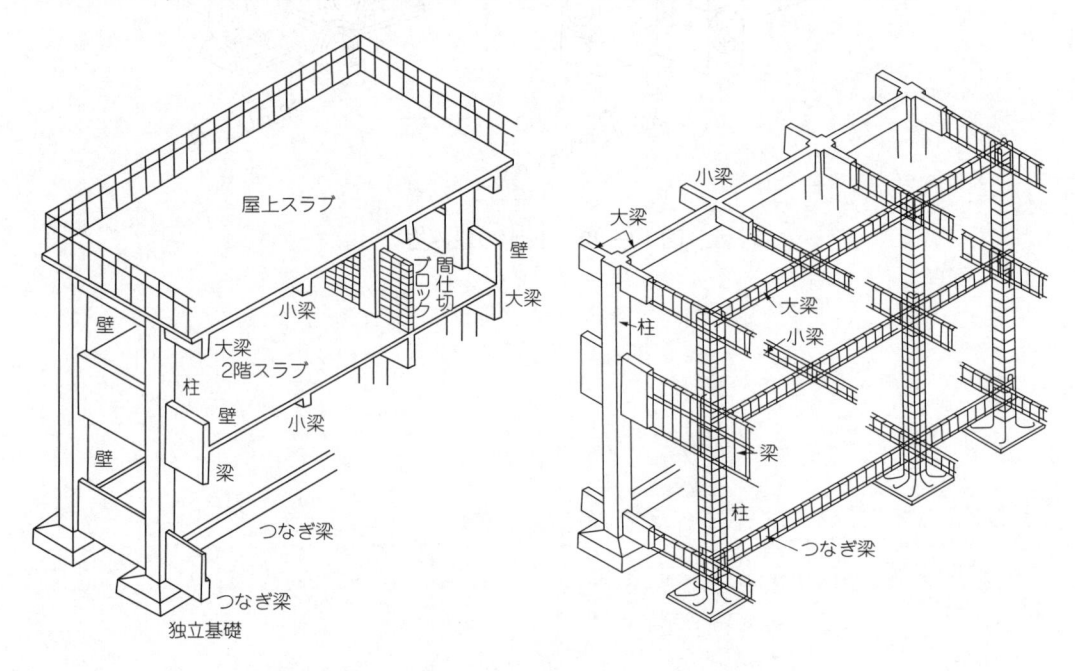

図1-29　鉄筋コンクリート構造の骨組み

---

[*]ラーメン構造：柱と梁の接合部が剛に接合されている構造の呼称である。

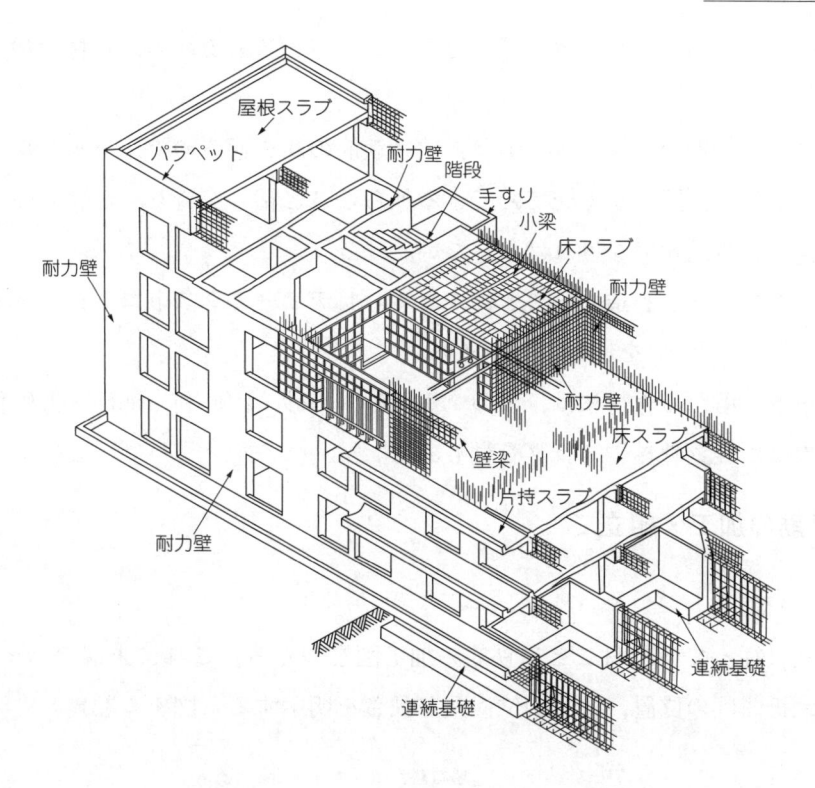

図1-30 壁式鉄筋コンクリート構造

4．1 鉄筋及びコンクリート

（1）鉄　筋

鉄筋には，丸鋼と呼ばれる**普通鉄筋**と，表面に突起などのある**異形鉄筋**がある（図1-31）。

異形鉄筋は，コンクリートの付着力を増すためにリブと節を付けたもので，ほとんどの鉄筋がこれにあたる。

鉄筋には，さび，油，ペイントなどのコンクリートの付着を妨げるものが付いてはならない。

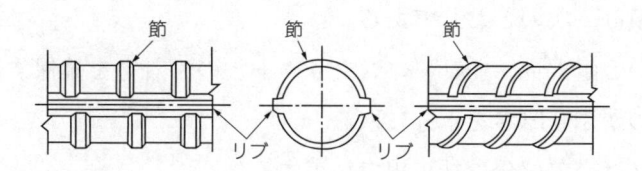

図1-31　異形鉄筋

（2）コンクリート

コンクリートとは，セメント・水・砂（細骨材）・砂利（粗骨材）を練り混ぜたもので

あり，骨材（砂・砂利）の空げき（隙）をセメントペーストで埋め，骨材相互を接着させたものである。

鉄筋コンクリート用のコンクリートは，狭い鉄筋の間を通るので，モルタルと砂利が分離しないで，十分に，隅々まで充てんできる軟らかさと粘りを持ち，かつ，硬化後に，所定の強度が得られる品質でなければならない。

現場でコンクリートを製造することは少なく，レディーミクストコンクリート（レミコン又は生コンともいう。）を使うことが多い。

コンクリートに用いる骨材には，川砂・川砂利，山砂・山砂利，海砂・海砂利，砕砂・砕砂利などのほか軽量骨材やスラグ骨材もある。

4．2　鉄筋の加工・組立て

（1）加　　工

まず設計図に従って各部材ごとに鉄筋の加工図をつくる。これに末端のフックの長さ，定着の長さ，折曲げの位置，継手の位置及び長さを明示する（図1－32）。

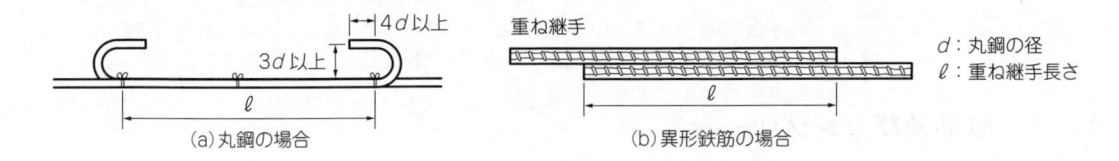

図1－32　鉄筋の接続

鉄筋のフック及び折曲げは，常温で行う。加熱加工は，鉄筋の性能を変えるので行ってはならない。切断はシャーカッタ，電動カッタなどで行う。鉄筋の折曲げは，手動鉄筋折曲げ機，自動折曲げ機などで行う。

（2）組立て

鉄筋の組立ては，図1－33に示すような図面に従い正確に行う。この際注意しなければならない主要な事項は，次のとおりである。

① 鉄筋の防せいと耐火性，並びにコンクリートとの付着力を確保するために，必要なコンクリートのかぶり厚さを十分に取る。
② 鉄筋の継手又は交差部分は結束線で結束する。
③ 組み立てた鉄筋の上には，要所に歩み板を渡し，鉄筋を踏まないように注意する。
④ コンクリートに埋め込むことになる配管，木れんが，ボルト，スリーブ，インサート（図1－34）の類は配筋時に取り付けておく。

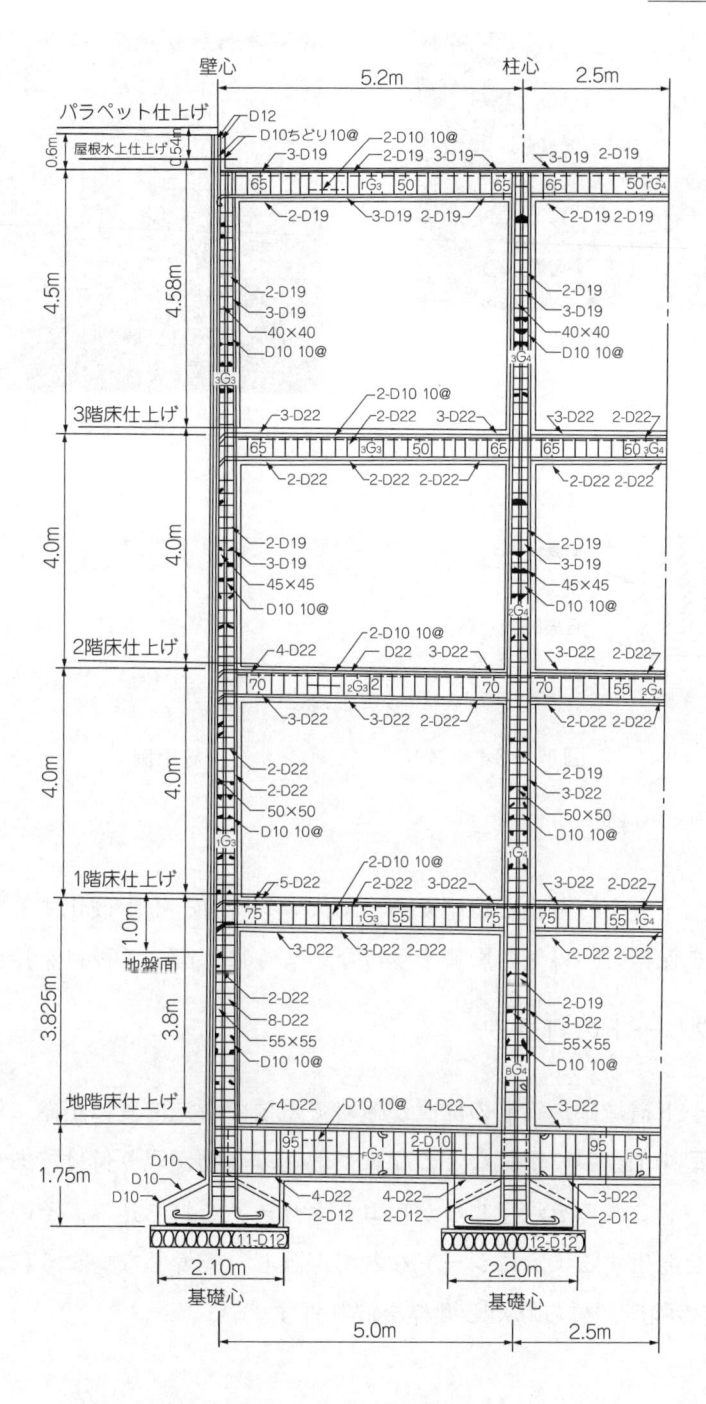

図 1-33 ラーメン配筋図（D*）

*D：異形鉄筋を表す。例）2-D 19は，呼び径19φの異形鉄筋×2本を表す。

(a) スリーブ施工

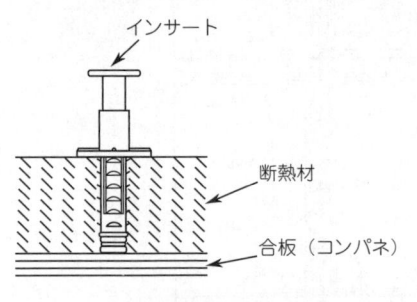

(b) インサート施工

(c) 断熱材打込みの場合

図1-34 スリーブ,インサート施工例

4.3 型　　　枠

型枠はコンクリートを打ち込む鋳型であって,コンクリートが硬化するまで,設計どおりの形状と寸法を保持し,外気の影響を受けないように保護する役目を持つ。

4.4 コンクリートの打込み

鉄筋コンクリート構造は,鉄筋の位置が極めて重要で所定位置に正確に保たなければならない。また,型枠工事中に電気などの配管や埋込み金物が取り付けてあり,これらも動かしてはならない。これらを注意しながらコンクリートを打ち込み,その後は,コンクリートが十分強度を発生するようにシートなどで保護し,乾燥しないようにする。これを**養生**という。所定の強度が得られたら型枠を取り外す。

第5節　鉄　骨　構　造

　鉄材は，強く，変形しにくく，非常に粘り強い材料であり，この鉄材を構造体として使用したものが**鉄骨構造**（図1－35）である。鋼材を骨組に使用するので鋼構造と呼ばれたり，Ｓ造とも呼ばれる。

図1－35　鉄骨構造の例

　鉄骨構造は，普通，Ｈ・Ｉ・Ｌ・コ形などの断面をした形鋼を，ボルトや溶接によって組み立てるが，大規模なものでも比較的安全かつ経済的につくることができる。

　形鋼のうち，薄い鋼板によってつくられるものを軽量形鋼といい，軽量形鋼でつくられた構造を軽量形鋼構造という。また，骨組に鋼管を用いたものを鋼管構造という。

　鉄骨構造は鉄筋コンクリート構造のように重量は大きくなく，材料強度が大きいので，細い部材でも大空間を支えることができる。このため，大きな小屋組をつくったり，大きな梁間を必要とするような用途に適している。ただ，鋼材を構造材とするために，耐火性がなく，腐食しやすいという欠点があり，可燃物を置く建物や化学工場などには不向きである。また，構造的には，座屈[*1]に対して不利であるため，部材断面の大きさについては座屈に対する考慮も必要となる。

　一般のビル建築にも鉄骨構造が多く見かけられる。これは，鋼材に耐火被覆（図1－36）を施すことにより，耐火性能を持たせ，カーテンウォール[*2]工法などの採用により，工期

---

*1　座屈：細長い棒，薄い板などを圧縮すると，ある荷重において突然横方向にたわみを生じ，以降たわみが急激に増大する現象をいう。
*2　カーテンウォール：応力を全く又はほとんど受けない壁，建物の形態を保持する主体構造の骨組が特別にある場合の壁体。

の短縮化が図られ，丈夫で経済的であるという利点があるからである。超高層ビルもおおむね鉄骨構造である。

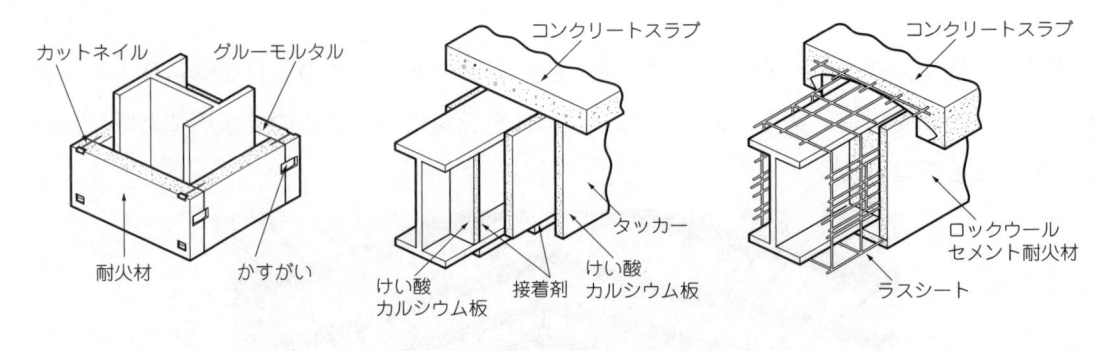

図1-36 耐火被覆

5.1 鋼　　　材

鉄骨構造の骨組に使用される鋼材をその用途により分類すると，大きくは柱，梁などの**構造材**と，その接合部に使うボルト，リベットなどの**接合部材**になる。鋼材の種類を図1-37に示す。

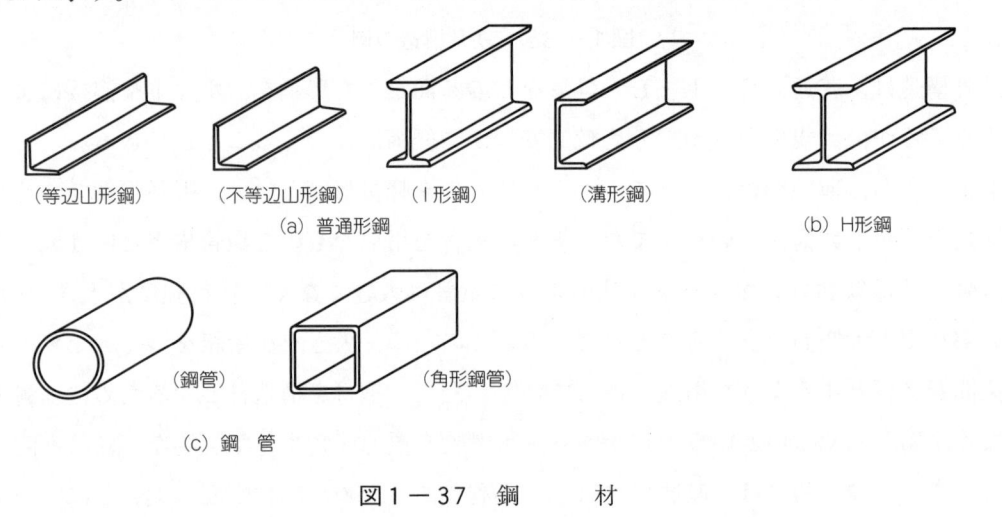

図1-37 鋼　　　材

5.2 小　屋　組

小屋組の形状は，木造の場合と同様に，キングポスト，クインポスト，アーチなどがあるが，形は木造よりも自由につくることができる（図1-38）。しかも強度は大きいので大スパンの小屋組も可能である。この場合，一般に山形鋼を使用することが多い。

鉄骨構造における構造部材のほかに，特に重要なものは，筋かい（ブレース）材である

（図1－39）。

　一般に筋かいには，平鋼・山形鋼・丸鋼を用いている。

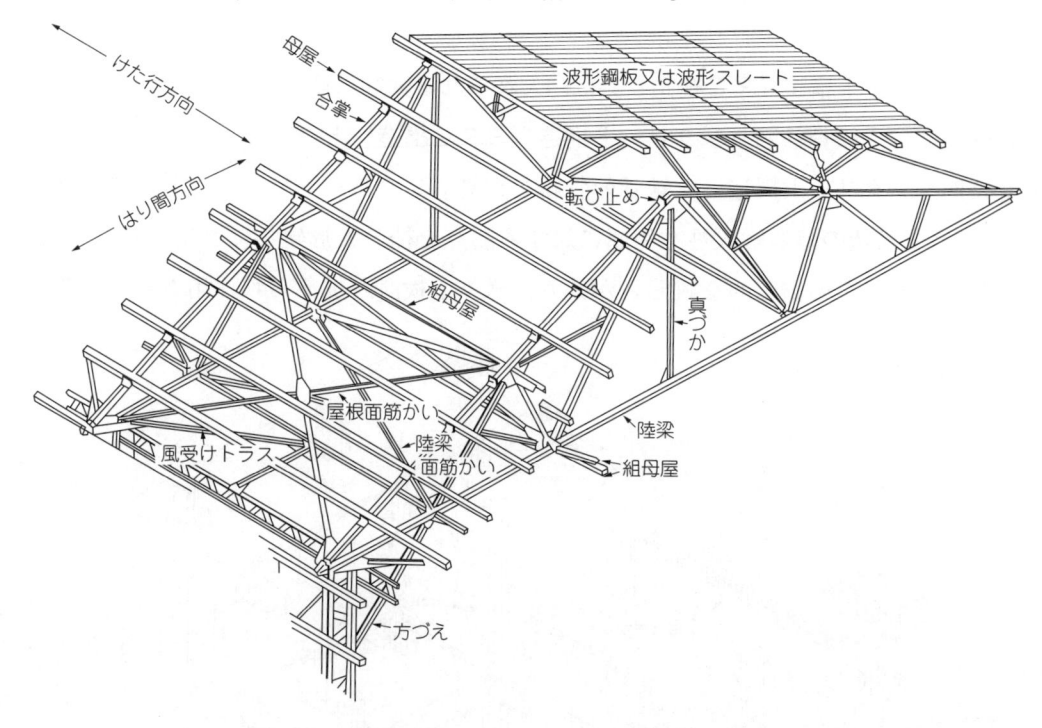

図1－38　小　屋　組

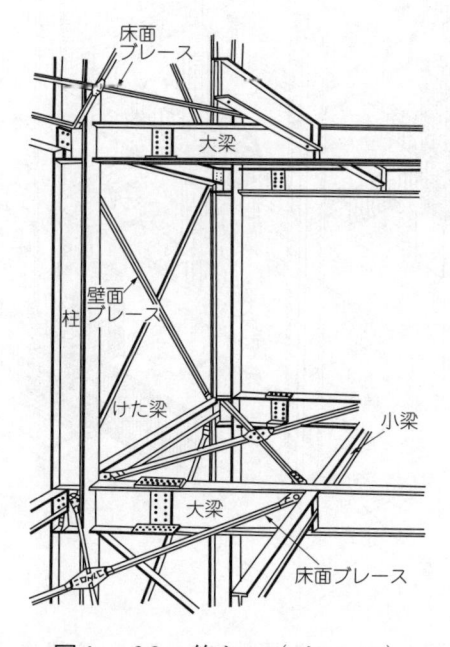

図1－39　筋かい（ブレース）

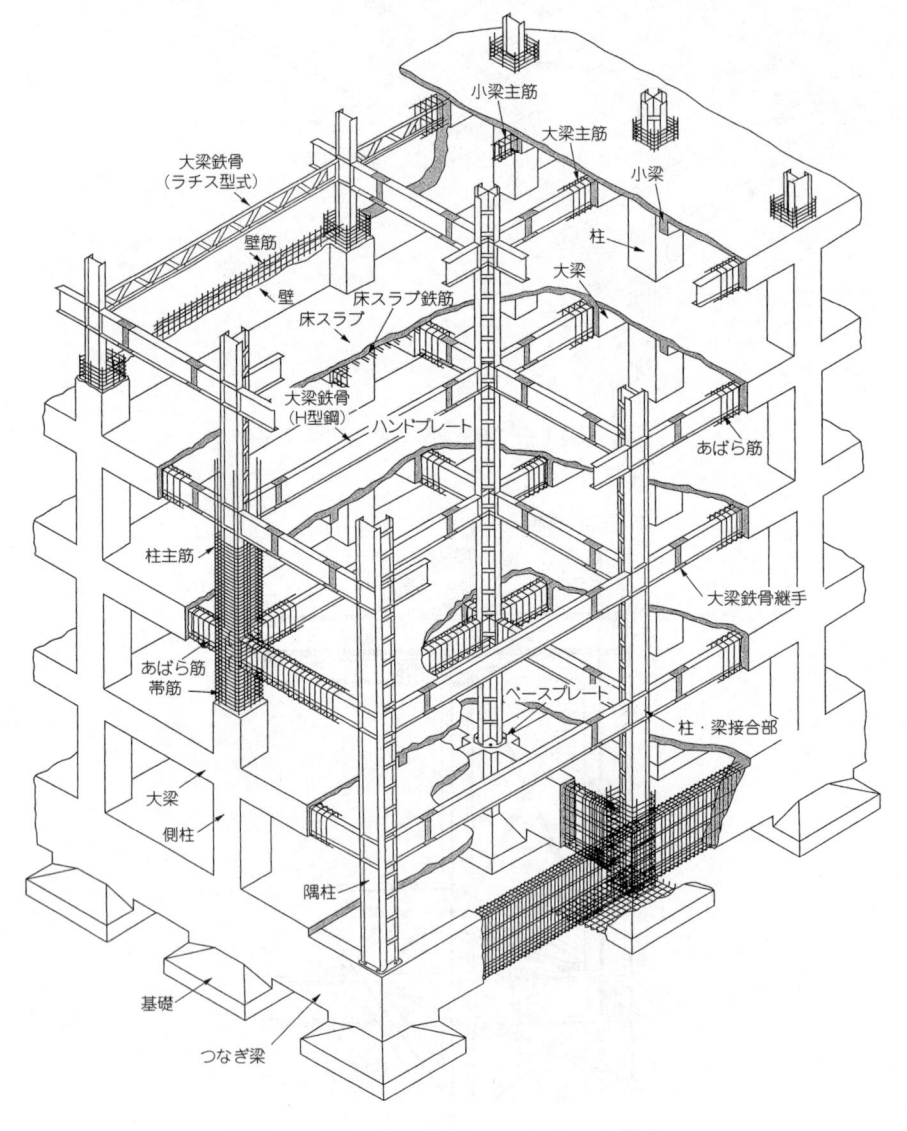

第6節　鉄骨鉄筋コンクリート構造

　鉄筋コンクリート構造（RC構造）では，入れられる鉄筋に限度があるため，より高層，大形の建物では，**鉄骨鉄筋コンクリート構造（SRC構造）**となる。

　鉄骨鉄筋コンクリート構造は，鉄骨の骨組を鉄筋コンクリートで包んだものであり（図1－40），鉄骨構造の持つ耐火性や座屈に対する弱点を補い大形建物に適用されてきたが，構造が複雑となるため施工的な難しさが残り，様々な検討が加えられ採用されている。

図1－40　鉄骨鉄筋コンクリート構造

第7節　組積式（メーソンリー）構造

　コンクリートブロック，れんが，石など比較的小さな部材を現場で積み重ねて構造体をつくる方法を組積式という。補強コンクリートブロック構造，れんが造，石造などの組積造は，組積式の代表的なものであり，木質構造のうちの，丸太組構法も組積式の一種である。

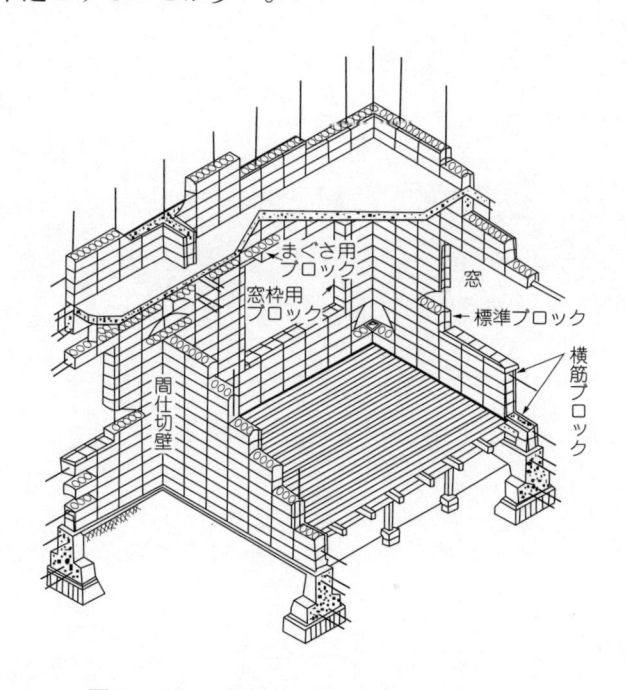

7．1　補強コンクリートブロック造

　補強コンクリートブロック造は，コンクリートブロック（JIS A 5406建築用コンクリートブロック）を組積し，縦・横に鉄筋を入れコンクリートを充てんし，補強した壁（これを耐力壁という）を構築する建築をいう（図1－41）。

　石造，れんが造の組積造は鉄筋による十分な補強は材料の形状から難しいが，建築用コンクリートブロックは，鉄筋の挿入に適合した空洞のある形状を容易につくることができるので，組積形式ではあるが，かなり大規模な建築物をつくることが認められている。

　この構造では，床，屋根は，鉄筋コンクリート，木などの構造材料でつくる。平家建てでは，屋根，床を木造とすることが多い。

図1－41　補強コンクリートブロック造

(1) コンクリートブロックの種類

補強コンクリートブロック造に使用するブロックはJIS A 5406（建築用コンクリートブロック）に形状（図1－42）・寸法・品質が規定されている。

空洞ブロックは，補強コンクリートブロック造やコンクリートブロック塀などに使用される。また，型枠状ブロックは，型枠コンクリートブロック造，ＲＭ構造（補強組積構造）など全充てんタイプの耐力壁をつくる目的で利用される。

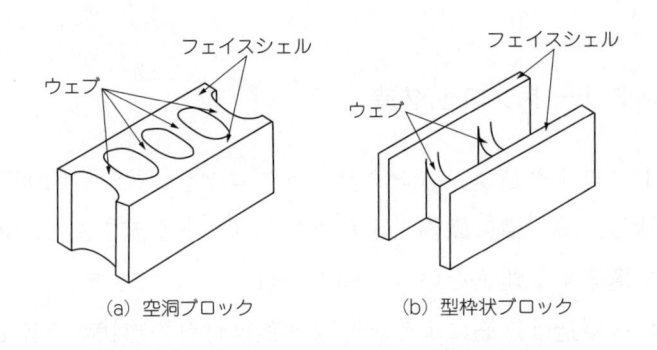

図1－42 基本形ブロックの断面形状の例

第8節　安全作業法

　建築工事は、それぞれの専門技能者が従事し、多くの材料や種々の機械、工具を使って、材料を加工し組み立てていき、これらの人々の作業の積み重ねで進められる。そして、その作業は主に屋外で行われ、工事の進行とともに作業場の状況は日々変化する。このような場所での作業は、特に、相互に連絡を取りながら各人が責任を持って安全を心掛けないと、大変な災害事故を起こしやすい。

　災害事故は今までの長い経験と数多くの例から、起こるものではなく、起こされるものであるといわれている。その原因を調べてみると、物の不安全な状態と、作業者の不安全な行動（動作）がからみ合って発生している場合がほとんどである。したがって、災害事故を未然に防ぐためには、この不安全な状態と不安全な行動をなくすことが必要で、これを学ぶのが安全作業法である。

　労働災害を防ぐためには、自分だけでなく同じ場所で働くすべての作業者が安全な作業法を学び実行することが必要不可欠である。

　安全作業には、正しい知識と熟練した技能が必要であり、これらは、主として実習を通して作業の中で学び取り、身に着け、習慣化することが大切である（図1-43）。

図1-43　安全ミーティング

　安全作業法に関しては、労働安全衛生法及びこれに基づく労働安全衛生法施行令と労働安全衛生規則、その他関係法令などに示されている。

　作業を安全に進める上で、もう1つ大切なことは、日々の健康管理に気を付け、健康な体調で作業場に入ることである。たとえ健康な体調でも何か心配事を持っていると、作業に集中できなかったり、注意力を失い、大きな事故を起こすことがある。安全作業には、

ふだんから睡眠を十分にとり，暴飲暴食を避け，何事にも節度を守るなど健康管理にも注意することが大切である。

安全作業法を学んで「よくわかった」，「覚えた」というだけでは意味がなく，覚えたとおりに実行してこそ，その価値がある。安全作業法は，一生涯を通じて大切なことである。

この節では建築工事を中心にした安全衛生について述べる。

【安全衛生教育について】

労働安全衛生関係法令には事業者に講ずるべき措置と，労働者の守るべき義務が定められており，建築設備の安全化やその必要措置が規定され，労働者の安全と健康を確保し，さらに快適な作業環境の形成を促進することを目的にしている。この法律には就業に当たっての措置として，安全衛生教育が定められ，これには，一定の危険有害業務（アーク溶接など）に労働者を就かせる場合などに特別の教育を実施するように義務付けられ，また免許試験，技能講習などによる資格を有する以外の者について就業を制限している。

8．1　服装，装具及び保護具

服装を整えることは安全作業の基本である。だらしない服装は，その人の気持ちのだらしなさを表しているようなものである。

作業内容によっては，特別の靴，保護帽，保護めがねなどを使用する。これらは，多くの経験と研究により安全作業のためにつくられたもので，正しく着用してこそ効果がある（図1－44）。

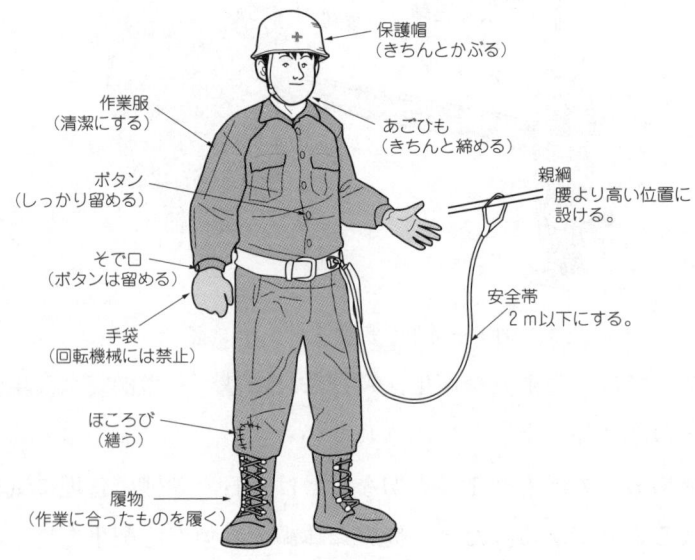

図1－44　作業服装と保護具

（1）作　業　服
① 新規の作業服を着用するときは，そでやズボンの長さを自分の寸法に合わせ，長いときは切り詰めるか，身体に合うものと取り替える。
② 作業服が汚れるのは仕方ないが，汚れたまま長く着用すると，物に触れて汚すことが気にならなくなり，事故を起こしやすい。特に油が付着した場合は，火気に近付いたとき，それに着火する危険がある。常に洗濯することを心掛ける。
③ 暑い時期や暑い場所であっても裸になってはならない。腕まくりは，手首や腕のけがのもとになる。
④ 職種，年齢，性別などを考慮して着用し，身体に合った軽快なものを選ぶ。

（2）保　護　帽
① 頭部を保護するため，また毛髪が機械などに巻き込まれるのを防ぐため，通常の軽作業でも作業帽を着用することを心掛ける。
② 建築工事のように，高所作業，仮設足場などの上部での作業や，物が上から落ちてきたり飛んできたりするおそれがある場所で作業するときは，保護帽をかぶり，あごひもを確実に締める。暑いときはともすると脱ぎたくなるが，頭部のけが防止上必ず着用しなければならない。
　　なお，保護帽は労働安全衛生法に定められた規格に適合し，かつメーカ段階での型式検定に合格しているものでなければならない。

（3）履物，手袋
① 履物は，作業の内容，作業箇所の状況により，ゴム長靴，地下足袋，安全靴を用いる。素足やサンダル履きは危険である。
② 滑りやすい，又は脱げやすい履物は使用しない。
③ 手袋は，手の汚れやけが，又は寒さから守るために使用する。一方，手袋の着用により災害を招くおそれのある木工機械作業，ボール盤作業，手工具による工作での着用はしない。
　　電気，火熱の取扱いでは，専用の手袋があるが，これを着用する前に，その作業に対する知識・技能がないときは，その作業は専門技能者に任せる。

（4）安　全　帯
① 高所（2m以上）で墜落の危険がある場所での作業，その他指示のあるときは安全帯を使用する。
② 安全帯は労働安全衛生法に定められた規格に適合したものを用いる。勝手に改造し

たりすると，かえって危険を招くことがある。
③　安全帯は正しく着用するとともに，それを安全に取り付ける設備が必要である。柱や梁ができあがっており，これに安全に取り付けられればそれを利用してもよい。なお，取付け位置は自分の腰より高い所にする。

8．2　作業場の整理，整とん

建築工事現場では，材料の置場，工作場，仮組立場などが狭く，また，工事の進行に伴い入り乱れてくる。乱雑にすると事故が起きやすい。このため，作業場は常に整理し，歩きやすく，作業しやすくしておくことが大切である。

整理，整とんという言葉がよく用いられるが，整理とは，いらないものを片付けることであり，整とんとは，材料や工具などを定められた場所に，使いやすいようにきちんと正しく置くことである。また毎日の作業終了前に一定時間を設けて，整理，整とんと併せて清掃を行うことも，翌日の作業を気分よく，スムーズに開始する上で大切なことである。

(1) 通路，床

①　通路は十分な幅を持たせるとともに，屋内の主要な通路についてはこれを白線などで表示する。通路に指定された場所には材料，機械を置かない。

②　機械と機械の間，機械と他の設備との間の通路幅は80cm以上確保し，通路の上部は頭が当たらないよう180cm以内に障害になるものを出さない。

③　通路や床は，つまずき，滑りなどの危険がないようにすることはもちろん，床の段違い，床材の損傷，アンカーボルトの突き出し，配線や配管の露出，切削くずの放置，油のこぼれなどに留意し，危険要因の排除に努める。

④　板張り床では，板の支持不良，板の腐れ，板の釘打ち不良などを発見したら，すぐ手入れをする。また，釘の出た板切れがあるときは，釘の踏み抜き原因にもなるので，抜き取る。このようなことを定期点検として行うことが大切である。

⑤ 電動工具のコード配線が通路をまたぐ場合，歩行者がつまずくおそれがあるので，コード上をアングルなどでカバーする（図1－45）。

⑥ 非常口，消火器，配電盤など，緊急時に使用するところや物の周りは，常に通路を確保し，資材などを置かない。

図1－45 通路のコード配線

（2）材料の置き方

① 長い大きな材料を立てかけるときは，転倒しないように傾斜を付け，人が触れたり，風を受けるおそれがあるときは，ロープなどで結んでおく。1枚が倒れると将棋倒しに全部が倒れることが多い。

② 床上に横にして置くときは，通路側に材料の端をそろえて突き出しのないようにする。

③ 種類の異なる材料は，できるだけ区分して置く。また，使う順序が分かっていれば取り出しが容易になるように置く。

④ 管などの丸いものは，必ず"かませ"などで転がりを防止する。

（3）使用済みの資材・廃材

① 使用済みの足場材などは整然と種類別に分け（図1－46），ひとまとめにして置く。

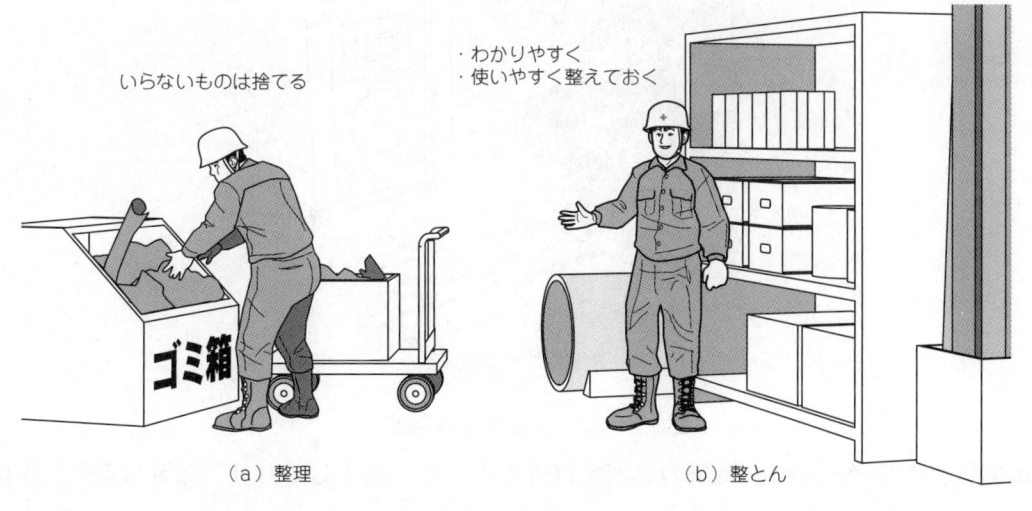

（a）整理　　　　　　　　　　　　　（b）整とん

図1－46　整理，整とん

② 金物類は種類別に分けて木箱などに入れて置く。小さな金物類を放置すると踏んだり、つまずいたりして、足をねんざする原因になる。

③ ロープ、なわ類は束ねて置く。資材の中へ一部が入り込んで巻き付いたものを無理に取り出すと、資材が崩れ災害の原因となる。

④ 廃材であっても、種類、形状別に分けて整然と置く。釘の出た廃材は、踏み抜きなどの原因となる。

⑤ 建設リサイクル法、廃棄物処理法、有害物に関する法令などを考慮し、「リサイクル計画」、「廃棄物処理計画」などを立案し、計画的に分別処理することが今後一層必要とされる。

8.3 電気の取扱い、火気の安全

一般に電気は高圧であるもののみが危険であると考えている人が多いが、実際には電気災害のほとんどが低圧の設備によって発生している。

電気による事故や災害は、ほとんどが電気設備の充電部分や漏えい箇所に近付いたり接触したりすることによる感電災害であるが、このほか、放電アークによる火傷、電気性眼炎や、電気設備の過熱、漏電、静電気などが点火源となって起きる火災や爆発などがある。

図1－47　溶接棒の接触感電

電気災害の特徴として、電気の専門家以外の人に多く発生しており、これは電気に関する知識の不足と取扱いの誤りが原因となっている。このため、正しい電気知識を持ち、細

心の注意をはらって正しい取扱い方をすれば，電気災害は確実に防ぐことができるものである。

（1）電気災害防止の一般心得
① 危険札，危険ランプなど危険標示のある場所にはむやみに近寄ったり，手を触れたりしない。
② 取扱責任者以外は，スイッチ，変圧器，電動機などの電気機器，装置に触れない。
③ 電気機器の点検や修理を行う場合には，必ず電源を切り，スイッチにその旨を標示しておく。
④ 修理は必ず電気の専門家に依頼する。むやみに取り扱うと，自分がけがをするばかりでなく，他人にもけがをさせる原因になる。
⑤ ぬれた手，素足などのまま直接電気機器や配線などに触れない。足下が湿っているときや，びょうを打った靴を履いているときも同様に危険である。
⑥ 水にぬれやすい所や湿潤な場所では，キャブタイヤケーブル，防水コードなど安全なものを使用する。
⑦ ハンドランプは完全なものを使用し，電球に紙や布を巻き付けたり，カバーを取り外したりして使わない。
⑧ 電動工具は，使用中の振動により，電線がフレームに接触して漏電することがあるので，二重絶縁されたもの以外は感電事故を防ぐためにアースを確実に取る。
⑨ 配線は「たこ足配線」にならないようにし，またコードリールは巻いたまま使用しない。
⑩ アースの取付け不良，プラグの緩み，接続不良，コードの絶縁不良などの定期的な検査を行い，常に最良な状態を保つ。
⑪ アーク溶接を行うときは，溶接棒ホルダなどの絶縁被覆，接触防止用の被覆カバーや囲い，自動電撃防止装置などの安全用具や安全装置について，作業開始前に点検を行う。
⑫ 必要に応じて，電気用安全靴，電気用ゴム手袋，電気用安全帽，その他の保護具を着用する。

図1－48　感　　電

（2）スイッチの取扱い

① 配電盤やスイッチの前の通路はいつもあけておく。

② スイッチを入れるときは，そのために動く機械の周りの安全を確かめ，合図，連絡などを十分してから行う。

③ スイッチの開閉は右手で行い，左手はほかのもの，特に金属に触れないようにする。開閉は入念に，しかも完全に行う。

④ 危険標示や故障修理中の札の掛かっているスイッチには絶対に手を触れない。

⑤ 作業終了後は必ずスイッチを切っておく。また，停電の際には電気機器のスイッチを必ず切っておく。

（3）火気の安全

① 引火性物，可燃性物，爆発性物などの取扱いに際しては，性質や周囲の状況に応じて安全・適切に行う（図1－49）。

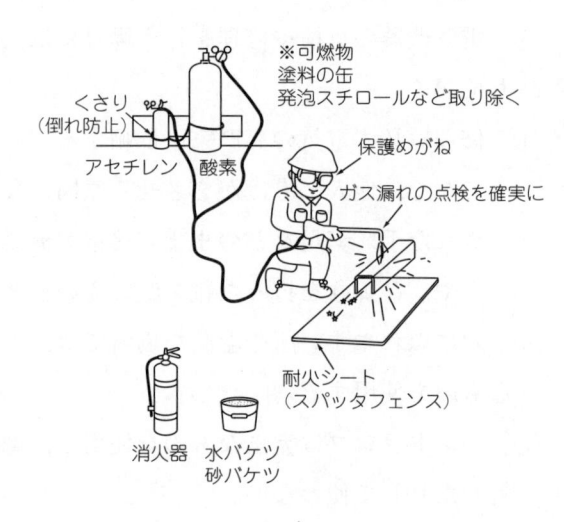

図1－49　火気の安全

② 喫煙所，ストーブ，灰捨場など火気を使用するときは指定の場所で行い，後始末は確実に行う。

8．4　足場作業，高所作業

高さ2m以上の場所で作業をするときは，原則として足場（工事作業用の仮設設備）をつくる必要がある。

足場での作業は高所作業であり，墜落などの危険を伴うので心を引き締めて作業に取りかかることが大切である。

（1）足場作業

① つり足場，張出し足場，又は高さが5m以上の構造の足場については，労働安全衛生法に基づく「足場組立て等作業主任者」を選任し，その者に，作業者の指揮その他の事項を行わせる。

② 足場材料は，腐れ，曲がりのない材料を用いる。丸太足場では，木皮を取り除いたものを用いる。鋼管足場では，付属金属も含め日本工業規格（JIS）に適合してい

るものを使用する。

③ 作業前に建地, 布, 腕木などの緊結部, 接続部及び取付け部の緩み, 手すり, 筋かい, 壁つなぎの脱落, 緩み, 足場の脚部の沈下などを点検し, 危険のおそれがあるときは, 速やかに補修する。

④ 強風, 大雨, 大雪などで危険が予想されるときは足場での作業は行わない。

⑤ 足場に設ける作業床は, 幅20cm以上, 厚さ3cm以上, 長さ360cm以上の足場板を用いて, 幅40cm以上, 床材と床材のすき間は3cm以下になるようにする。また, 作業床の床面から75cm以上のところに手すりを付ける。作業中は必ず安全帯を使用する。安全帯は親綱から2m以下になるよう配慮して使用する。図1－50に足場作業について示す。

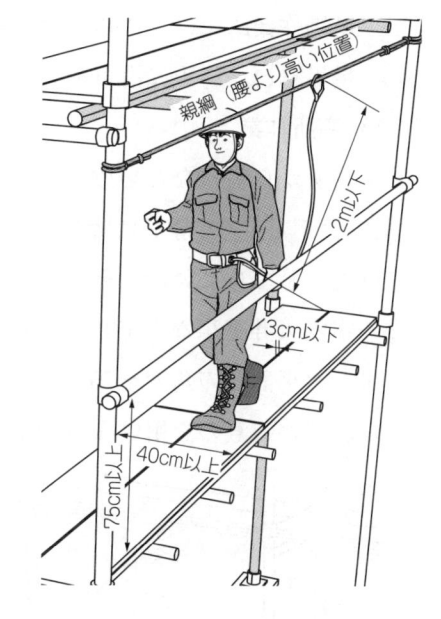

図1－50 足場作業

⑥ 腕木やうまなどの支持物に足場板を掛け渡すときは, 腕木3本以上に渡り3点支持になるようにし, 足場板の重ね長さは20cm以上とする。支持からの突き出し長さは両端とも10cm以上, かつ足場板長さの1／18以下とする。支持点はずれないように番線などでしっかり緊結しておく（図1－51）。

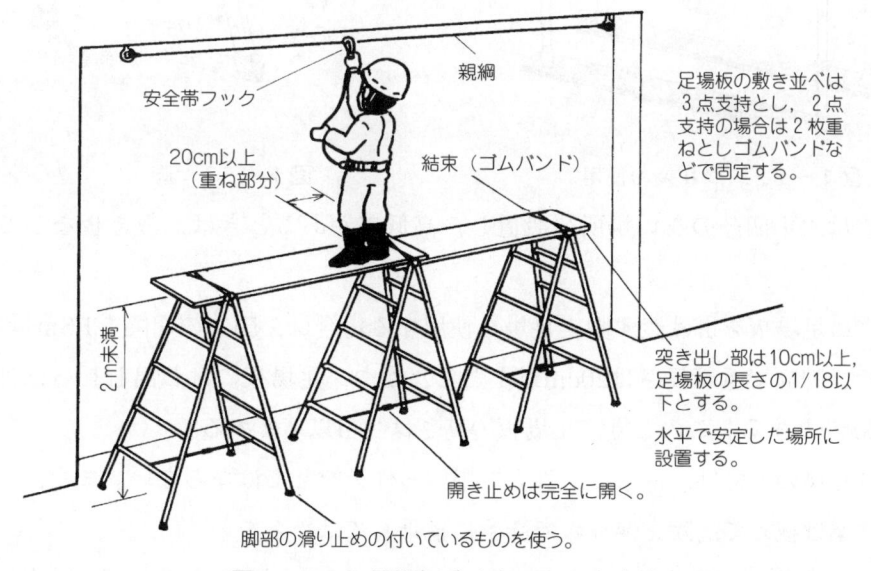

図1－51 足場板受け台での3点支持

⑦ 足場作業床には，決められた重量以下のものしか載せない。

⑧ 足場材に，勝手に滑車やロープを巻き付けて足場に荷重を加えない。

(2) 高所作業

① 高所から廃材などを放り出してはならない。ばら材はシュートを用いるか，袋詰めにしてロープで静かに降ろす（図1－52）。高さ3m以下で安全が確かめられたときは投下してもよいが，その場合下に保安係を配置し，その合図で行う。

② 室内天井工事などで用いる折り畳み脚立は，安全に作業を行うための踏面があり，足と水平面との角度を75°以下にし，これを安全に保護する開き止め金具が取り付けられているものを用いる（図1－53）。

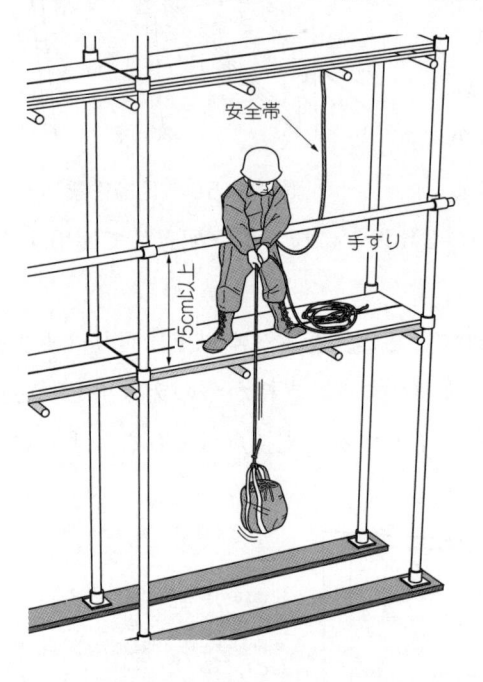

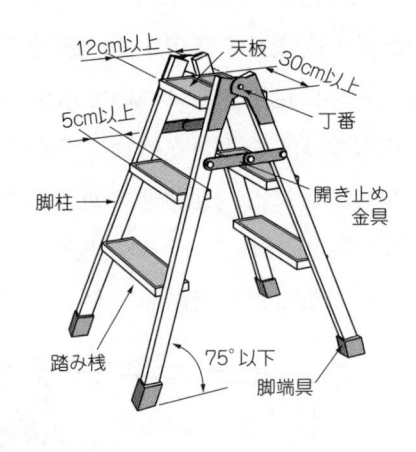

図1－52　つり袋の使用　　　　図1－53　脚　　立

③ 脚立は水平凹凸のない場所に設置し，高低差があるときは，敷き板などで調整する。

④ 脚立に足場板を掛け渡す脚立足場を使用する場合は，脚立の間隔を1.8m以下とし，足場板は脚立で重ね長さは20cm以上とし，かつ，足場板のはね出し長さは脚立から10～20cmとする。このとき，足場板の高さは2m以下とする。

⑤ つり足場の上では，はしご，脚立を用いる作業をしてはならない。また，つり足場での作業は極めて危険を伴うので勝手に搭乗してはならない。

⑥ 高所作業場には不用のものを置かない。小石でも高所から落とせば，地上近くでは

頭に当たると大けがをする。このため足場での上下作業は行わない。また，保護帽を着用する。なお，安全に作業を行うため，落ちている小物のボルトやナットなどを見つけたらポケットに入れるような習慣を身に着ける。
⑦ 不安全な行動をとることがないように平素から安全教育や訓練をする。
⑧ 集団作業の場合は，各人の役割，作業手順を明確にして作業者に周知・実行させる。

【練習問題】

1. 図1は，建築物の部位による分類の図である。①〜⑤に正しい語句を記入しなさい。

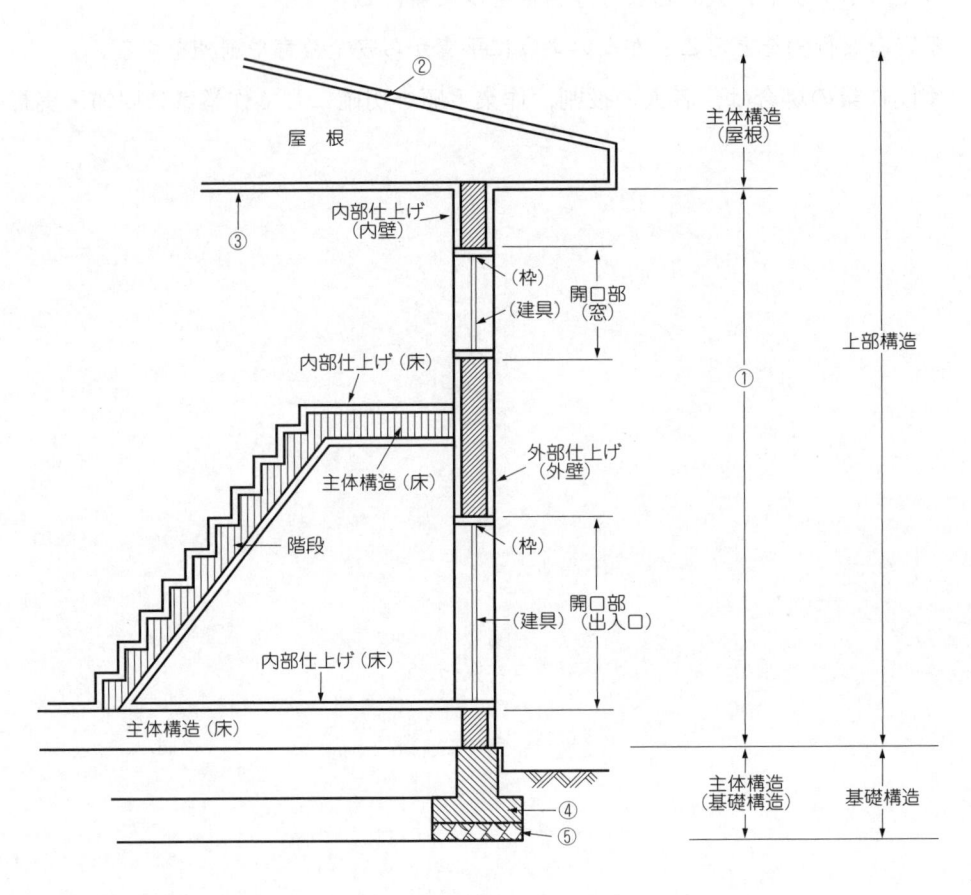

図1

2．図2は，和風様式木質構造の例である。①〜⑤に正しい語句を記入しなさい。

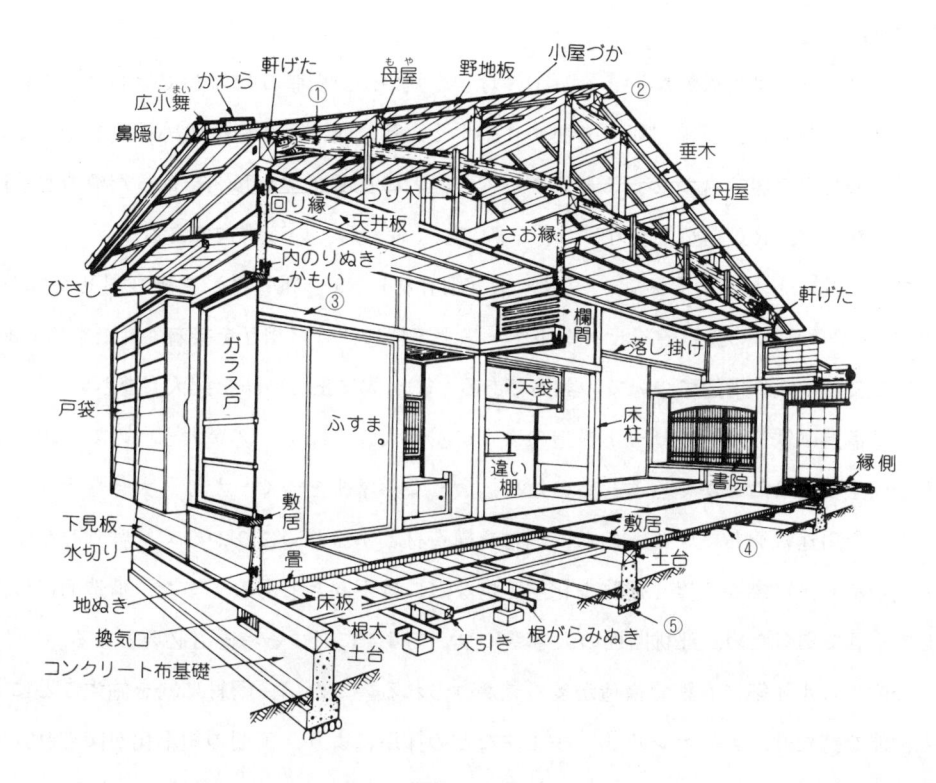

図2

3．次の文章は鉄筋コンクリート構造及びコンクリートについての記述である。①〜⑤に正しい語句を記入しなさい。

　コンクリートは耐火性が大きく，①に対して強いが，引張りに対しては弱い。これに対して鉄筋は②に強いが，圧縮に対して曲がりやすく，熱に弱く，さびやすい性質を持っている。この２つの材料を組み合わせることによって，両者の長所を生かし③を補った構造が鉄筋コンクリート構造で，ＲＣ構造とも呼ばれ，一般に広く使われている構造である。

　コンクリートとは，セメント・水・④（細骨材）・⑤（粗骨材）を練り混ぜたものであり，骨材（砂・砂利）の空げきをセメントペーストで埋め，骨材相互を接着させたものである。

4．次の文章は鉄骨構造についての記述である。①〜⑤に正しい語を記入しなさい。

　鉄骨構造は鉄筋コンクリート構造のように①は大きくなく，②が大きいので，細い部材でも大空間を支えることができる。このため，大きな小屋組をつくったり，大きな梁間を必要とするような用途に適している。ただ，鋼材を構造材とするために③がなく，腐食しやすいという欠点があり，可燃物を置く建物や化学工場などには不向きである。また，構造的には，④に対して不利であるため，部材断面の大きさについては④に対する考慮も必要となる。

　一般のビル建築にも鉄骨構造が多く見かけられる。これは，鋼材に⑤を施すことにより，耐火性能を持たせ，カーテンウォール工法などの採用により，工期の短縮化が図られ，丈夫で経済的であるという利点があるからである。超高層ビルもおおむね鉄骨構造である。

5. 図3及び図4は足場作業に関し法令で定められた規準を表す例である。①〜⑤に正しい数値を記入しなさい。

図3

図4

第2章　建　築　設　備

　建築基準法（用語の定義）第2条で，建築物とは「土地に定着する………建築設備を含むものとする。」と定義し，また，建築設備とは「建築物に設ける電気，ガス，給水，排水，換気，暖房，冷房，消火，排煙若しくは汚物処理の設備又は煙突，昇降機若しくは避雷針をいう。」と定義されている。建築の中で構造・意匠とともに設備は三位一体となる不可欠な要素である。

　人間は，空気・水・光・熱・音などの各種環境要因に対し，生理的・心理的に反応して生活している。自然を取り囲む環境の中で建築物に居住している人間は，地域・地形・風土によりその地に産する自然の条件に強く影響を受け独特な生活様式が確立してきた。その中で最低の環境基準又は好ましい環境水準が存在する。その建築環境を担っているのが設備である。しかし，技術の進歩により，自然条件に左右されない建築形態及び建築空間で，人工的に創り出す室内環境の快適性・安全性など要求は高度化し，それに伴って建築設備の分野でも技術や機器・情報などが急速に進歩してきた。この章では主に木造住宅及び中小建築物に必要な設備について述べるとともに新エネルギーについても述べる。

第1節　概　　　要

1．1　設備の種類

建築設備は，主として次のように分類できる。
① 換気・暖房・空気調和設備：室内の温熱環境と空気環境を適正にするための設備。
② 給排水・衛生設備：保健衛生上必要とされる水を安全に供給し，消費するための設備。
③ ガス設備：ガスエネルギーを安全に供給し，消費するための設備。
④ 電気設備：電気エネルギーを安全に供給し，消費するための設備。
⑤ 防災設備：災害の警報，消火，人命避難などの設備。
⑥ その他の設備：防犯設備，人や物を搬送するための搬送設備。

　この章では中小建築物についても述べているが，一般に木造住宅で使用される建築設備を図2−1に示す。

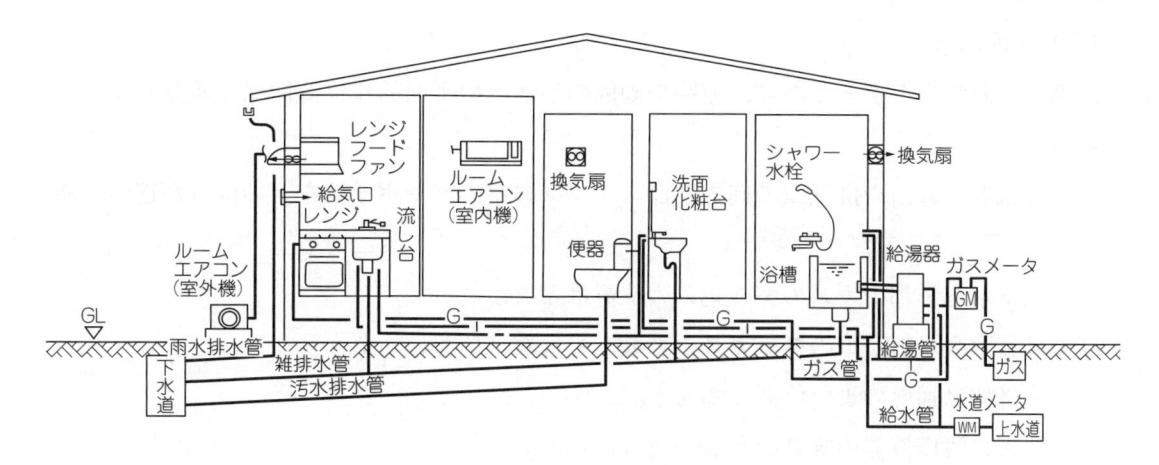

(出所　空気調和・衛生工学会編「図解　空調・給排水の大百科」（株）オーム社）

図2-1　戸建住宅の設備

1.2　設備計画

設備計画をする上で前提となるのは，建物の地域性・立地条件・平面計画という空間的な計画と，将来対応を考慮した時間的な計画である。

（1）地域性

北海道や東北地方の一部の寒冷地では，暖房設備の仕様や能力及び給排水配管の断熱工事の仕様が厳しくなる。また，沖縄などの温暖な地域では暖房設備が不要になるところもある。エネルギー料金体系も地域により差があるので，暖房・空調設備を検討するときにはエネルギー料金体系を考慮する必要がある。

（2）立地条件

建物の敷地で利用できる**インフラストラクチャー**（電気，ガス，水道，下水道，電話などの社会基盤設備）の種類と質を調査する必要がある。建築設備はインフラストラクチャーからエネルギーや水の供給を受けて機能を満足する。これにより設備機器のシステムや仕様が異なるので注意しなくてはならない。

① 供給電力の周波数は50Hzか60Hzか。
② 都市ガスは利用できるか。
③ 水道の給水圧力は十分か。
④ 公共下水道は完備されているか。
⑤ テレビ放送の電波障害はないか。ＣＡＴＶ（ケーブルテレビ）や衛星放送は受信できるか。

（3）平面計画

設備の配置計画をするときに，道路や周囲の建物との平面的な位置関係を確認しなくてはならない。

① 外気取入れ口や排気口の向き及びエアコンの室外機やボイラなどの位置が適切であるか。
② 上下水道・都市ガスの引き込みの位置はどこか。
③ 外気取入れ口が車の排気ガスの影響を受けない位置にあるか。
④ 室外機は通風のよい位置にあるか。
⑤ 隣家に設備機器の騒音の影響が及ばないか。

など，検討事項は多い。

また，厨房，浴室，洗面所，便所などの水回りの平面配置を集約することにより，給排水配管工事やガス配管工事を省力化・省コスト化することができる。

（4）将来対応

設備機器や配管の耐用年数は通常10年から15年であるので，一般的には建物の寿命より短い。また，冷暖房設備を運転するときに要する電気やガス料金などのランニングコスト（運転費）に予想外の出費を要することがある。そのため，**ライフサイクルコスト（生涯費用）**を考慮した設備設計をしなくてはならない。**イニシャルコスト（初期費用）**だけでなく，電気料金やガス料金などのエネルギーコストや，清掃費用，修理費用などのメンテナンスコストを含んだランニングコストを考慮して，建築設備を施工，運転，撤去，廃棄するまでの総費用をにらんで，設備計画を立てることが重要である。

また，技術革新により設備機器の陳腐化が速いため，設備機器の新設・交換がしやすいシステムや施工方法を考慮する必要がある。

第2節　換気・暖房・空気調和設備

換気・暖房・空気調和設備は，室内温熱環境と空気環境を良好に維持するための機械設備である。「建築物の衛生的環境の確保に関する法律（建築物衛生法）」では，延べ床面積3000m^2以上の建物に対して表2−1のような建築物衛生管理基準を設けているが，これは対象外の建物についても守るべきである。

また，ＩＳＯ*では，室内温熱環境の推奨値を表2−2のように定めている。

表2−1　建築物の衛生的環境の確保に関する法律に基づく建築物環境衛生管理基準

	項　目	基　準　値
1	温　度	17℃以上28℃以下 居室における温度を外気温度より低くするときには，その差を著しく低くしないこと
2	相対湿度	40％以上70％以下
3	浮遊粉じん量	空気1m^3につき0.15mg以下
4	CO含有量	0.001％以下
5	CO_2含有量	0.1％以下
6	気流速度	0.5m/s以下
7	ホルムアルデヒドの量	空気1m^3につき0.1mg以下

ＩＳＯでは，温熱環境指標として人体の熱バランスから求めた**予測平均申告（ＰＭＶ：Predicted Mean Vote）**を採用している。これは，室温，相対湿度，平均放射温度，気流速度，着衣量，活動量（代謝量）の6要素から求めた指標であり，0を中立として，＋側が暑い，−側が寒いという温熱感を表現している。**予測不満足者率（ＰＰＤ：Predicted Percentage of Dissatisfied）**

表2−2　ＩＳＯ 7730-1994による室内温熱環境推奨値

項　目	推　奨　値
PMVとPPD	−0.5＜PMV＜＋0.5　　PPD＜10％
暖房時 （着座・軽作業）	作用温度：22±2℃ 垂直温度分布（0.1〜1.1m）：3℃以内 床表面温度：19〜26℃（床暖房では29℃以下） 室内風速：乱流強度によるが，おおむね0.2m/s以下 冷たい窓や壁からの不均一放射温度：10℃以下 熱い天井からの不均一放射温度：5℃以下 相対湿度：30〜70％
冷房時 （着座・軽作業）	作用温度 24.5±1.5℃ 垂直温度分布（0.1〜1.1m）：3℃以内 室内風速：乱流強度によるが，おおむね0.2m/s以下 相対湿度：30〜70％

＊ＩＳＯ：International Standardization Organizationの略（国際標準化機構）

は，あるPMVのときに不快を訴える人の比率である。

2.1 換気設備

(1) 自然換気と機械換気

換気とは，室内空気環境を維持するために外気を導入することである。居室では人体や燃焼機器や建材などから，二酸化炭素，水蒸気，じんあい（塵埃），揮発性有機化合物（VOC）などの汚染物質が発生する。この汚染物質濃度を許容値以下に保つために，換気が必要である。

換気には，室内外の圧力差により外気を取り入れる**自然換気**と，送風機を用いて強制的に圧力差を与えて外気を取り入れる**機械換気**がある。

自然換気には，温度差による換気と風による換気がある。温度差による換気力は次式で表される。

$$P_t = (\rho_o - \rho_i) g h$$

ここで，P_tは温度差による換気力 [Pa]，$\rho*_o$は室外空気の密度 [kg／m³]，ρ_iは室内空気の密度 [kg／m³]，gは重力加速度9.8 [m／s²]，hは吸気口と排気口の高さの差 [m] である。風による換気力は次式で与えられる。

$$Pw = C \cdot \frac{1}{2} \rho_o v_o^2$$

ここで，Pwは風による換気力 [Pa]，Cは風圧係数，ρ_oは室外空気の密度 [kg／m³]，v_oは建物外部の風速 [m／s] である。風圧係数は建物周囲の風圧の性状を示す係数で，図2-2に例を示す。

風上側の立面では正の値，風下側の立面では負の値になる。

機械換気には，強制給排気を行う**第1種機械換気**，強制給気・自然排気による**第2種機械換気**，自然給気・強制排気による**第3種機械換気**がある（図2-3）。

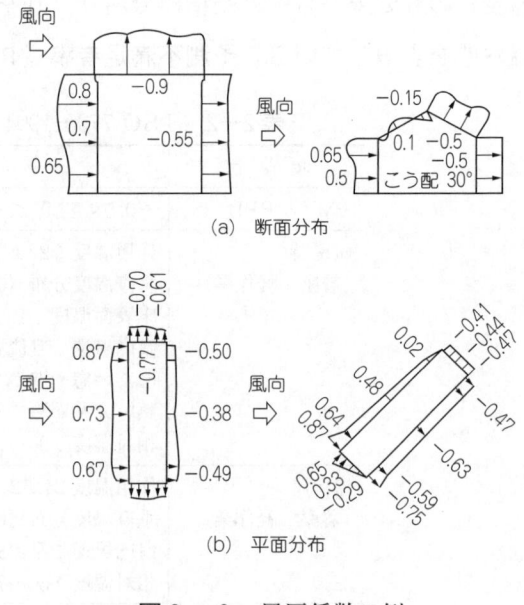

図2-2 風圧係数の例

＊ρ：ギリシャ文字で「ロー」と読む。

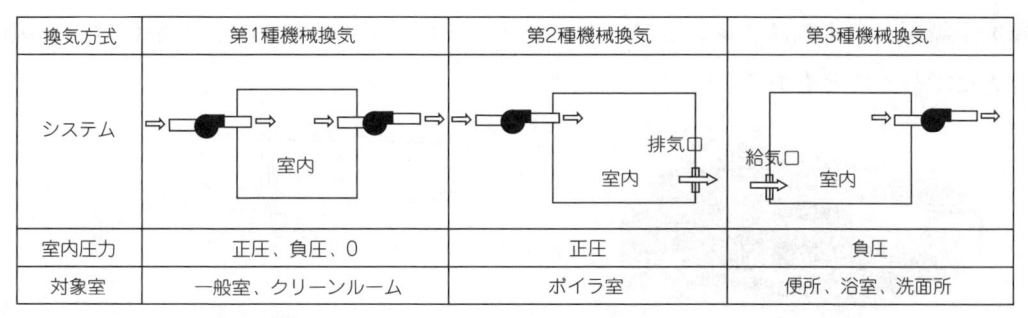

換気方式	第1種機械換気	第2種機械換気	第3種機械換気
システム	室内（給気ファン→排気ファン）	室内（給気ファン、排気口）	室内（給気口、排気ファン）
室内圧力	正圧、負圧、0	正圧	負圧
対象室	一般室、クリーンルーム	ボイラ室	便所、浴室、洗面所

図2－3　機械換気設備の種類

　従来の木造住宅では気密性が悪く，すき間風により自然に換気が行われていたが，省エネルギー基準を満たす住宅のように**高気密高断熱住宅**では気密性が高いため，意図的な換気が不可欠である。

（2）換気設備

　一般の換気は，二酸化炭素やじんあいなどの汚染物質の濃度を外気導入による拡散効果で薄める**希釈換気**である。これに対して，汚染物質の発生箇所が特定されているときは，汚染物質濃度が高いうちに排気を行う。これを**局所排気方式**という。

　局所排気方式は，厨房の調理台などで用いられる。調理台上部にフードを設置し，**有圧扇**により，水蒸気，二酸化炭素，油脂や臭気などを拡散させずに排気する方法である（図2－4）。

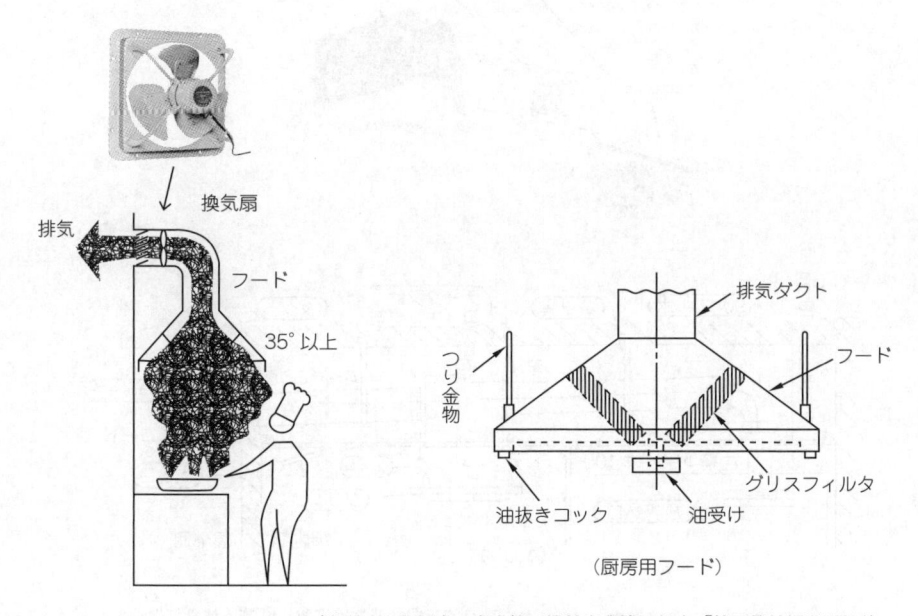

（出所　上部写真：東京管工機材商業協同組合「管工機材標準型録」）

図2－4　局所排気用フード

家庭用調理台の排気は，レンジフード（図2-5）を用いる以外に，壁取付けの換気扇や圧力扇で行うこともある。

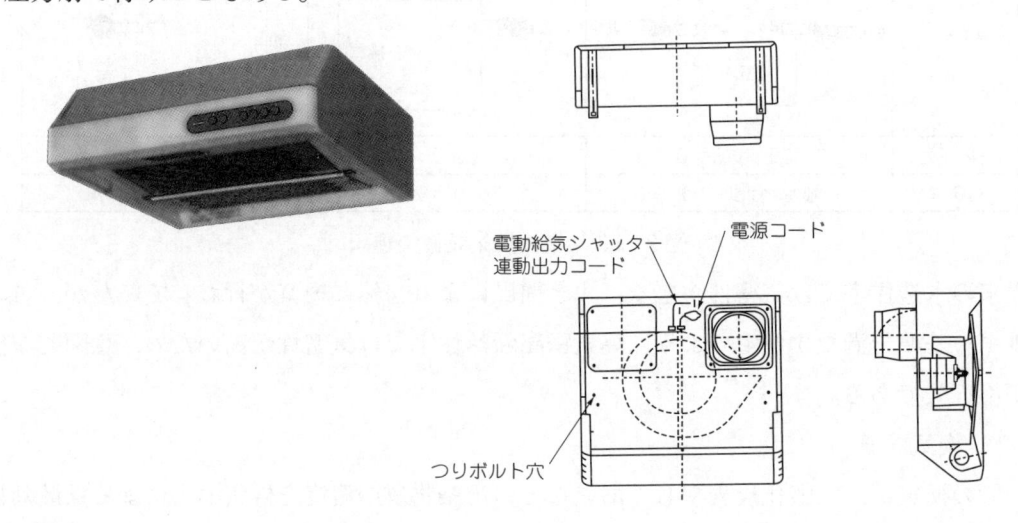

図2-5　レンジフードファン

洗面所，便所，浴室の排気は，天井吸込み口からダクトを用いて，**ダクト用換気扇**で行うことが多い。外気に面している場合には，壁取付けの換気扇や自然換気で行うこともある。いずれも第3種機械換気による（図2-6）。

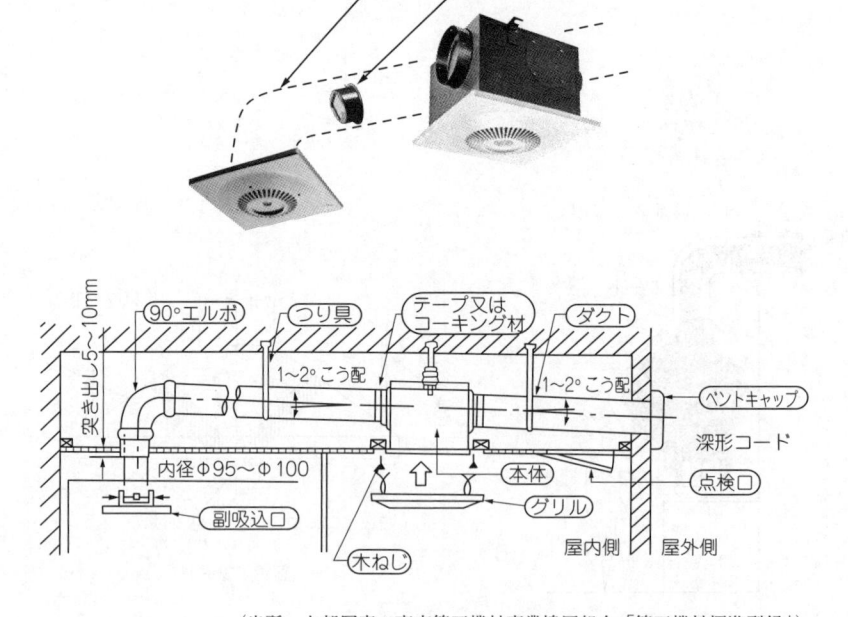

（出所　上部写真：東京管工機材商業協同組合「管工機材標準型録」）

図2-6　ダクト用換気扇取付け図

空調運転をしている場合，換気による外気導入は熱損失を伴う。これを軽減するために，排気と外気の熱交換をしながら換気を行う**全熱交換器**（図2－7）を用いることも多い。例えば，夏期冷房運転時には，低温低湿度の室内空気と高温高湿度の外気を熱交換して，低温低湿度の外気導入を行い，熱交換された室内空気は高温高湿度になって排気される。

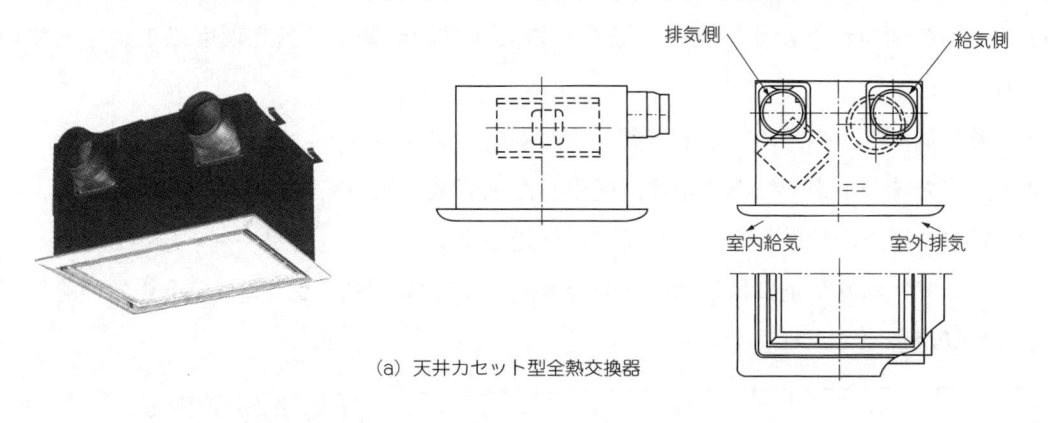

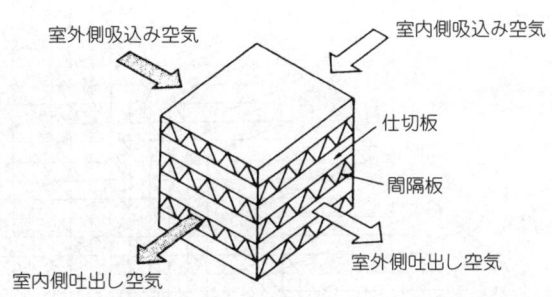

(a) 天井カセット型全熱交換器

(b) 熱交換エレメント　（出所 (b)：公共建築協会「機械設備工事施工監理指針」）

図2－7　静止型全熱交換器

（3）必要換気量

建築基準法施行令第20条の2では，居室の有効換気量を**1人当たり毎時20m^{3}以上**と定めている。

これは，室内の二酸化炭素濃度が0.1％を超えないことを目標とした基準である。二酸化炭素濃度は他の汚染物質濃度と相関が高いとされるので，この濃度を基準とすることにより室内空気の汚染を監視することができる。

（4）結露防止

空気は，窒素と酸素を主成分とする**乾き空気**と**水蒸気**により構成される。通常の空気は，水蒸気を含んでおり，乾き空気と水蒸気を合わせた空気を**湿り空気**という。湿り空気の性質を表したグラフを**湿り空気線図**という（図2－8）。

湿り空気線図では，横軸に乾球温度，縦軸に絶対湿度（水蒸気量）が取ってあり，右上

がりの曲線として飽和水蒸気線がある。湿り空気は温度が下がると，飽和に達して水蒸気が凝縮する。これを**結露**といい，結露を始める温度を**露点温度**という。結露はカビなどの微生物が発生する原因となるので，避けなくてはならない。

結露の原因は主として次の4つである。
① 建物の断熱性能が悪いため，壁などの表面温度が低く，露点温度以下になっている。
② 換気量が過小のため，水蒸気量（絶対湿度）が高い。
③ 換気方法が不適切であるため，発生した水蒸気が他の室に移動する。
④ 外壁や床下の地面から水蒸気が室内へ透湿する。

したがって，結露防止には建物の十分な断熱及び壁体の防湿と水蒸気発生場所の適切で十分な換気が必要である。

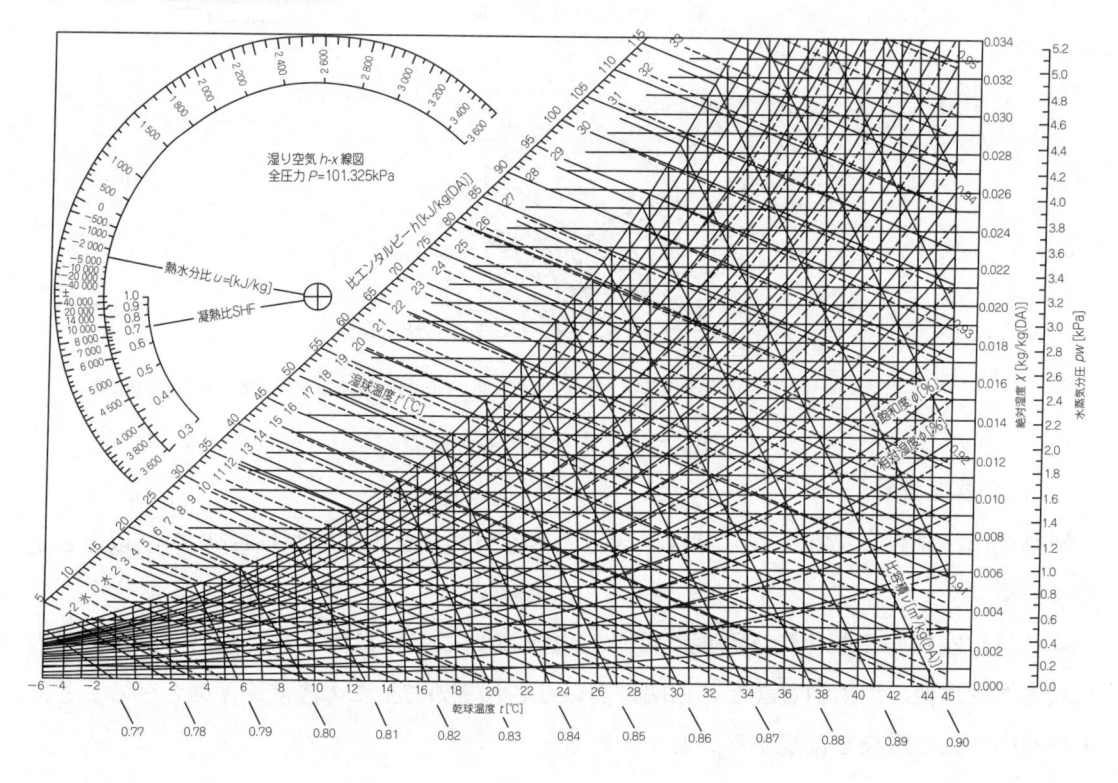

図2-8 湿り空気線図（$h-x$線図）

2.2 暖房設備

暖房設備とは，冬期の室温を一定温度に保持するための設備である。暖房設備は冬期における室内の温熱環境改善に不可欠である。冬期には循環器系疾患が発生しやすいが，暖

房設備の設置により発生が緩和される。

暖房設備は，暖房範囲により**個別暖房**と**中央式暖房（セントラルヒーティング）**に分類できる。寒冷地では玄関，廊下や便所など居室以外にも暖房設備を設置する必要がある。

（1）個別暖房

個別暖房として壁付暖炉，こたつ，火鉢，ストーブ（薪，石炭，石油，電気）などの暖房器具があるが，石炭や石油などの**化石燃料**を室内空気で燃焼させる暖房器具は，高気密住居の普及により室内空気汚染，一酸化炭素中毒，火災や結露などの問題を発生させるおそれがあるので，減少傾向にある。

安全性と室内空気環境の観点から**自然給排気式（ＢＦ式：Balanced Flue）**又は**強制給排気式（ＦＦ式：Forced draught balanced Flue）**ファンヒータ（灯油，ガス）が利用されている。これらは，外気取入れ筒と排気筒を付設することにより室内空気を汚染しない形式の対流式暖房器具である（図２－９）。

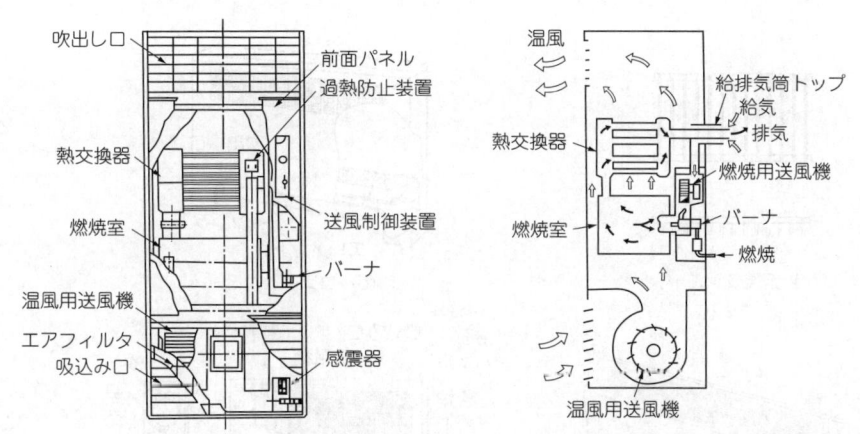

（出所　空気調和・衛生工学会編「空気調和衛生工学便覧」）

図２－９　強制吸排気式ファンヒータの構造

また，冷房と暖房が１台で兼用できることから，**エアコン（ヒートポンプ式ルームエアコンディショナ）**が多用されている（第２節２．３「空気調和設備」参照）。

（2）中央式暖房

ボイラなどの熱源機器を建物の１か所に設置して，各室に温水，蒸気，電熱などの熱媒を供給する方式を中央式暖房（セントラルヒーティング）という。中央式暖房には対流を主とするものと放射を主とするものがある。

熱媒を用いて室内空気に放熱をする装置を**放熱器**という。中央式暖房用の放熱器は放熱特性・形状・材料などにより次のように分類される。

a．自然対流・放射型放熱器

平板型パネルヒータ，フィン付きパネルヒータ，鋼製ラジエータ，コンベクタ，ベースボードヒータ，鋳鉄製放熱器，放射パネルなどがある。

b．強制対流型放熱器

ファンコンベクタ，ユニットヒータなどがある。

これらの放熱器の主なものを図2－10に示す。

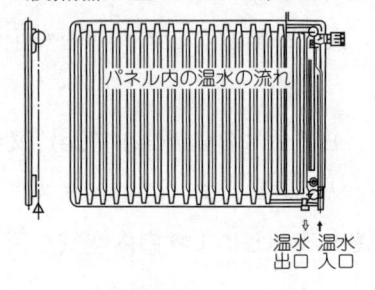

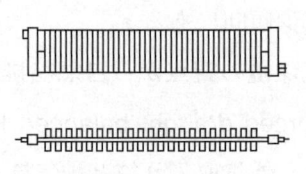

(a) 平板型パネルヒータ　　(b) フィン付きパネルヒータ

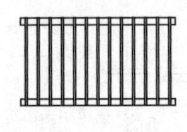

(c) 鋼製ラジエータ　　(d) コンベクタ

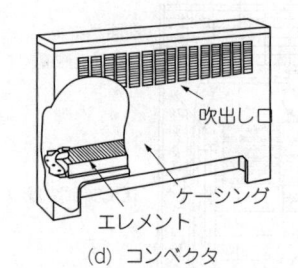

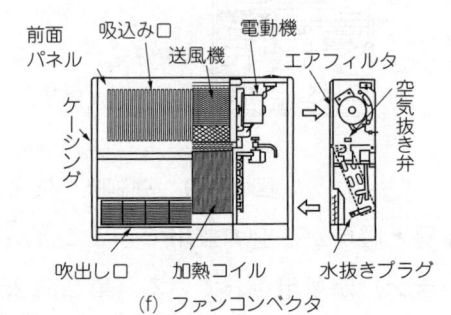

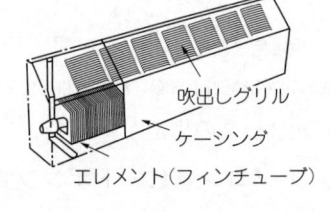

(e) ベースボードヒータ　　(f) ファンコンベクタ

(出所　空気調和・衛生工学会編「空気調和衛生工学便覧」)
図2－10　放　熱　器

また，熱を輸送する熱媒の供給方式から次のように分けられる。

a．蒸気暖房

蒸気暖房は蒸気を用いた直接暖房であり，図2－11のように**蒸気ボイラ，放熱器弁，放熱器，蒸気トラップ，ボイラ給水ポンプ，ホットウェルタンク（還水槽），蒸気管及び還水管**からなる。

蒸気暖房の特徴は，以下のとおりである。

① 温水暖房と比較して一般に熱媒温度が高く，放熱器面積・装置の熱容量が小さいため，立ち上がりが速く，設備費が安い。
② 垂直温度分布が大きく，負荷変動に対する放熱量の制御が困難である。
③ 還水管の内面腐食が速い。

b．温水暖房

温水暖房は，図2-12に示すように**温水ボイラ，放熱器弁，温水循環ポンプ**，温水配管からなる。

温水暖房の特徴は，以下のとおりである。

① 放熱器温度が高くないので，垂直温度分布が小さく，温熱環境は好ましい。
② 負荷変動に対する放熱量の制御が比較的容易である。
③ 密閉配管なので内面腐食が少ない。
④ 放熱面積が大きいので，設備費が高くなる。
⑤ 装置全体と配管の熱容量が大きいので，立ち上がりに時間を要する。
⑥ 寒冷地では凍結防止の対策が必要である。

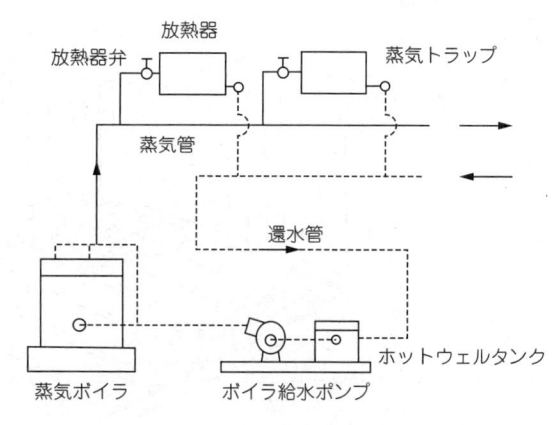

図2-11 蒸気暖房システム

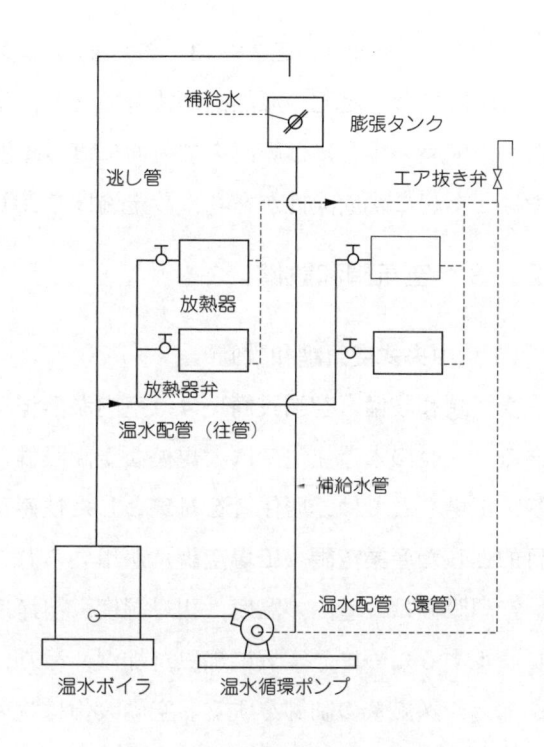

図2-12 温水暖房システム

c．床暖房

床暖房は床に**温水チューブ**又は**電気ヒータ**を埋め込み，床面を加熱する暖房方式である（図2-13）。電気ヒータを使用するときには，安価な夜間電力を使用するように，床に蓄熱材を埋め込む方式もある。床暖房は，床面からの放射と熱伝導を主体とした暖房方式で

ある。

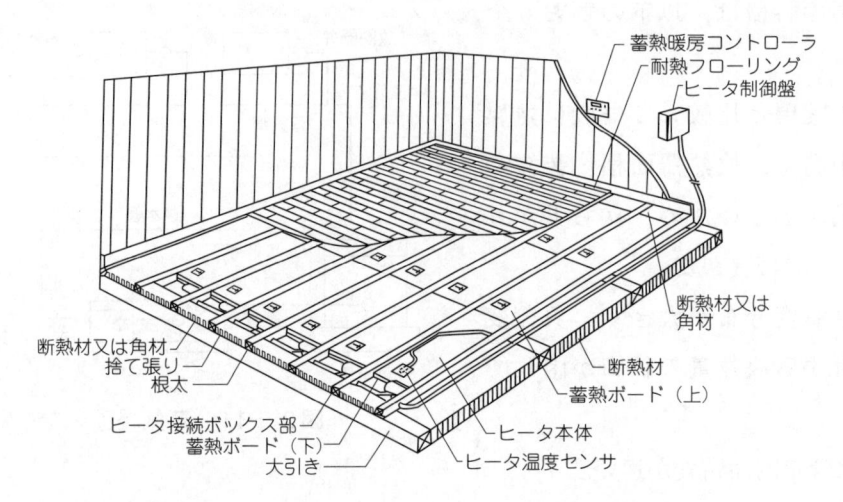

図2－13　蓄熱床暖房システム（木質床の施工例）

　床暖房では，足元の温熱感が快適であり，垂直温度分布が小さいという利点がある。ただし，床座の場合には脚部を加熱面に直接接触させることがあるので，熱伝導による低温やけどを起こす危険性があり，設定温度を29℃以下にする必要がある。

2．3　空気調和設備

（1）中央式空気調和設備

　空気調和設備（空調設備） は，室内温熱環境と空気環境を維持するための一連の設備である。一般の木造住宅では大規模な空調設備は用いられないが，事務所ビル，美術館，病院，工場などでは，居住者を対象とした**快感空間（保健空調）** 及び製品の品質管理などを目的とした**産業空調（工場空調）** が用いられている。

　空調設備は，室内の温度，相対湿度，清浄度，二酸化炭素濃度，室間差圧などをコントロールするために，空気に加熱，加湿，冷却，除湿，ろ（濾）過，外気取入れなどの処理を加え，送風量の制御をする。空調設備は次の機器・設備から構成される。

第2章 建築設備 63

① 熱源機器：ボイラ，冷凍機，ヒートポンプ，冷却塔など，熱を生産する機器（図2－14）。

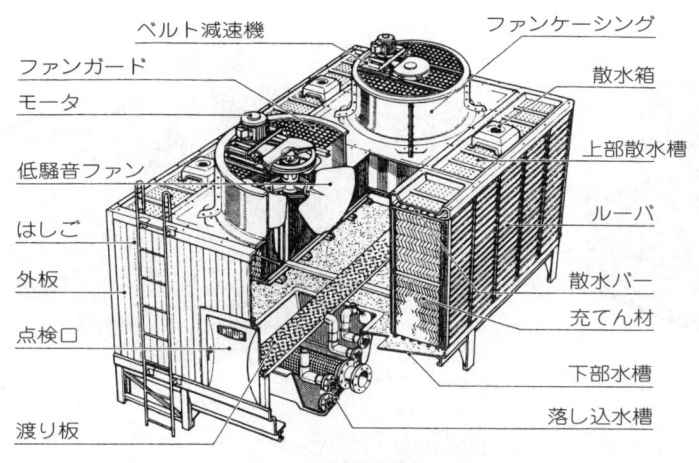

(a) 直交流型冷却塔

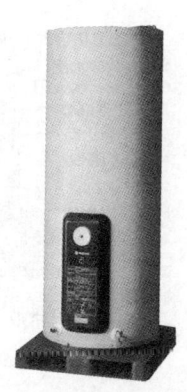

(b) ターボ冷凍機　　　　　　　　　　　(c) 温水ボイラ

（出所　(a)：新晃工業（株）「カタログ」，(b)，(c)：東京管工機材商業協同組合「管工機材標準型録」）

図2－14　熱源機器

② 空調機器：**空調機**（エアハンドリングユニット），**ファンコイルユニット**など，熱媒体と空気を熱交換し，空気中のじんあいを除去する機器（図2－15）。

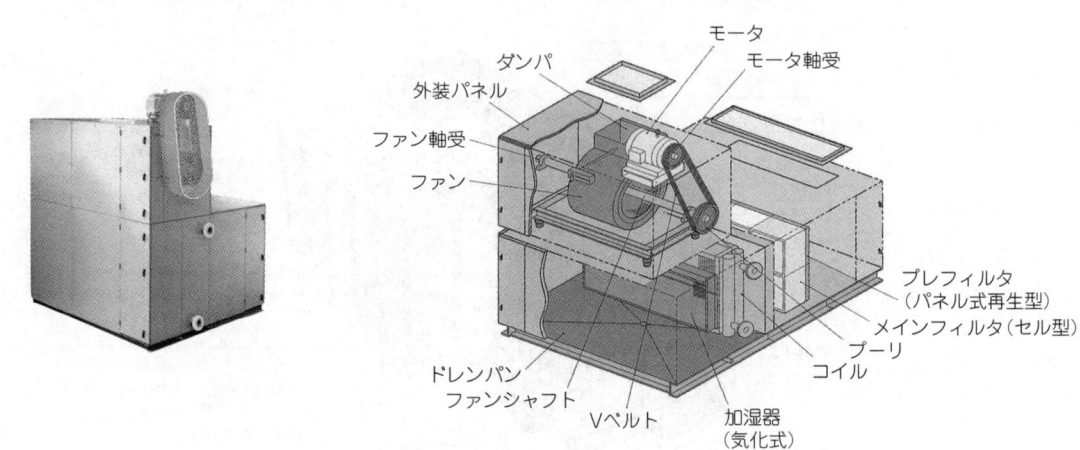

(a) 空気調和機（エアハンドリングユニット）

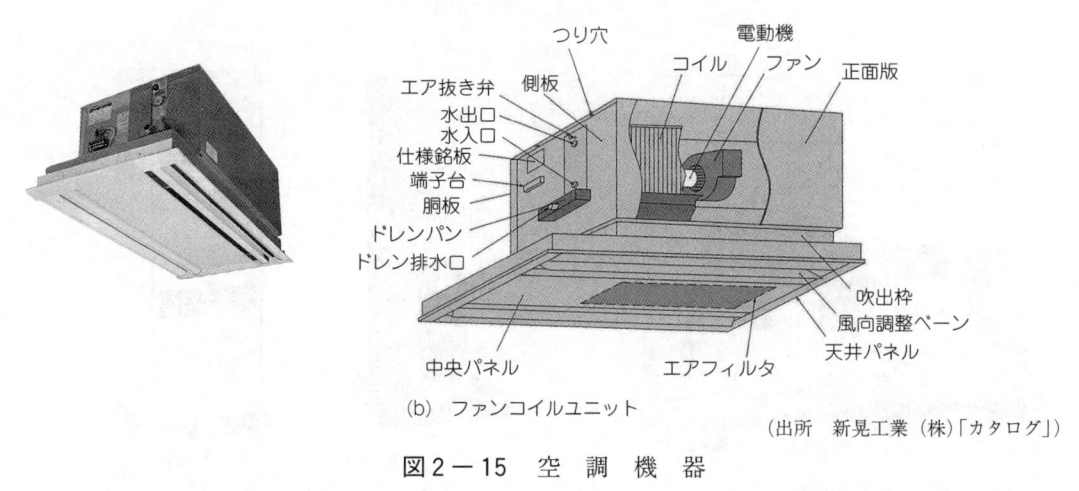

(b) ファンコイルユニット

（出所　新晃工業（株）「カタログ」）

図2－15　空　調　機　器

③ 搬送機器：**ポンプ**や**送風機**など，水や空気などの熱媒体を搬送するための機器（図2－16）。

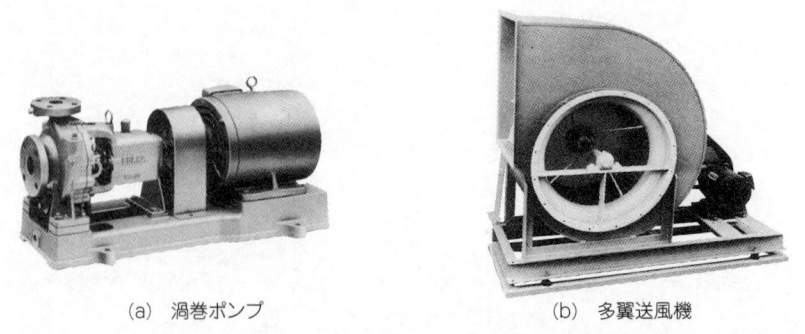

(a) 渦巻ポンプ　　　　　　　　(b) 多翼送風機

（出所　東京管工機材商業協同組合「管工機材標準型録」）

図2－16　搬　送　機　器

④ 配管設備：冷温水，蒸気，冷媒などを輸送するための配管。
⑤ ダクト設備：空気を輸送するための風道（図2－17）。

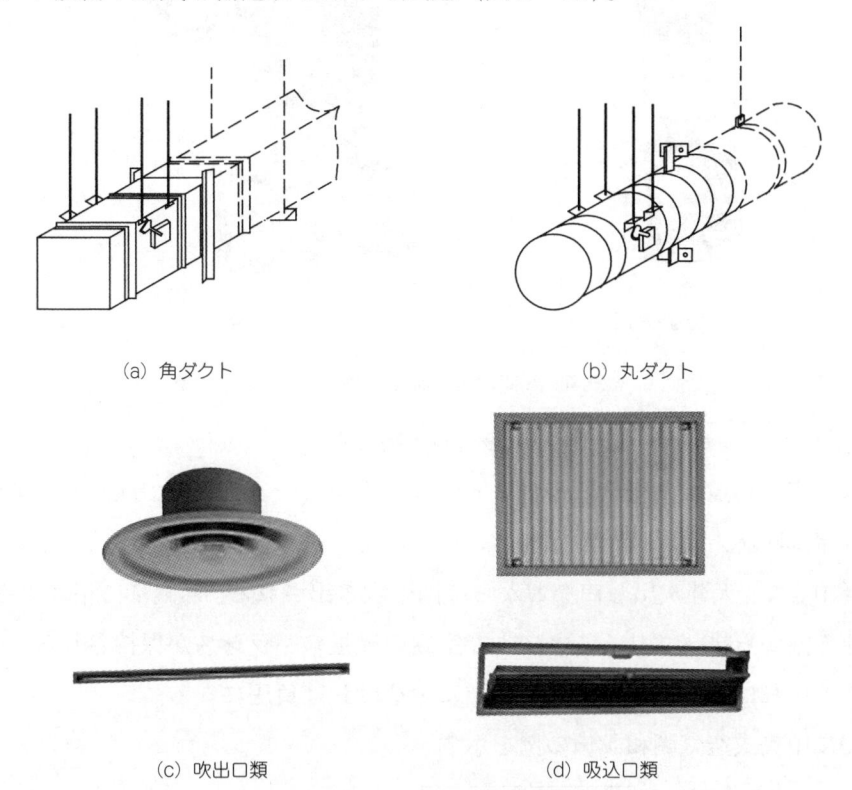

(a) 角ダクト　　　　　　　　　(b) 丸ダクト

(c) 吹出口類　　　　　　　　　(d) 吸込口類

(出所　(a)，(b)：(社) 公共建築協会「公共建築設備工事標準図」)
　　　(c)，(d)：(株)トーレイ「カタログ」)

図2－17　ダクト設備

⑥ 自動制御・中央監視設備：温湿度・室間差圧などの制御を行い，**温湿度の設定，機器の発停**，状態監視などをするための設備（図2－18）。

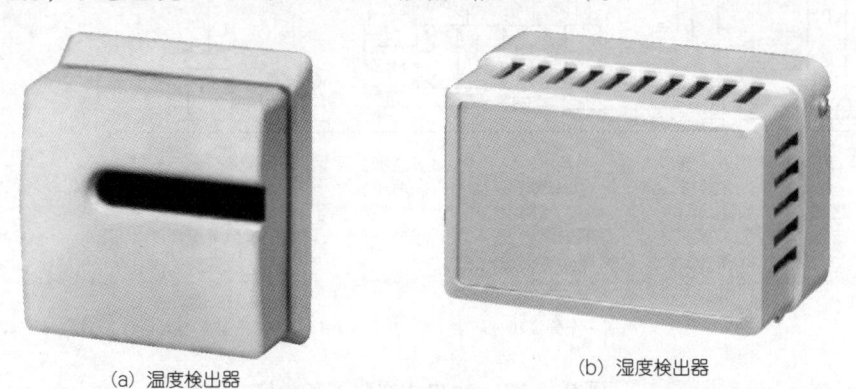

(a) 温度検出器　　　　　　　　(b) 湿度検出器
(出所　ジョンソンコントロールズ (株)「カタログ」)

図2－18　自動制御機器①

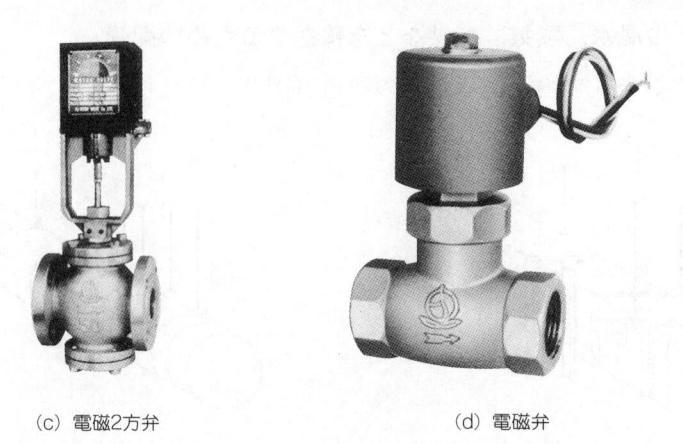

(c) 電磁2方弁　　　　　　　　　(d) 電磁弁

(出所　東京管工機材商業協同組合「管工機材標準型録」)

図2－18　自動制御機器②

　空調機は，室から還った空気（還気）と外気を混合し，フィルタで除じんしてから，冷房運転時は冷却除湿，暖房運転時は加熱・加湿して，送風機により加圧給気する。給気はダクトを経由して，天井吹出し口などから室内へ吹き出される。外気量に相当する風量は，室内又は他の室から排気されることにより室内の風量のバランスが保持される。外気量が排気量より多ければ室内は正圧になり，逆に少なければ負圧になる。

　図2－19に中央式空気調和設備の例を示す。

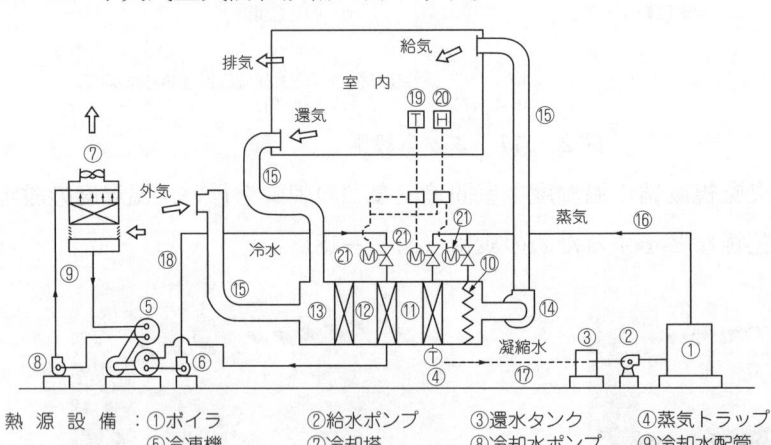

熱源設備　：①ボイラ　　　　②給水ポンプ　　③還水タンク　　④蒸気トラップ
　　　　　　⑤冷凍機　　　　⑥冷却塔　　　　⑧冷却水ポンプ　⑨冷却水配管
空調機設備：⑩加湿器　　　　⑪加熱器　　　　⑫冷却減湿器　　⑬エアフィルタ
熱搬送設備：⑥冷水ポンプ　　⑭送風機　　　　⑮ダクト　　　　⑯蒸気配管
　　　　　　⑰還水配管　　　⑱冷水配管
自動制御設備：⑲サーモスタット　⑳ヒューミディスタット　㉑自動弁

(出所　空気調和・衛生工学会編「図解 空調・給排水の大百科」(株) オーム社)

図2－19　中央式空気調和設備

外気を室内空気の温湿度条件まで，冷却又は加熱するための熱量を**外気負荷**という。外壁から室内に流入又は室内から流出する熱量を**外皮負荷**，照明やＯＡ機器などから発生する熱負荷を**内部負荷**といい，両者を加えたものを**室内熱負荷**という。ただし，暖房時は外皮負荷のみが**室内熱負荷**となる。外気負荷と室内熱負荷を加えたものを**装置熱負荷**という。すき間風があるときは，これによる熱負荷が室内熱負荷に加わる。図２－20に装置熱負荷の構成要素を，図２－21に全熱交換器の例を示す。

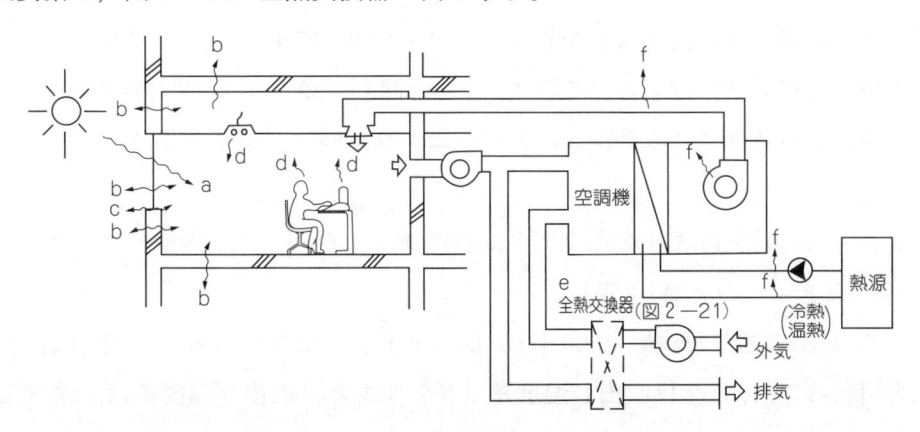

a：ガラス窓からの日射熱負荷（顕熱）
b：屋根，外壁，ガラス窓，内壁，地下壁のような壁体の通過熱負荷（顕熱）
c：侵入すき間風の熱負荷（顕熱，潜熱）
d：照明，人体，室内機器などから発生する室内発熱負荷（顕熱，潜熱）
e：導入外気負荷（顕熱，潜熱）
f：システムロス（空気装置の熱取得・熱損失）（顕熱）

(出所　空気調和・衛生工学会編「図解 空調・給排水の大百科」(株)オーム社)

図２－20　装置熱負荷

(a) ダクト接続型　　　　(b) ユニット型

(出所　(社)公共建築協会「機械設備工事施工監理指針」)

図２－21　回転型全熱交換器

一般の事務所ビルなどでは，外皮負荷と内部負荷の時間的な負荷特性が異なるので，外壁に面した部分を**ペリメータ側**として外皮負荷の処理に当て，内部を**インテリア側**として内部負荷の処理に当てるように，空調設備を系統分けする。ペリメータは，方位により時刻ごとの負荷特性が異なるので，方位ごとに系統分けする。このような空調設備の負荷特性による系統分けを**ゾーニング**という。図2－22にゾーニングの例を示す。

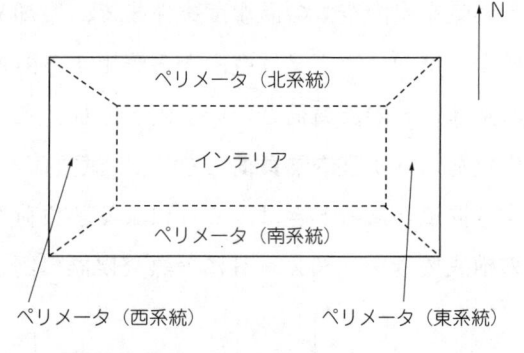

図2－22　ゾーニングの例（平面図）

室内熱負荷 q は，給気により次式のように熱処理される。

$$q = C_p \times \rho \times Q \times \Delta t \ [\mathrm{W}]$$

ただし，C_p は空気の**定圧比熱**（1000［J／kg・K］），ρ は空気の密度（1.2［kg／m³］），Q は送風量［m³／h］，Δt は**吹出し温度差**［K］である。吹出し温度差は，給気温度と室内温度の差である。

（2）個別式空気調和設備

一般の住宅では，主として電気の供給により冷媒方式によるルームエアコンディショナ（エアコン）方式が多用される。これは図2－23に示すように，冷媒を**冷凍サイクル**で循環することにより，室内熱負荷を除去する機器である。種類としては，窓に取り付ける**ウィンドウ型**，室内機と室外機に分離した**セパレート型**があり，後者が主に用いられる。セパレート型エアコンには，冷房専用機と冷房・暖房切替型（ヒートポンプ）があり，1台で冷房と暖房ができる後者の利用が多い。

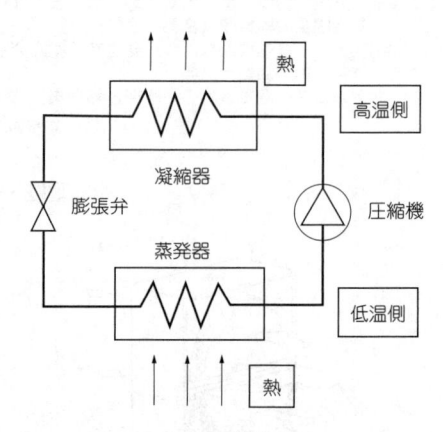

図2－23　冷凍サイクル

また，都市ガスを用いて圧縮機を駆動させるガスヒートポンプも使用される。ただし，エアコンは熱負荷処理の機能しかなく，加湿及び換気の機能がない機器もあるので注意すべきである。

セパレート型エアコンの室内機には，蒸発器（室内熱交換器）とファンが内蔵されていて，室内空気と冷媒で熱交換を行う。室外機には，圧縮機，凝縮器，ファン，膨張弁が内

蔵されていて，外気と冷媒で熱交換を行う。室内機と室外機の間は，冷媒配管（銅管）で結ばれ，その中を冷媒が循環する。図2-24にセパレート型エアコンを示す。

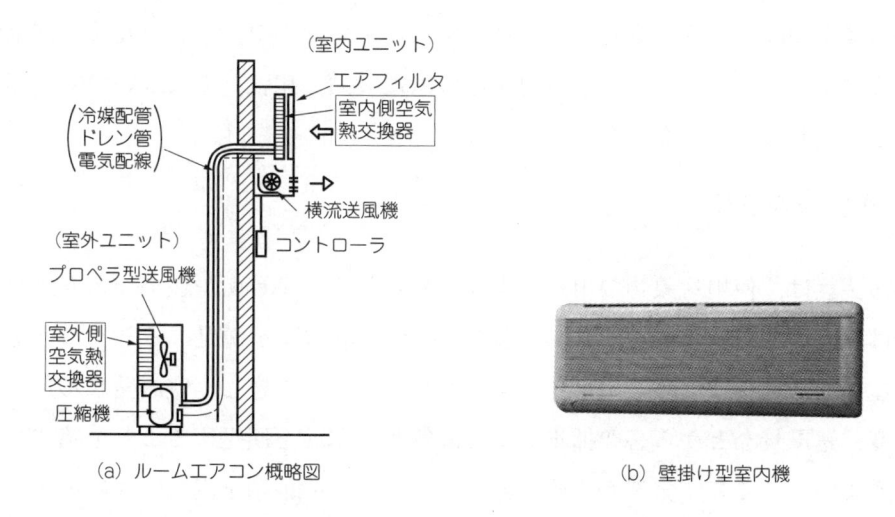

(a) ルームエアコン概略図　　　(b) 壁掛け型室内機

図2-24　セパレート型ルームエアコンディショナ

中小規模建物には，1台の室外機に多数の室内機が接続できるタイプの**ビル用マルチタイプエアコンディショナ型**（図2-25）がある。室内機の台数制御を室外機の圧縮機インバータによる冷媒流量制御ができ，省エネルギー性に優れ，省工事化，省スペース化など，多く採用されている。

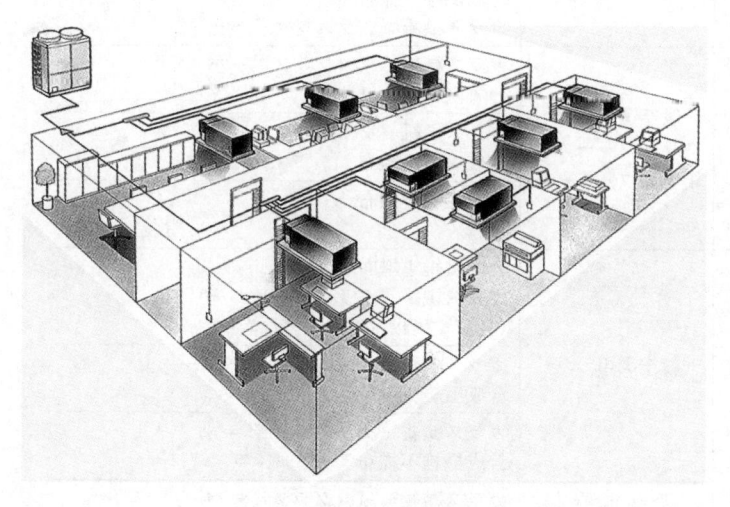

(a) マルチタイプ概略図　　　(b) 天井カセット型室内機

（出所　(a)：ダイキン工業（株）「カタログ」）

図2-25　ビル用マルチタイプエアコンディショナ

エアコンに空気清浄器の機能を持たせた製品や，フィルタにクリーンルームに使用されている高性能フィルタ（HEPAフィルタ）を内蔵した製品が市販されている。

冷房時には冷却除湿により室内機から結露水が発生するので，ドレン配管（排水管）が必要である。また，エアコンは使用電力が他の家電製品と比較して大きいので，専用のコンセントを設置しなくてはならない。

2．4　空気清浄装置

空気清浄装置は，使用対象物の用途により決められる。事務所や住宅など人間を対象とする場合は原則として，**室内浮遊粉じん量0.15mg／m^3以下**を満足するように選定しなければならないが，あらかじめエアフィルタの種類と効率を決定し，室内発じん量，外気じんあい濃度，送風量などから必要捕集効率を計算し，基準を満足することを確認する方法を取ってもよい。ここで空気清浄装置の分類とフィルタの種類を表2－3に示す。

表2－3　空気清浄装置の分類とフィルタの種類

分　類		型　式	用　途	ろ　材
エアフィルタ	粗じん用エアフィルタ	パネルエアフィルタ	外気用又はプレフィルタ用	合成繊維不織布（ナイロン，アクリルなど） ガラス繊維（グラスファイバー）
		かご型エアフィルタ		
		自動巻き取りエアフィルタ		合成繊維不織布 ガラス繊維（グラスファイバー）
	中性能エアフィルタ	折込み型エアフィルタ	一般空調用又はクリーンルーム用中間フィルタ	ガラス繊維ろ紙（グラスペーパー） 合成繊維（ろ紙）
		袋型エアフィルタ		ガラス繊維（グラスファイバー） 合成繊維不織布
		ろ材誘電型エアフィルタ		合成繊維不織布
	高性能エアフィルタ	電気集じん器	一般空調用	合成繊維不織布 ガラス繊維（グラスファイバー） （集じん極板はアルミニウム）
		折込み型エアフィルタ		ガラス繊維ろ紙（グラスペーパー） 合成繊維（ろ紙）
		袋型エアフィルタ		ガラス繊維（グラスファイバー） 合成繊維不織布
	超高性能エアフィルタ	折込み型エアフィルタ	クリーン機器又はクリーンルーム用	ガラス繊維ろ紙（グラスペーパー）
	ガス除去用フィルタ	活性炭フィルタ	有害ガス除去用	
		化学吸着剤フィルタ		

（出所　（社）公共建築協会「機械設備工事施工監理指針」）

JISの試験方法より，捕集率の測定方法と適用フィルタの関係を表2－4に示す。

表2－4 捕集率の測定方法と適用フィルタ

JISの試験	捕集率の測定方法	捕集粉じんの粒度	捕集率（％）	適用フィルタ
形式1	計数法（DOP法）	極微細な粉じん（$0.3\mu m$）	99.97以上	HEPA
			90以上	折込み型(高性能)
形式2	比色法又は光散乱積算法	やや微細な粉じん（JIS Z 8901-1995に規定するNo.11）	90以上	折込み型(高性能)
				袋型
				電気集じん器
			80以上	ろ材誘電型
			60以上	折込み型(中性能)
形式3	質量法（重量法）	やや粗大な粉じん（JIS Z 8901-1995に規定するNo.15）	50以上	自動巻取型 パネル型（粗じん用）

（出所（社）公共建築協会「機械設備工事施工監理指針」）

（1）エアフィルタの種類

a．パネル型

一般外気処理用高性能フィルタのプレフィルタとして使用される（図2－26）。

b．折込み型・袋型

ろ材や性能は両者とも同程度であり，パネル型よりろ材の繊維が細く，密度があまり高くない通過風速を低く押さえるために，枠内部をジグザグ状に折り込んだり，袋型にして納めたものである（図2－27）。

（出所　日本バイリーン（株）「カタログ」）

図2－26　パネル型フィルタ（プレフィルタ）

(a) 折込み型フィルタ　　　(b) 袋型フィルタ
（出所　日本バイリーン（株）「カタログ」）

図2－27　折込み型フィルタ・袋型フィルタ

c. 高性能フィルタ（HEPAフィルタ*）

微細なガラス繊維をろ材として，折込み型にしてろ過面積を増し，通過風速を小さくした構造である。適応粒子は1μm以下であり，集じん効率は計数法で99.97%，圧力損失は250〜500Paである（図2-28）。

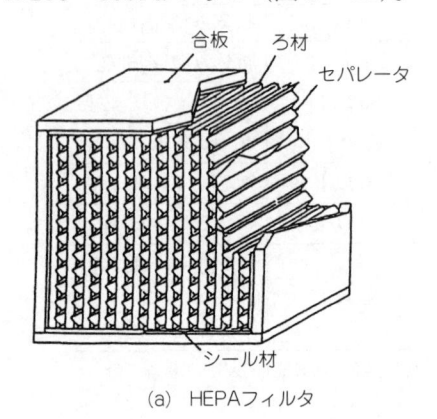

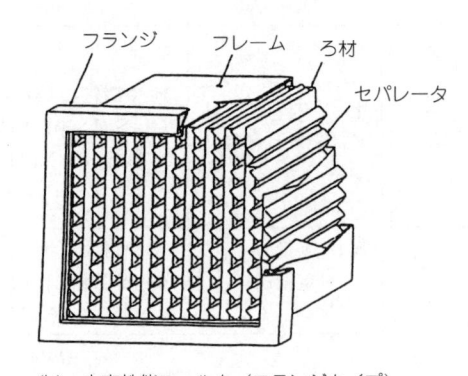

(a) HEPAフィルタ
(b) 中高性能フィルタ（フランジタイプ）
（出所　（社）公共建築協会「機械設備工事施工監理指針」）

図2-28　高性能フィルタ

d. 自動巻取り型

ろ材をロール状に巻き，ろ材の更新機構は，タイマ式及び差圧式がある。ろ材としては，グラスファイバー，フィレドン不織布，特殊ろ材などがあり，通過風速は2.5〜3m／s程度で適応粒子は1〜3μm以上で，集じん効率は質量法で80%程度である（図2-29）。

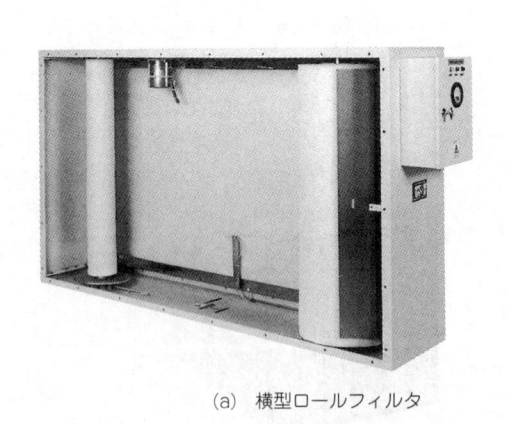

(a) 横型ロールフィルタ
(b) 差圧式の制御盤
（出所　日本バイリーン（株）「カタログ」）

図2-29　自動巻取り型フィルタ

---

*HEPAフィルタ：High Efficiency Particulate Airfilterの略

e．電気集じん器

空気中の粒子に電荷を与えて電界により集じん極板上に粒子を捕集する方法である。適応粒子は1～0.01μmであり，集じん効率は比色法で90％以上の捕集が行われるので，一般空調で比較的清浄度の高いものや産業用空調などに使用される（第2節2．5「集じん装置」参照）。

2．5　集じん装置

集じん装置とは，気体中に浮遊している粉じんなどの微粒子を集めて取り除く装置のことである。空気中の清浄化や，ガス中の金属粉など有効成分の捕集，煙の有害成分の除去などに用いる装置のことである。

（1）大気汚染防止法

大気の汚染について第1条に「国民の健康を保護するとともに生活環境を保全し，並びに大気の汚染に関して人の健康に係る被害が生じた場合における事業者の損害賠償の責任」について定めている。

第2条で「ばい煙」の語を定義し，その第2号で「燃料その他の物の燃焼又は熱源としての電気の使用に伴い発生するばいじん」と硫黄酸化物その他からなるものと規定し，同条4項で「粉じん」とは，「物の破砕，選別その他の機械的処理又はたい積に伴い発生し，又は飛散する物質」と定義されている。平成元年に「特定粉じん」と「一般粉じん」に区分され，特定粉じんとしては，**石綿**（アスベスト）が指定されている。以上「ばい煙」と「粉じん」を明確に区分しているが，多くは固体粒子であるため一般的に**ダスト**（dust）の語が用いられている。

（2）集じん装置と分離機構（表2－5）

集じんの粒子分離方式は大きく2つに分けられる。

a．流通型

外力「重力，遠心力，静電気力」を作用することにより粒子を流れの系外に移動させる方式

b．障害物型

障害物「平板，繊維てん層，織布」を気流中に設置し粒子を分離する方式

表2-5 集じん装置と分離機構

集じん装置の名称		分離機構	適用粒子濃度（g/m³）	分離最小粒径 $x\min(\mu m)$	概略圧力損失(Pa)	最高適用温度(℃)	特徴
流通型	重力沈降室	重力	>1	20	～150	～1000	
	サイクロン	遠心力	>1	1	～2000	～1000	粗いダストのプレダスタ
	電気集じん	静電気力	>1	0.02	～300	～500	設備費が大，ごみ焼却炉など高温で大風量に適する。
障害物型	エアフィルタ	内部ろ過	0.02>	0.01	～500	400	空気清浄用
	バグフィルタ	外部ろ過	>1	0.01	3000	250	排気が目視できない。SO_x，NO_xなどの同時処理もできる。
	セラミックフィルタ	外部ろ過	>1	0.01	10000	1000	
	粒子充てん層フィルタ	外部ろ過	>1	0.01	10000	1000	
	ルーバ型セパレータ	慣性衝突	>1	20	300	1000	異物又は特に粗いダストのプレダスタ
	ベンチュリスクラバ	慣性衝突	>1	0.1	10000	1000	湿式

現在，産業分野で最も多く使用されているのは「**バグフィルタ**」と「**電気集じん器**」である。次に各種集じん装置を示す。

① 重力式

ガス中に含まれる粒子を重力による自然沈降によって分離捕集する装置であり，捕集限界粒子径は50～60μmで，圧力損失は50～100Pa程度である。

重力式では，処理ガス速度が小，沈降室の高さが小，ガスの粘度が小であるほど，また，粒子の密度が大きいほど分離限界粒子径は小さくなり，細かい粒子まで捕集できる（図2-30）。

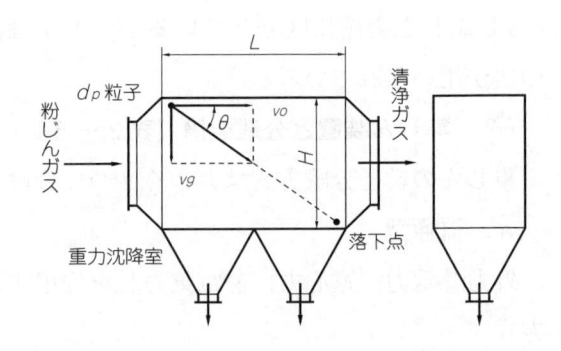

図2-30 重力式集じん装置

② 遠心力式

遠心力式集じん装置は粉じんガスに旋回運動を与え，主として粒子に作用する遠心力によってガス中より粒子を分離する装置で，代表的なものはサイクロンである。図2-31に

接線流入式サイクロンを示す。

③　電気集じん式

電気集じん装置の最も一般的な原理を図2－32に示す。

相対する平面の導体板（A）をプラス電極とし，中央の細長い導体（B）をマイナス電極として直流電圧を加えると（B）の表面付近は強力な電界となってコロナ放電を起こす。

これによって生じた多数の±イオンの内プラスイオンは，ただちに放電極（B）に吸着放電され，マイナスイオン及び電子は集じん極（A）に吸引される。

両極間の空間の大部分はこれらの無数の電荷で充満されるので，ここを通過する粉じんにはマイナスの電荷が付着され，マイナスの電荷体となって集じん極に集められ，自重によって下に落ちる。

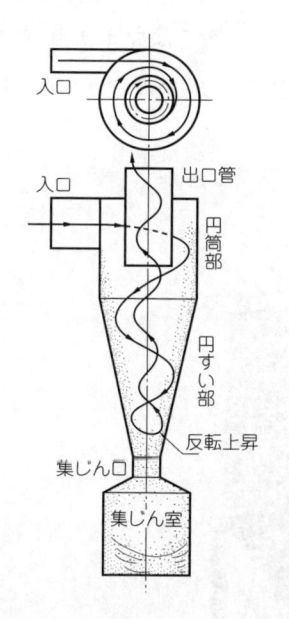

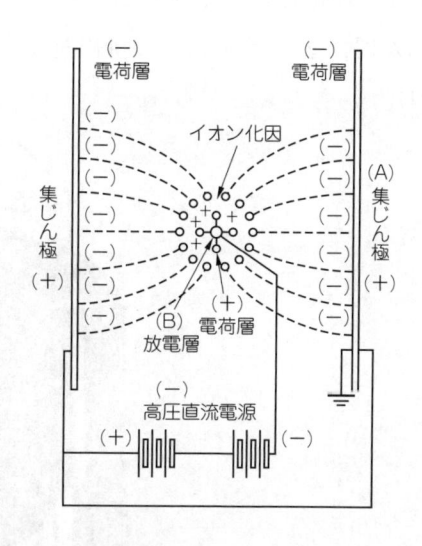

図2－31　接線流入式サイクロン　　　図2－32　電気集じん装置の原理

④　空調用の空気浄化装置

空調用の空気浄化装置には，エアフィルタが使用される。

エアフィルタには，ろ過式フィルタ，静電式フィルタとろ過式フィルタを組み合わせたものなどがある。

エアフィルタの捕集率は粉じんの大きさによって異なるが，人体の保護用には，$1 \mu m$程度の小さな粉じんを除去する必要がある（図2－33）。

図2－33　空調用エアフィルタ

⑤　ボイラなどの排ガス中の粉じんの除去

ボイラからの排ガス中の粉じんは大気汚染防止法で厳しく規制されており，一例として，ガスを専焼とし排ガスの最大量が40000m^3（大気圧，0℃）以上のボイラでは0.05g／m^3（大気圧，0℃）以下と排出基準が定められている。

重油などの油だきボイラでは電気集じん器，石炭だきボイラではマルチサイクロンと電気集じん器，また，粉じんの排出量が多いものでは**バグフィルタ**なども用いられる（図2－34）。

図2－34　バグフィルタ

⑥ セラミックフィルタ

セラミックスである耐熱性・不燃性・耐食性のろ材の効果を有効に生かすことにより，排ガスの冷却操作は不要であり，除じん後の高温排ガスからの熱回収ができる(図2－35)。

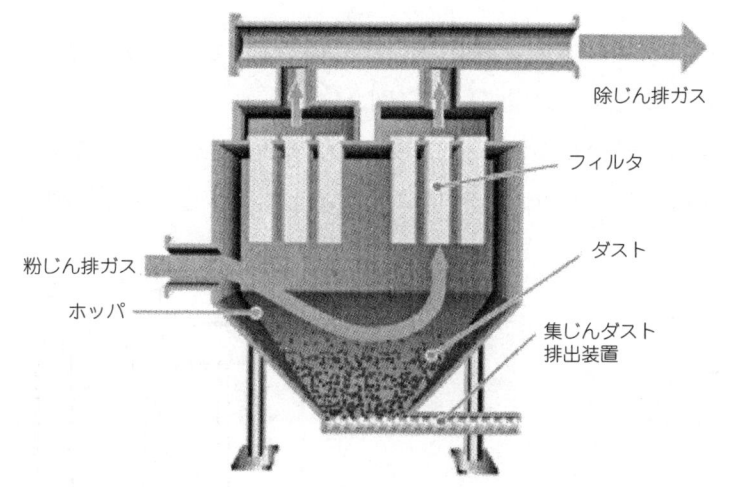

(出所　日本ガイシ　ホームページ)

図2－35　セラミックフィルタ

⑦ 充てん層式洗浄集じん装置

粉じんガスとスプレー水を向流し，塔下部から流入した水幕水によって，集じん及び有害ガスを洗浄処理する（図2－36)。

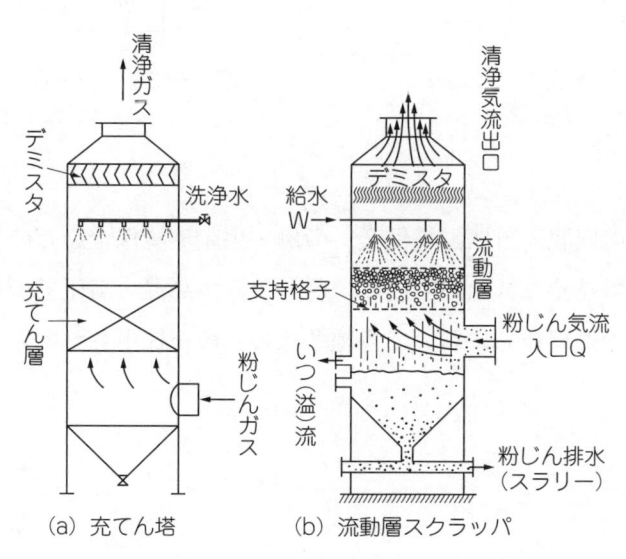

(a) 充てん塔　　(b) 流動層スクラッパ

(出所　(社)日本機械学会「機械工学便覧エンジニアリング編」)

図2－36　充てん層式洗浄集じん装置

⑧ 洗浄式

洗浄式集じん装置では洗浄液を分散又は粉じんガスを分散することによって生成された水滴，水幕，気泡などで粉じんガス中の粒子を捕集する装置であり，ため水式，加圧水式などがある。

ため水式は集じん室内に一定の水を保有し，粉じんガスを高速で通すことにより水滴，水幕を形成させ粉じんガスの洗浄を行っている（図2－37）。

加圧水式は加圧水を供給して粉じんガスを洗浄するもので，ベンチュリスクラバ，ジェットスクラバ，スプレー塔，サイクロンスクラバ，充てん層式などがある（図2－38）。

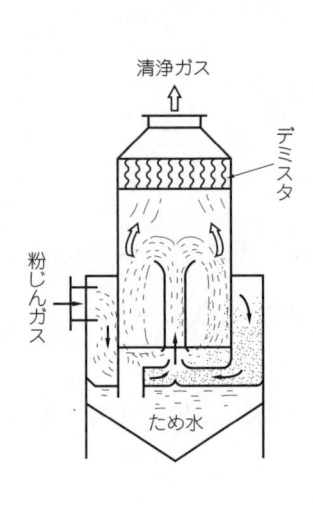

図2－37　ため水式集じん装置
（ガス噴出型）

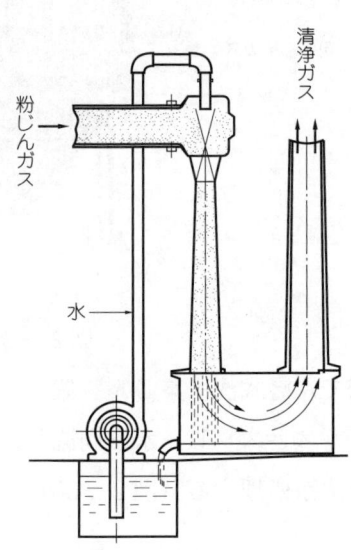

図2－38　加圧水式集じん装置
（ジェットスクラバ）

集じんは有用物質の回収，自然環境保全，労働・生産環境保全などの目的で広く使用されている。粒子だけでなくガス除去も同時に行ったり，高温・高圧での集じんが現実化されるなど，その性能や処理能力において多種多様のものが採用されている。

第3節　給排水・衛生設備

　給排水・衛生設備は，人の健康保持及び生命維持に関わる衛生的環境の実現と，安全を確保し，需要者の利便を図ることを基本とする。
　したがって，給排水・衛生設備の果たす役割は極めて重要なものである。

3．1　上水道設備

　水道の歴史は，明治以来1世紀あまりを経て着実に整備が進められ，平成15年3月末における水道普及率は96.8％となった。水道は一般家庭ばかりでなく，商業・工業などにも利用され，水源から蛇口まで様々な工程を経て成り立っており，その1つでも欠けると水道全体が機能しなくなる。
　ここでは，水源から配水管に至るまでの設備について述べる。

（1）水道の定義
　水道法第3条において「水道とは導管及びその他の工作物により，水を人の飲用に適する水として供給する施設の総体をいう。ただし，臨時に施設されたものを除く。」と定義され，すなわち「**導管**」を有さないもの，「**人の飲用**」に適さない水を供給する施設は水道ではないと定められている。

（2）水道法
　この法律は，水道により**清浄にして豊富，低廉**な水の供給を図ることによって，**公衆衛生の向上・生活環境の改善に寄与**することを目的としている。この目的達成のために，水道の布設及び管理を適正かつ合理的にするための諸規定や**水道の計画的整備**，水道事業の**保護育成**に関する規定を定めている（図2-39）。

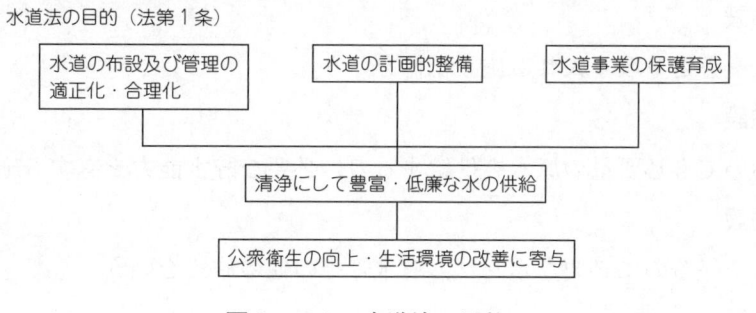

図2-39　水道法の目的

水道事業のほか，**水道用水供給事業，専用水道，簡易専用水道**についても規定している（図2-40）。

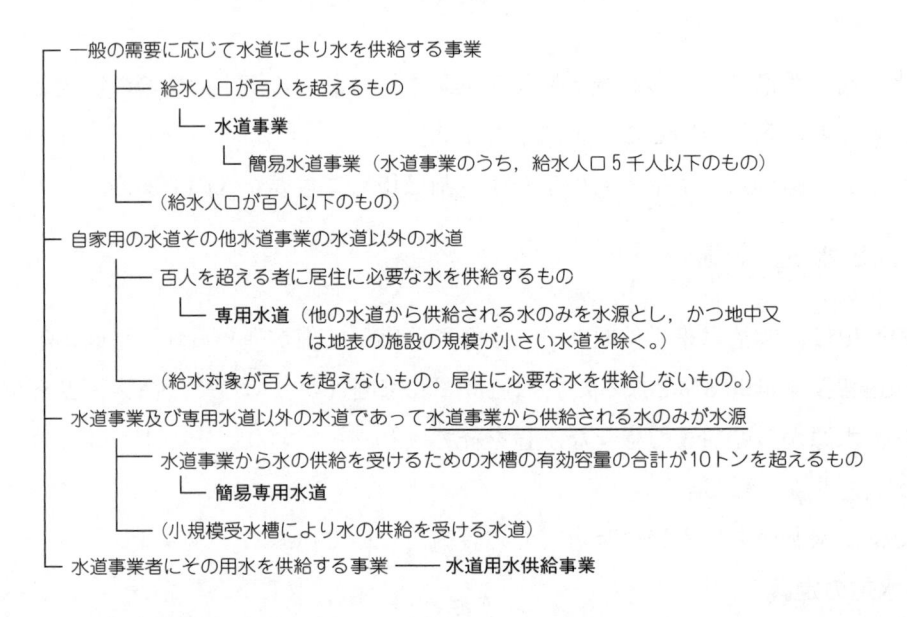

```
┬─ 一般の需要に応じて水道により水を供給する事業
│   ├─ 給水人口が百人を超えるもの
│   │   └─ 水道事業
│   │       └─ 簡易水道事業（水道事業のうち，給水人口5千人以下のもの）
│   └─（給水人口が百人以下のもの）
├─ 自家用の水道その他水道事業の水道以外の水道
│   ├─ 百人を超える者に居住に必要な水を供給するもの
│   │   └─ 専用水道（他の水道から供給される水のみを水源とし，かつ地中又
│   │             は地表の施設の規模が小さい水道を除く。）
│   └─（給水対象が百人を超えないもの。居住に必要な水を供給しないもの。）
├─ 水道事業及び専用水道以外の水道であって水道事業から供給される水のみが水源
│   ├─ 水道事業から水の供給を受けるための水槽の有効容量の合計が10トンを超えるもの
│   │   └─ 簡易専用水道
│   └─（小規模受水槽により水の供給を受ける水道）
└─ 水道事業者にその用水を供給する事業 ── 水道用水供給事業
```

図2-40　水道事業などの定義

（3）**水道の水質基準**

水道水は人の健康と安全に直結するものであり，また，国民の日常生活や事業活動に不可欠なものであるから，供給される水は，法第4条に定める水質基準に適合するものでなければならない。また，簡易専用水道・管理基準（法第32条の2．施行規則第52条，同第53条）も定められている。

（4）**上水施設**

水道法第3条より，「水道施設」とは，水道のための**取水施設，貯水施設，導水施設，浄水施設，送水施設及び配水施設**を総称していう。構成例を図2-41に示す。

a．取水施設

良質の原水を必要量取り入れる施設総体をいう。

b．貯水施設

渇水時においても必要量の原水を供給するのに必要な貯水能力を有する施設をいう。

c．導水施設

必要な原水を送るのに必要なポンプ，導水管その他の施設をいう。

d．浄水施設

水質基準（水道法第4条）に適合する浄水の必要量を生産するための施設を有し，かつ，

消毒設備を備えている施設をいう。

大別して図2－42に示す4つの方式があり，必ず塩素による消毒を行わなければならない（水道法施行規則第17条）。

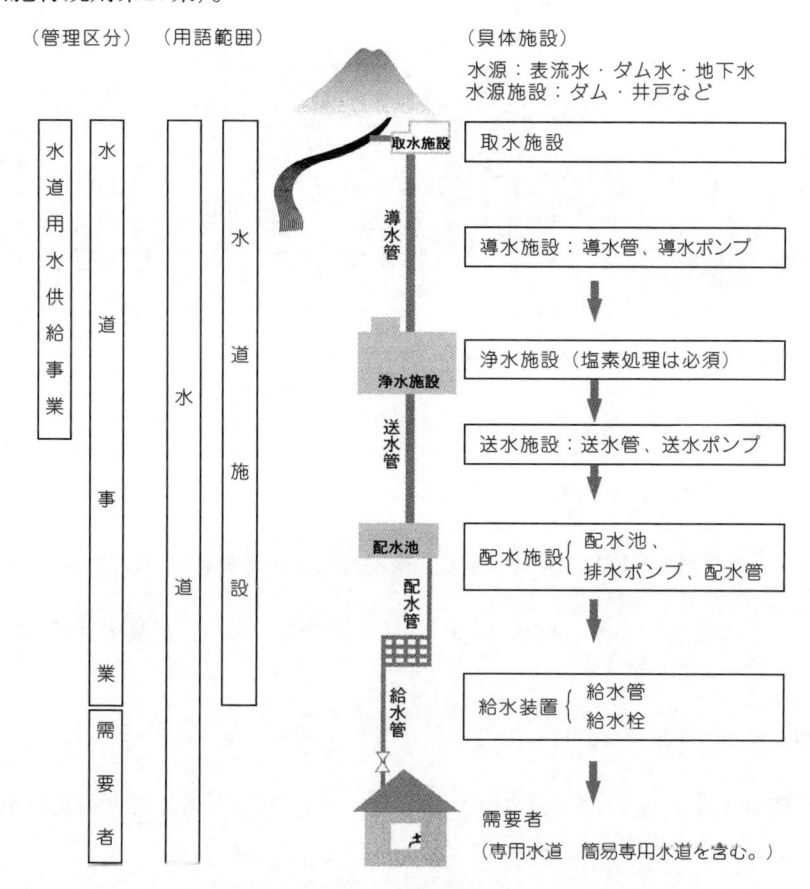

図2－41　水道施設の構成例

（出所　（財）水道技術研究センター「水道法ハンドブック」）

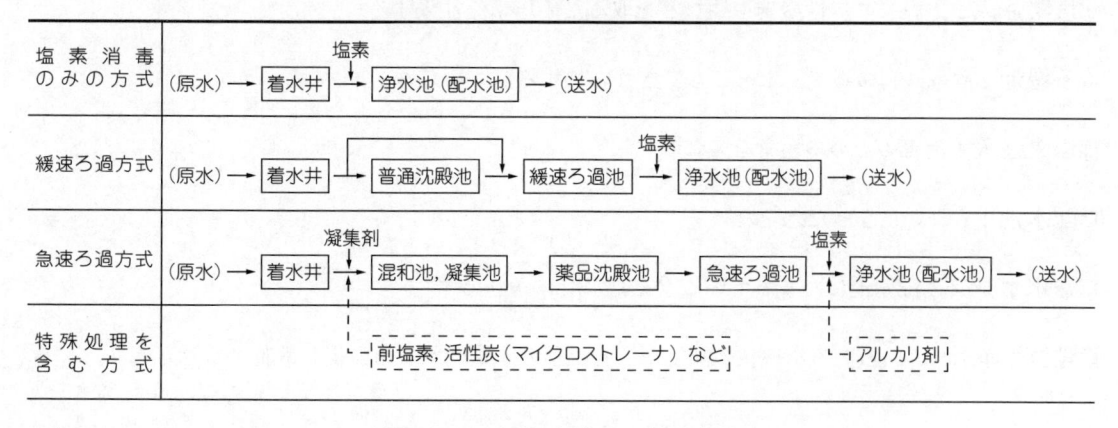

塩素消毒 のみの方式	（原水）→着水井→浄水池（配水池）→（送水）　※塩素
緩速ろ過方式	（原水）→着水井→普通沈殿池→緩速ろ過池→浄水池（配水池）→（送水）　※塩素
急速ろ過方式	（原水）→着水井→混和池,凝集池→薬品沈殿池→急速ろ過池→浄水池（配水池）→（送水）　※凝集剤，塩素
特殊処理を 含む方式	前塩素,活性炭（マイクロストレーナ）など／アルカリ剤

図2－42　浄水施設の処理方法

浄水場の仕組み（急速ろ過方式）を図2－43に示す。

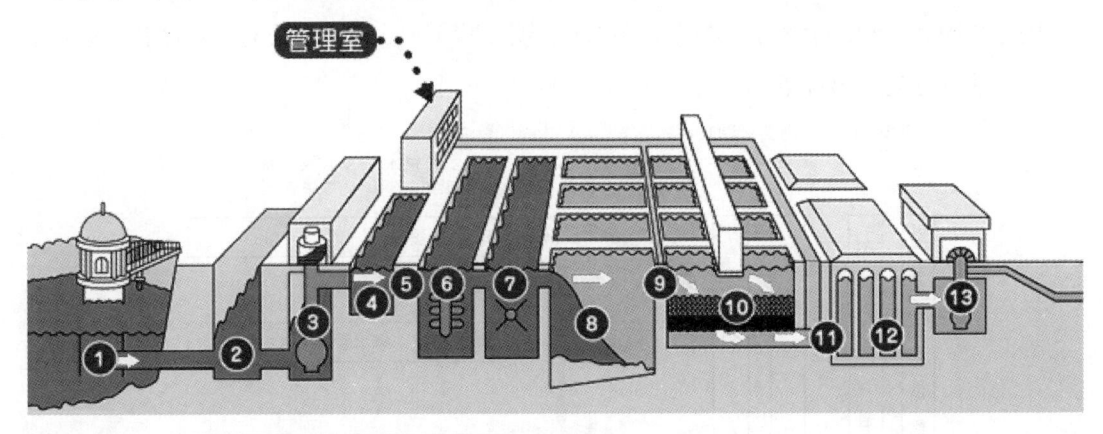

①取水塔：川やダムからの原水を浄水場に取り入れる。

②沈砂池：大きな砂や土を沈める。

③取水ポンプ：④の着水井に原水をくみ上げる。

④着水井：取り入れた水の水位や水量を調整し，薬品混和池へ水を導く。

⑤凝集剤注入：水に混ざっている細かい砂や土などを沈めるために，凝集剤（ポリ塩化アルミニウムなど）を入れる。

⑥薬品混和池：原水と凝集剤を混ぜる。

⑦フロック形成池：砂や土などを沈みやすいフロック（細かい砂や土などと凝集剤が結合した大きなかたまり）にする。

⑧沈殿池：フロックを沈める。

⑨塩素注入：アンモニア性窒素や鉄などを取るため塩素を注入する。

⑩ろ過池：砂や砂利の層で，水をこしてきれいにする。

⑪塩素注入：消毒のための塩素を入れる。

⑫配水池：きれいになった水をためる。

⑬送水ポンプ：配水池にたまっている水を給水所に送り出す。

管理室：浄水場のいろいろな機械の調子や，各工程の水量や水質を監視し調整する。

（出所　東京都水道局ホームページ）

図2－43　浄水場のしくみ（急速ろ過方式）

(例：金町浄水場の場合)

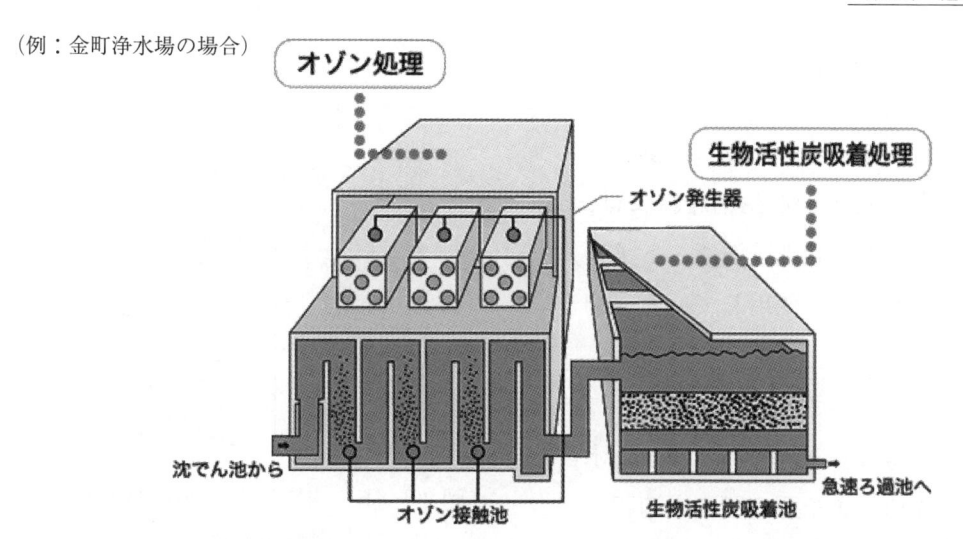

・オゾン処理：かび臭原因物質やトリハロメタンのもととなる物質などを，オゾンの強力な酸化力で分解する。
・生物活性炭吸着処理：活性炭の吸着作用と活性炭に繁殖した微生物の分解作用を併用して汚濁物質を処理する。

(出所　東京都水道局ホームページ)

図2－44　高度浄水処理のしくみ

【高度浄水処理の導入について】

通常の浄水処理（沈殿，ろ過，消毒）では十分に対応できない，かび臭の原因となる物質やカルキ臭のもととなるアンモニア性窒素などを取り除き，トリハロメタンのもととなる物質を減少させることができる。

高度浄水処理のしくみを図2－44に示す。浄水処理過程の中で，沈殿池（図2－43⑧）と急速ろ過池（図2－43⑩）の間にオゾン処理と生物活性炭吸着処理を組み込んでいる。

　　e．送水施設

必要な浄水を送るのに必要なポンプ，送水管その他の設備をいう。

　　f．配水施設

必要量の浄水を一定以上の圧力で連続して供給するのに必要な配水池，ポンプ，排水管その他の施設をいう。

（5）配　水　管

配水区域に浄水を配るために敷設した水道管のことで，配水管は水圧を均等に保ち，万一，事故が起きたときも断水などの影響を最小限にとどめられるように，道路に沿って網の目のように張り巡らされている。

3.2 給水設備

人体は，1日2.5ℓの水を摂取し，排泄している。衛生的で健康的な生活維持には，水の摂取だけでなく，調理・洗濯・トイレ洗浄・浴用・散水などに使用している（図2-45）。

水道事業者から供給される水が清浄かつ安全であることはもちろんであるが，配水管から分岐し蛇口にまで至る設備も適正に施工されていることも必要不可欠である。

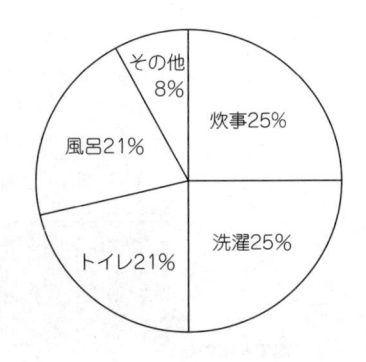

図2-45 家庭用水の使用目的別構成比の例

(1) 水道水の水質

水道法では塩素による消毒が義務付けられており，施行規則第17条では給水栓において遊離残留塩素0.1mg／ℓ以上，結合残留塩素で0.4mg／ℓ以上とされている。水質基準は，平成16年4月に改正され，

① 毎日検査項目：蛇口で毎日検査することを法律で義務付けられている項目（3項目）
② 基準項目：健康への影響や水道水の性質についての項目（50項目）
③ 水質管理目標設定項目：一般環境中で検出されていたり，使用量が多いなど今後水道水中に検出される可能性のある項目（水道事業者により必要な項目を測定，東京都水道局では25項目）

が定められている。

(2) 給水装置

給水装置とは，水道法第3条第9項より，「需用者に水を供給するために水道事業者の施設した配水管から分岐して設けられた給水管及びこれに直結する給水用具をいう。」と定義され，すなわち水道事業者が管理する配水管から分岐して設けられた給水管，給水管路の途中に設けられる弁類など，及び給水管の末端に設けられる給水栓，湯沸器など給水用の器具をいうと定められている。水道直結の一般住宅の場合は**配水管の分岐**から**水栓**まですべて給水装置であり，ビルのように受水槽を設置すると，**配水管の分岐**から受水槽入口の**ボールタップ**までとなり，それ以後は給水装置とはならない。つまり吐水口空間によって配水管の水との水利的な一体性が失われるためである。

（3）水質汚染の防止

給水配管経路の中で給水装置は配水管と機構的に一体をなしているため事故などにより汚染された場合は，水が配水管に**逆流**したりする。その場合，他の需要者にまで衛生上の危害を及ぼすと同時に，安定した給水を供給することができなくなるので十分注意する必要がある。そこで代表的な汚染事故の原因とその防止法を3つ述べる。

a．クロスコネクションの防止

給水配管を，それ以外の配管と誤接続することを**クロスコネクション**という。給水配管の誤接続は絶対に行ってはならない。

b．逆流防止

断水などの際，給水配管内の圧力が負圧になり，汚水を吸引する危険性がある。これを防止するために，衛生器具（3．4項参照）などには**吐水口空間**を設けるか，それが確保できない場合には，給水配管に**バキュームブレーカ**を付けて逆流防止をしなくてはならない（図2－46）。

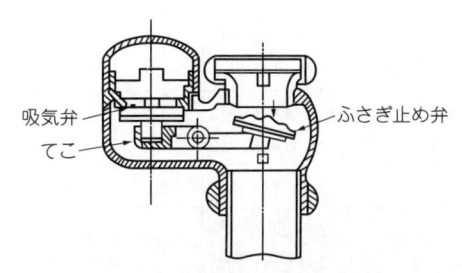

（出所　空気調和・衛生工学会編
「空気調和衛生工学便覧」）

図2－46　バキュームブレーカ（大便器洗浄用）

c．埋設管の汚水吸引（エジェクタ作用など）

埋設管が外圧によってつぶれ小さな穴があいている場合，腐食などにより小穴があいている場合など，給水時にこの部分の流速が大きくなり**エジェクタ**のような作用が働き外部から汚水を吸い上げたり，微生物を吸引することがある。この場合，外圧に耐えられる埋設深度及び材質の措置を講じたり，腐食防止を図る。

（4）給水方式

建物種別ごとの使用水量は表2－6のとおりである。

表 2−6　建物種類別単位給水量・使用時間・人員表

建物種類	単位給水量 （1日当たり）	使用時間 [h/日]	注記	有効面積当たりの人員など	備考
戸建て住宅 集合住宅 独身寮	200〜400ℓ/人 200〜350ℓ/人 400〜600ℓ/人	10 15 10	居住者1人当たり 居住者1人当たり 居住者1人当たり	0.16人/m^2	
官公庁・事務所	60〜100ℓ/人	9	在勤者1人当たり	0.2人/m^2	男子50ℓ/人，女子100ℓ/人 社員食堂・テナントなどは別途加算
工場	60〜100ℓ/人	操業時間+1	在勤者1人当たり	座作業0.3人/m^2 立作業0.1人/m^2	男子50ℓ/人，女子100ℓ/人 社員食堂・シャワーなどは別途加算
総合病院	1500〜3500ℓ/床 30〜60ℓ/m^2	16	延べ面積1m^2当たり		設備内容などにより詳細に検討する。
ホテル全体 ホテル客室部	500〜6000ℓ/床 350〜450ℓ/床	12 12			同上 客室部のみ
保養所	500〜800ℓ/人	10			
喫茶店	20〜35ℓ/客 55〜130ℓ/店舗m^2	10		店舗面積には厨房面積を含む。	厨房で使用される水量のみ便所洗浄水などは別途加算 同上
飲食店	55〜130ℓ/客 110〜530ℓ/店舗m^2	10		同上	定性的には，軽食・そば・和食・洋食・中華の順に多い。
社員食堂	25〜50ℓ/食 80〜140ℓ/食堂m^2	10		同上	同上
給食センター	20〜30ℓ/食	10		同上	同上
デパート・スーパーマーケット	15〜30ℓ/m^2	10	延べ面積1m^2当たり		従業員分・空調用水を含む
小・中・普通高等学校	70〜100ℓ/人	9	（生徒＋職員）1人当たり		教師・従業員分を含む。 プール用水（40〜100ℓ/人）は別途加算
大学講義棟	2〜4ℓ/m^2	9	延べ面積1m^2当たり		実験・研究用水を含む。
劇場・映画館	25〜40ℓ/m^2 0.2〜0.3ℓ/人	14	延べ面積1m^2当たり 入場者1人当たり		従業員分・空調用水を含む。
ターミナル駅	10ℓ/1000人	16	乗降客1000人当たり		列車給水・洗車用水は別途加算
普通駅	3ℓ/1000人	16	乗降客1000人当たり		従業員分・多少のテナント分を含む。
寺院・教会	10ℓ/人	2	参会者1人当たり		常住者・常勤者分は別途加算
図書館	25ℓ/人	6	閲覧者1人当たり	0.4人/m^2	常勤者分は別途加算

(注)　(1) 単位給水量は設計対象給水量であり，年間1日平均給水量ではない。
　　(2) 備考欄に特記のない限り，空調用水，冷凍機冷却水，実験・研究用水，プロセス用水，プール・サウナ用水などは別途加算する。
　　(3) 数多くの文献を参考にして表作成者の判断により作成する。

（出所　空気調和・衛生工学会編「空気調和衛生工学便覧」）

水栓や洗浄弁などの給水器具は所定の給水圧力を必要とする。一般に給水圧力は最低で0.15～0.2MPaであるため，2階建て住宅程度では**直結給水方式**（図2－47(a)）で給水圧が確保できるが，これより高層の建物や地形によっては，**高置水槽方式**（図(b)），**圧力水槽方式**（図(c)），**ポンプ直送方式**（図(d)）などの加圧給水方式が必要になる。

その他に，給水管を直接給水ポンプに接続して，高所へポンプの圧力で送水する**水道直結増圧方式**（図(e)）がある。

水栓などを急閉鎖したときに，水の圧力波が上流側に伝達して配管から振動や騒音が発生する現象を**水撃作用（ウォーターハンマ現象）**という。これを避けるために，給水配管内の流速が2m／sという条件で，水栓を急閉鎖したときの圧力上昇を1.5MPa以下にしなくてはならない。

（5）給水装置工事

給水装置工事は，給水装置の新設，修繕及び撤去工事を含む。水道法では，水道事業者が指定給水装置工事事業者を指定できるとされている。

給水装置工事は，配水管（水道本管）から給水管を分岐して，水道メータを設置し，水栓までの給水管を施工する工事である。水道事業者が指定給水装置工事事業者の施工範囲を独自に定めているので，その確認が必要である。**給水装置工事の工程**を図2－48に示す。

水道メータの設置位置は，原則として道路境界線に最も近接した敷地部分で，メータの点検及び取替え作業が容易であり，メータの損傷，凍結などのおそれがない位置とする。水道メータを地中に設置する場合は，鋳鉄製，プラスチック製，コンクリート製などのメータますに入れる。

給水管の材質としては，塩ビライニング鋼管，水道用ポリエチレン管，架橋ポリエチレン管，ポリブテン管，硬質塩化ビニル管，ステンレス鋼管などが用いられる。

(a) 直結給水方式

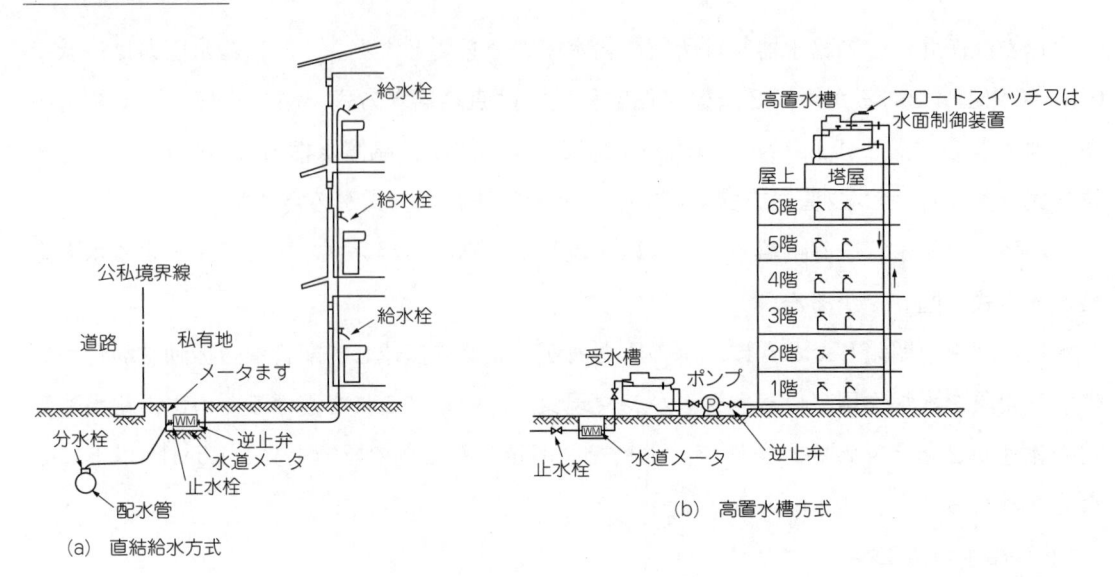

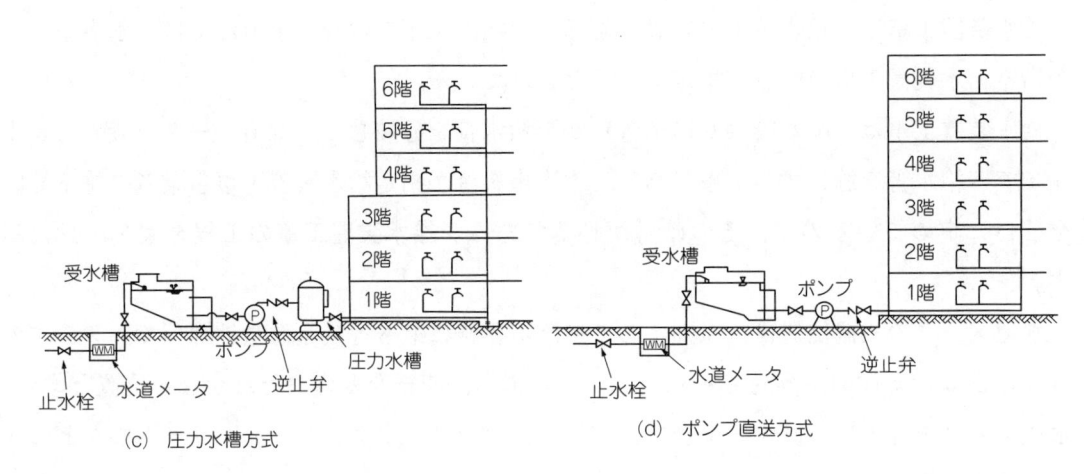

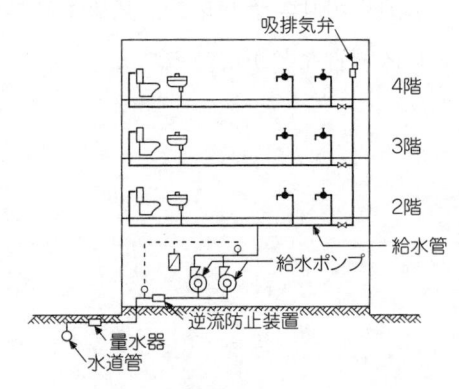

(b) 高置水槽方式

(c) 圧力水槽方式

(d) ポンプ直送方式

(e) 水道直結増圧方式 （出所　空気調和・衛生工学会編「図解 空調・給排水の大百科」（株）オーム社）

図2－47　給水方式

第2章 建築設備 89

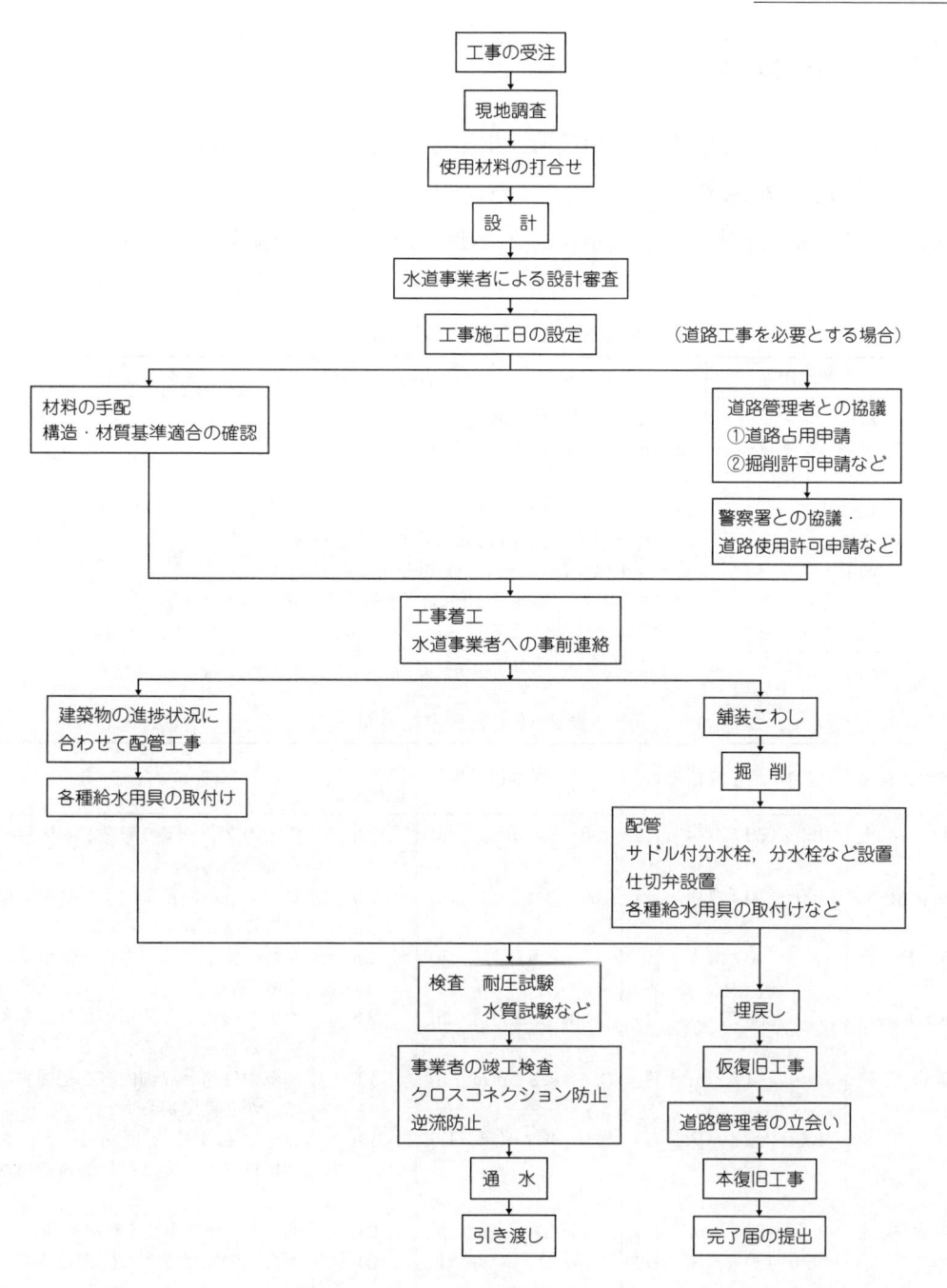

```
                    ┌─────────────┐
                    │  工事の受注  │
                    └──────┬──────┘
                    ┌──────┴──────┐
                    │   現地調査   │
                    └──────┬──────┘
                    ┌──────┴──────┐
                    │使用材料の打合せ│
                    └──────┬──────┘
                    ┌──────┴──────┐
                    │   設  計    │
                    └──────┬──────┘
                ┌──────────┴──────────┐
                │水道事業者による設計審査│
                └──────────┬──────────┘
                    ┌──────┴──────┐
                    │工事施工日の設定│      （道路工事を必要とする場合）
                    └──────┬──────┘
         ┌─────────────────┴─────────────────┐
┌────────┴────────┐                ┌────────┴────────┐
│   材料の手配    │                │道路管理者との協議│
│構造・材質基準   │                │①道路占用申請    │
│ 適合の確認      │                │②掘削許可申請など│
└────────┬────────┘                └────────┬────────┘
         │                         ┌────────┴────────┐
         │                         │ 警察署との協議・ │
         │                         │道路使用許可申請など│
         │                         └────────┬────────┘
         └─────────────────┬─────────────────┘
                    ┌──────┴──────┐
                    │   工事着工   │
                    │水道事業者への│
                    │  事前連絡    │
                    └──────┬──────┘
         ┌─────────────────┴─────────────────┐
┌────────┴────────┐                ┌────────┴────────┐
│建築物の進捗状況に│                │   舗装こわし    │
│合わせて配管工事  │                └────────┬────────┘
└────────┬────────┘                ┌────────┴────────┐
┌────────┴────────┐                │    掘  削       │
│各種給水用具の    │                └────────┬────────┘
│取付け            │                ┌────────┴────────┐
└────────┬────────┘                │配管              │
         │                         │サドル付分水栓，  │
         │                         │分水栓など設置    │
         │                         │仕切弁設置        │
         │                         │各種給水用具の    │
         │                         │取付けなど        │
         │                         └────────┬────────┘
┌────────┴────────┐                ┌────────┴────────┐
│検査 耐圧試験    │                │    埋戻し       │
│     水質試験など│                └────────┬────────┘
└────────┬────────┘                ┌────────┴────────┐
┌────────┴────────┐                │   仮復旧工事    │
│事業者の竣工検査  │                └────────┬────────┘
│クロスコネクション│                ┌────────┴────────┐
│防止 逆流防止     │                │道路管理者の立会い│
└────────┬────────┘                └────────┬────────┘
    ┌────┴────┐                    ┌────────┴────────┐
    │  通 水  │                    │   本復旧工事    │
    └────┬────┘                    └────────┬────────┘
    ┌────┴────┐                    ┌────────┴────────┐
    │ 引き渡し │                    │  完了届の提出   │
    └─────────┘                    └─────────────────┘
```

図2-48　給水装置工事の工程

3.3 給湯設備

給湯設備は，給水を加熱して使用箇所へ供給するための設備である。

(1) 給湯温度と給湯量

用途別の給湯温度を表2－7に示す。また給湯使用量の建物種別ごとの目安を表2－8に示す。

表2－7 用途別の給湯温度

使用用途	使用温度 [℃]
飲用	85～95（実際に飲む温度は50～55）
入浴・シャワー	42～45（差し湯・追いだきは60）
洗面・手洗い	35～40
ひげそり	45～50
厨房	40～45（皿洗い機は60，皿洗い機すすぎは80）
洗濯	絹及び毛織物は33～37（機械洗いの場合は38～49）
	リンネル及び綿織物は49～52（機械洗いの場合は60）
屋内水泳プール	一般には25～28（冬期は30前後），競泳に使用する場合は25前後

（出所 空気調和・衛生工学会編「空気調和衛生工学便覧」）

表2－8 設計用給湯量

建物の種類	年間平均1日給湯量	ピーク時給湯量	ピーク継続時間	備　考
住　宅	150～250ℓ/(戸・日)	100～200ℓ/(戸・h)	2h	住宅のグレードを考慮して検討する必要がある。
集合住宅	150～250ℓ/(戸・日)	50～100ℓ/(戸・h)	2h	ピーク時給湯量は，住戸数が少ない場合ほど多くする。
事務所	7～10ℓ/(人・日)	1.5～2.5ℓ/(人・h)	2h	女性の使用量は，男性の使用量よりも多い。
ホテル客室	150～250ℓ/(人・日)	20～40ℓ/(人・h)	2h	ホテルの性格と使用のされ方を考慮する必要がある。
総合病院	2～4ℓ/(m²・日)	0.4～0.8ℓ/(m²・h)	1h	病院の性格と設備内容を把握することが必要である。
	100～200ℓ/(床・日)	20～40ℓ/(床・日)	1h	ピークは1日2回あり，ピーク時以外でも，湯は平均的に使用される。
飲食施設	40～80ℓ/(m²・日)	10～20ℓ/(m²・h)	2h	面積は，食堂面積＋厨房面積。
	60～120ℓ/(席・日)	15～30ℓ/(席・日)	2h	軽食・喫茶は，少ない方の値でよい。

（注）給水温度5℃，給湯温度60℃基準

（出所 空気調和・衛生工学会編「空気調和衛生工学便覧」）

(2) 給湯方式

熱源としてガス又は灯油を用いた燃焼式給湯器が容量シェアとして90％以上を占めている。

電気式給湯器は，電気温水器（安価な夜間電力を利用した蓄熱式電気温水器）とヒートポンプ給湯機に大別され，その容量シェアはわずか数％程度である。ヒートポンプ給湯器は，環境を配慮した自然冷媒CO_2ガスを使用し，90℃の高温出湯が可能であり普及が進んでいる（図2−49）。

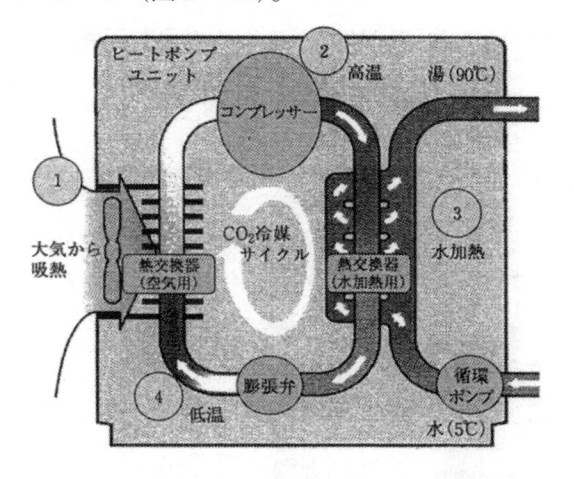

①：冷凍は空気熱交換器により大気から熱を吸熱する。
②：冷媒は圧縮機で加圧され，高圧・高温な状態に変化する。
③：高圧・高温な冷媒は水熱交換器で水に熱を移して，水を加熱して給湯する。
④：放熱した冷媒は膨張弁で膨張・減圧され再び空気熱交換器に循環する。

(出所　エコキュート　ホームページ)

図2−49　CO_2ヒートポンプ式給湯器の動作原理

給湯方式としては，**個別方式**と**中央方式**がある。

a．個別方式

単独の給湯器（ボイラ）により，使用箇所で給湯を行う方式である。ガス瞬間湯沸器が多く利用される（図2−50）。

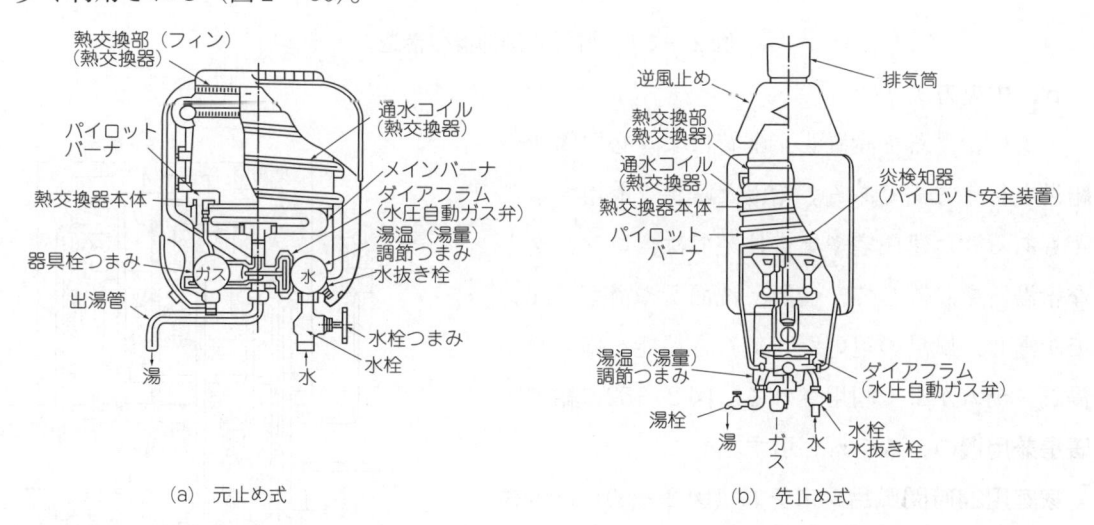

(a) 元止め式　　　　(b) 先止め式

図2−50　ガス瞬間式湯沸器

元止め式は，給水側水栓の開閉により，メインバーナが点火，消火する構造で湯沸器から直接給湯するもので，出湯能力は小さく5号以下程度である。

先止め式は，2箇所以上で給湯する場合に給湯配管を通して湯沸器から離れた場所で使用できる給湯側湯栓の開閉により，メインバーナが点火，消火する構造で出湯能力は，5号の小型のものから，業務用の50号程度のものまである。瞬間湯沸器の号数とは，水温を25℃上昇させたとき1分間に出るお湯の量（ℓ）の数字である。10℃の水道水を25℃上昇させ35℃で使用したとき，1分間に出る量が10ℓであれば10号である。その他**貯湯式**もある（図2-51）。

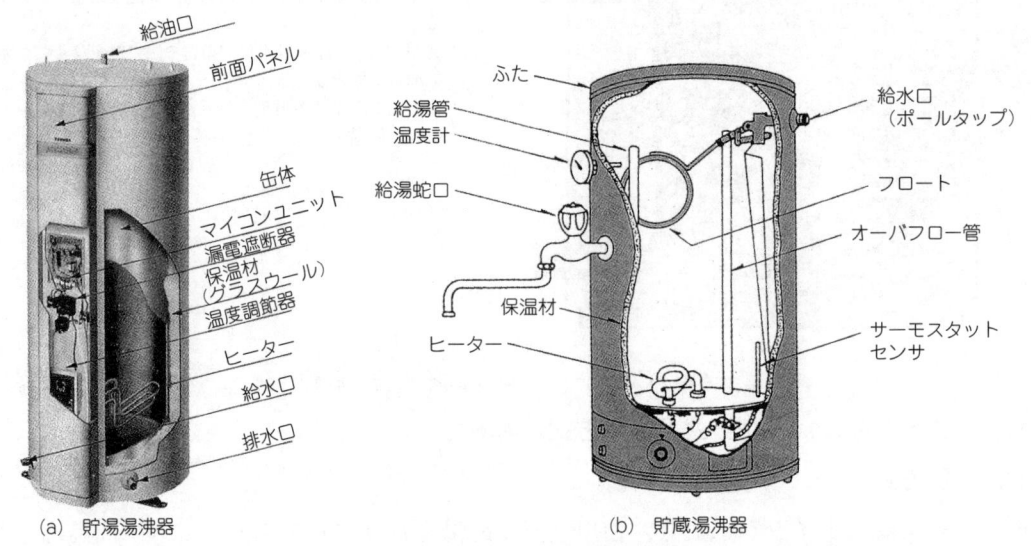

図2-51　貯湯式湯沸器の構造

b．中央方式

中央に給湯器を設置し，配管により必要箇所へ給湯を行う方式である。給湯と暖房を兼用することもある。戸建住宅や集合住宅では，コンパクトな給湯器を設置して，台所，洗面所や浴室に配管で給湯し，風呂の追いだ（焚）き機能を備えた給湯システムがよく利用される。図2-52に**給湯・暖房兼用機**のシステムを示す。

家庭用24時間風呂システム（図2-53）は浴槽水を循環利用しながら，バイオフィルタ槽（生物膜を利用したフィルタ）によりろ過するので，臭気やぬめりが解消され，随時入浴でき，清掃頻度

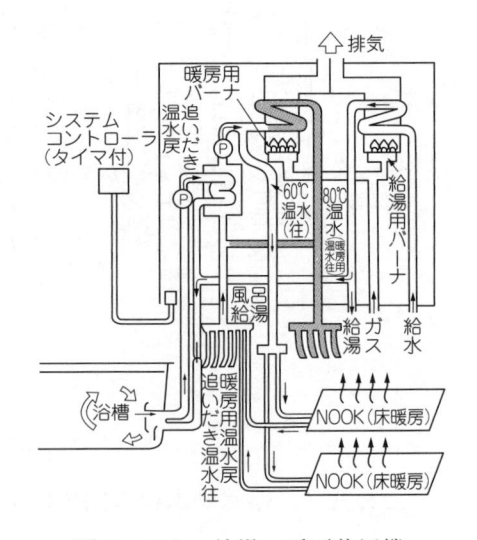

図2-52　給湯・暖房兼用機

が低くてすむという利便性がある。しかし，**レジオネラ属菌**＊などの微生物汚染の危険性があるため適度に水を交換する必要がある。

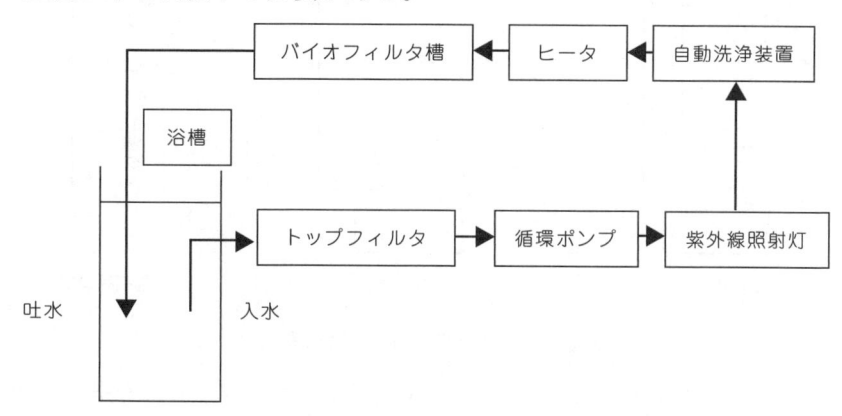

図2－53　24時間風呂システム

(3) 加熱方式

給湯の加熱方式には，**直接加熱方式**と**間接加熱方式**がある。

a．直接加熱方式

ボイラにより直接給水を加熱して給湯する方式である。一般にはこの方式を用いる。

b．間接加熱方式

蒸気や高温水によって，貯湯槽の熱交換器で給水を加熱する方式である。大規模なホテルや病院など，年間を通じて蒸気を使用する建物で用いられる。

(4) 太陽熱利用設備

自然エネルギー利用による省エネルギー手法として，**太陽熱温水器**が利用され，主として浴槽用給湯に用いられる。図2－54に太陽熱温水器の種類を示す。

＊レジオネラ属菌：レジオネラ肺炎を起こす感染症の微生物。

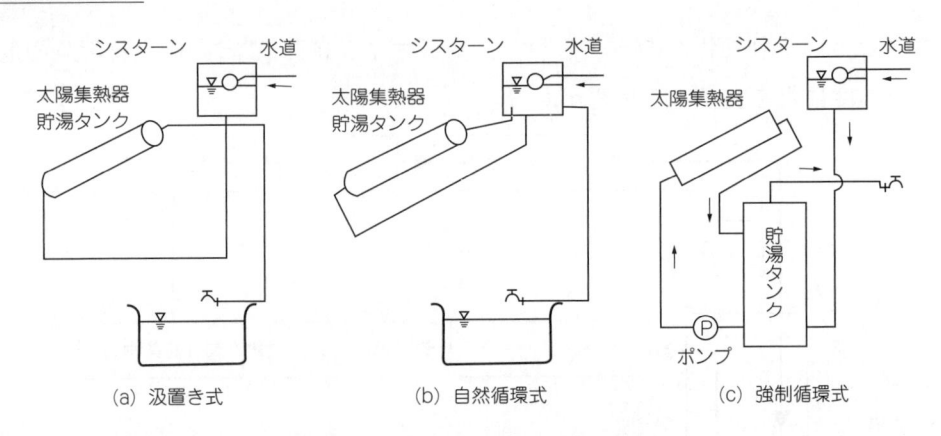

図2－54　太陽熱温水器の種類

システムとしては，屋根面に設置する集熱器，配管，ポンプ及び蓄熱槽（貯湯槽）からなる。太陽熱温水器は次のように分類される。

a．汲置き式

屋根面に設置した集熱筒に給水し，重力で給湯する（図2－54(a)）。

b．自然循環式

貯湯槽に給水し，集熱器と貯湯槽の間で温水を自然循環させる（図(b)）。

c．強制循環式

ポンプにより貯湯槽と集熱器の間で温水を強制循環する（図(c)）。

いずれの方式でも，冬期の凍結防止対策が必要である。

（5）給湯配管工事

給湯配管の管材には，耐熱・耐食のために軟質銅管，架橋ポリエチレン管，ポリブテン管，一般配管用ステンレス鋼管，ステンレス鋼製フレキ管などが用いられる。

集合住宅などでさや管ヘッダ方式が採用されている。これは，水漏れの原因となる継手の使用を避けるために，あらかじめさや管を設けておき，後から配管を施工する方法である。後から腐食が生じたときは，配管を容易に交換することができる。

3.4 衛生器具

衛生器具は，給水栓，大小便器，流し，排水トラップなどの，水回りに用いられる器具と付属品の総称である。衛生器具・水栓の分類を表2－9に示す。

表2−9 衛生器具の分類（SHASE*-S 206-1991）

給水器具	給 水 栓	—	横水栓，立て水栓，自在水栓，自動水栓など
	洗 浄 弁	—	—
	ボールタップなど	—	—
水受け容器	便器・洗面器類	大 便 器	洗出し式（和式），洗落とし式，サイホン式，サイホンゼット式，ブローアウト式など
		小 便 器	壁掛け小便器，壁掛けストール小便器，ストール小便器など
		手洗い器・洗面器	壁掛け洗面台，セルフリミング式洗面器，アンダカウンタ式洗面器，化粧洗面台など
	流 し 類	—	料理流し，洗濯流し，掃除流し，実験流しなど
	浴 槽 な ど	浴 槽	和風，和洋折衷，洋風，ユニットバスなど
		シャワー	固定式シャワー，ハンドシャワー
排水器具	排 水 金 具 類	—	—
	ト ラ ッ プ	—	Pトラップ，Sトラップ，Uトラップ，わんトラップなど
付 属 品	床 排 水 口	—	—

*SHASE：空気調和・衛生工学会規格

　衛生器具の材質を表2−10に示す。衛生器具の性能評価としては，材質，外観，機能，耐久性，安全性，施工性，保守管理性などがある。

表2−10 衛生器具の材質

材 質	特 徴	用 途
陶 器	吸収性が少なく，表面が平滑。耐摩耗性・耐腐食性に優れている。	大便器・小便器・流しなど
ほうろう鉄器	金属の堅ろう(牢)性，特殊ガラスの表面の美しさと耐食性に優れている。	浴槽・洗面器・流しなど
ステンレス鋼板	堅ろうで，加工性がよく，弾力がある。	流し・浴槽など
プラスチック	耐水性・耐薬品性に優れ，形状加工が容易。	浴槽など
銅 合 金	衛生的で，耐久性・加工性に優れている。	給水器具・付属品・金具など
鋳 鉄	耐久性・耐食性に優れている。	排水器具・トラップなど
ガ ラ ス	耐食性に優れ，表面が美しい。	付属品など

(1) 給水栓と洗浄弁

給水栓と洗浄弁の種類を図2−55に示す。

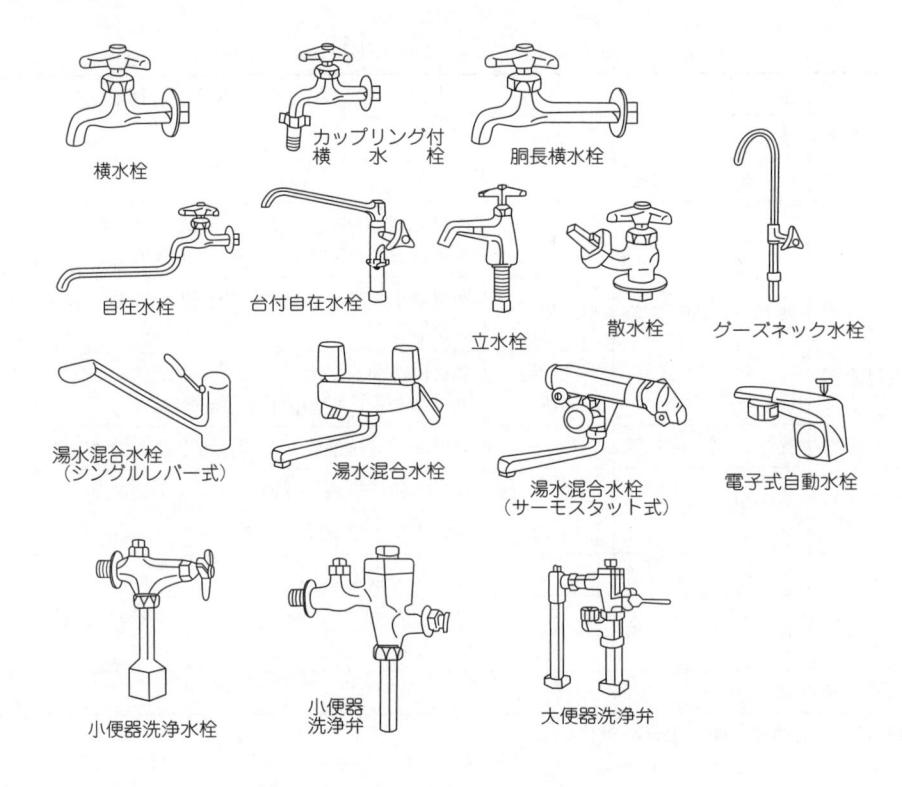

図2−55　給水栓と洗浄弁の種類

(2) 大便器

大便器の洗浄方式には，図2−56に示すように次の方式がある。

a．洗出し式（図2−56(a)）

主に和風便器で用いられる。水の落差を利用して汚物を器外に排出する。

b．洗落とし式（図(b)）

主に洋風便器で用いられる。洗出し式と同様に水の落差を利用して汚物を器外に排出する。

c．サイホン式（図(c)）

サイホン作用を利用して汚物を器外に排出する。

d．サイホンゼット式（図(d)）

サイホン作用を促進するために，トラップ内部に噴射口を設けたものである。

e．ブローアウト式（図(e)）

噴射口から洗浄水を強く噴出して，溜水(ためみず)を排水管へ誘引する方式である。

f．サイホンボルテックス式（図(f)）

サイホン作用に渦巻状の回転作用を与えて，吸引・洗浄力を強力にしたものである。

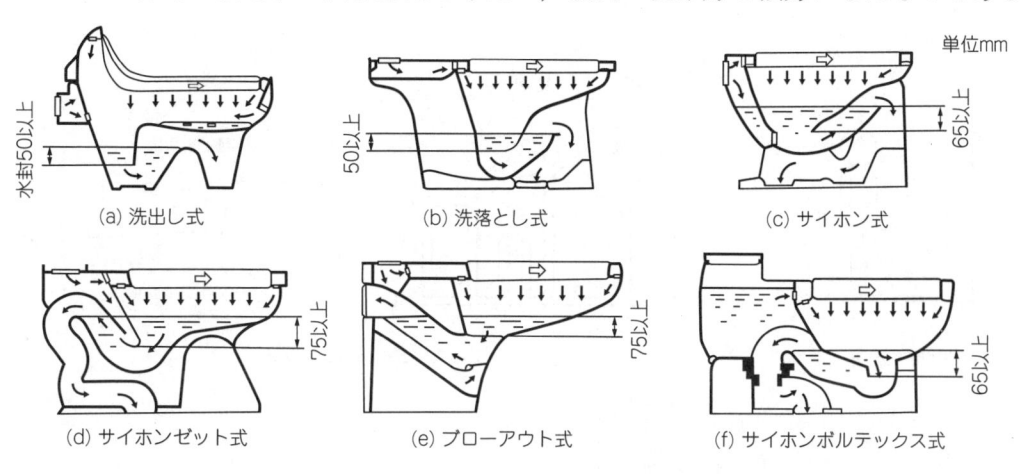

(a) 洗出し式
(b) 洗落とし式
(c) サイホン式
(d) サイホンゼット式
(e) ブローアウト式
(f) サイホンボルテックス式

（出所　空気調和・衛生工学会編「空気調和衛生工学便覧」）

図2-56　大便器の洗浄方式

（3）小便器

小便器は大別して，**壁掛け形**と**ストール形**の2種類がある（図2-57）。いずれの形式のものにも陶器と一体となったトラップが付いたものと，トラップを陶器と別に取り付けるトラップなしがある。

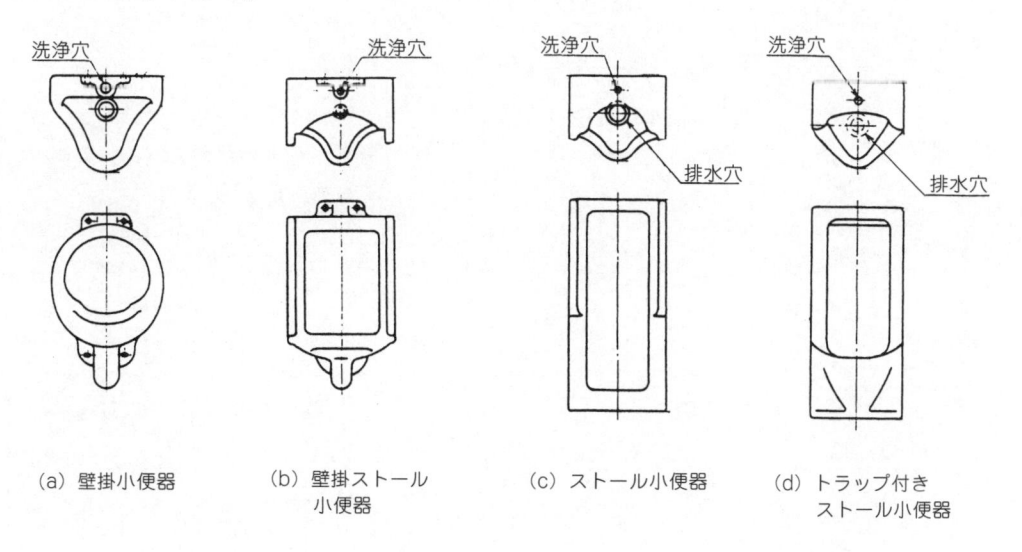

(a) 壁掛小便器
(b) 壁掛ストール小便器
(c) ストール小便器
(d) トラップ付きストール小便器

図2-57　小便器

小便器の洗浄方式としては，使用後に手動でボタンを押す方式と，光電センサなどで**自動洗浄弁**を作動させる方式とがある（図2－58）。

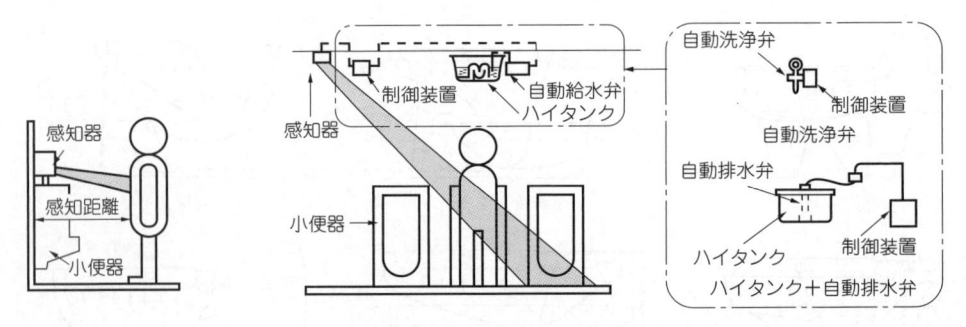

(a) 個別感知洗浄システム
(b) 集合感知洗浄システム
(c) 洗浄弁＋タイマ（制御盤）洗浄システム

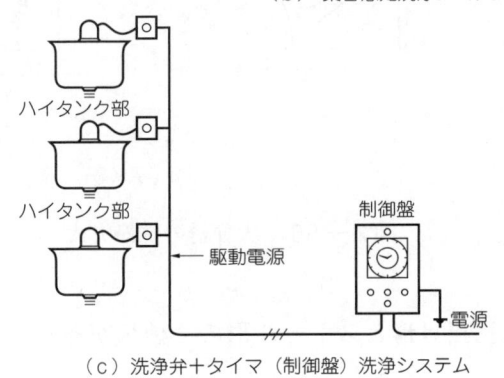

図2－58　自動洗浄弁式

（4）洗面器と手洗器

洗面器及び手洗器は，壁掛け形で**角形**，**隅付き**などがある。水栓類は保健衛生上，手に触れる部分が洗い流される衛生水栓やフラッシュ弁が使用され，赤外線感知式の**自動フラッシュ弁**が多く用いられている（図2－59）。

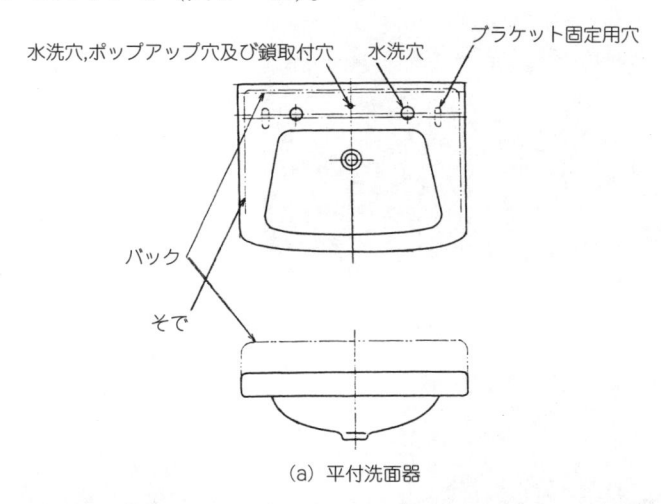

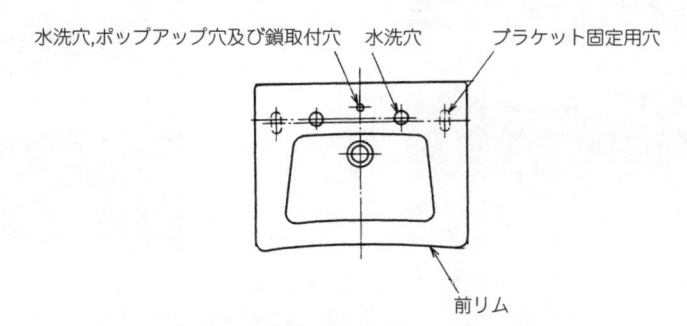

(a) 平付洗面器

(b) 身体障害者用平付洗面器（主として車いす使用者用）

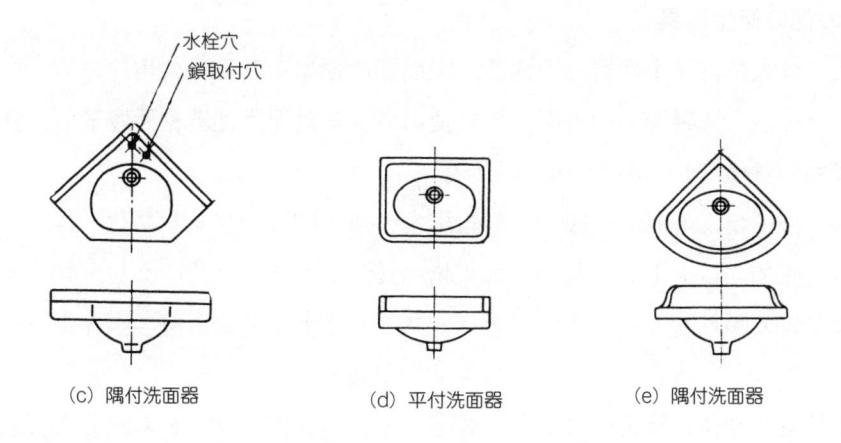

(c) 隅付洗面器　　(d) 平付洗面器　　(e) 隅付洗面器

図2－59　洗面器と手洗器

洗面器には，壁掛け形以外にも，ペデスタル形，カウンタはめ込み形，洗面化粧台などがある（図2-60）。

(a) ペデスタル形

(b) カウンタはめ込み形

(c) 洗面化粧台

図2-60　洗面器の種類

（5）その他の衛生器具

衛生器具には大便器，小便器，手洗器，洗面器の他にそれぞれの用途によって各種のものがある。髪を洗う**洗髪器**，幼稚園などで使用される**幼児用便器**や**汚物流し**，**掃除用，洗濯用，実験用**の各種流しを図2-61に示す。

工期短縮と施工精度の向上を図って，給排水・衛生設備のプレハブ化・ユニット化が普及している。設備ユニットは，日本工業規格（JIS A 0012）でサニタリーユニット，キッチン設備などに分類されている。サニタリーユニットとして，浴室ユニット，便所ユニット，洗面所ユニット，複合サニタリーユニットがある。

また，高齢者や身体に障害のある人に対応して，バリアフリーを考慮した便所・浴室の設計が必要とされる。

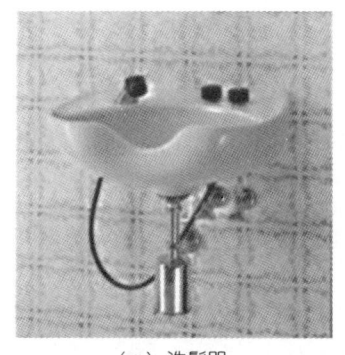

(a) 洗髪器 　　　　　(b) 幼児用便器 　　　　(c) 汚物流し

(d) 掃除流し 　　　　(e) 洗濯流し 　　　　　(f) 実験流し

図2-61　その他の衛生器具

(6) 衛生器具工事

衛生器具は，給水管及び排水管と接続するため，取付け位置を正確に決めなくてはならない。また，意匠上タイルの目地と合わせる必要がある。

なお，施工中の衛生器具の損傷を防止するために，取扱いには十分気を付け，また養生保護しなくてはならない。

3.5　排水・通気設備

(1) 排水設備の定義

排水設備は，下水道法第10条に定められた設備で，公共下水道の供用が開始された区域内の土地，建物の下水を公共下水道に流入させるために必要な排水管，排水きょ（渠），その他の排水施設をいう。排水設備の種類は次のとおりである。

a. 宅地内排水設備

(a)　屋内排水設備

汚水の衛生器具，ルーフドレン及び雨どい（樋）から，敷地内に設置するます（桝）又は排水本管に接続するまでの汚水，雑排水及び雨水を排除する排水管，通気管及びそれらに付属する排水設備である。

(b) 屋外排水設備

屋外に設置するます及び排水本管などで，公共下水道のます又は私道排水設備のますに取り付けるまでの排水設備である。

　b．私道排水設備

私道内に設置する設備で，複数の宅地内排水設備からの排水を受けて，公共下水道に流入させる排水設備である。

空気調和・衛生工学会（SHASE S 206）の規準の場合，汚水系統の排水を**汚水**とし，その他の排水を**雑排水**として区別しているのに対し，建築基準法と下水道法では**雨水**以外の排水は**汚水**としている。ここでは，前者の規準で説明する。

(a) 汚　　水

大小便器，汚物流し，ビデなどからの，し尿*を含む排水。

(b) 雑　排　水

厨房，浴室，洗面器などから発生する排水。

(c) 雨　　水

屋根，外壁，ベランダなどから発生する雨水と敷地に降る雨水。

(d) 特殊排水

酸・アルカリ・有機系排水，放射性排水，感染性排水などの有害・危険な排水。これらは適切な排水処理を施さないと公共下水道には放流できない。

排除方式には，雨水と汚水を分けて下水道に放流する**分流式**と，雨水と汚水を合流して下水道に放流する**合流式**がある。

（3）排水方式

　a．**重力式排水方式（自然流下方式）**

排水系統のうち，地上階など建物排水横主管が公共下水道より高所にあり，建物内の排水が**自然流下**によって排水される方式のことである。

　b．**機械式排水方式**

地下階その他の条件により，排除先である公共下水道より低位置に衛生器具又は排水設備が設置された場合，自然流下による排水が困難である。排水をいったん排水槽に貯留し，ポンプで汲み上げる方式のことである。

（4）トラップ

排水管からの害虫や臭気が室内に侵入するのを**封水**によって防ぐために，衛生器具の排

*し尿：人体から排出される「し（屎）」（大便）と「尿」（小便）の混合物をいう。

水部分には必ず**トラップ**を設置する。図2－62にトラップの種類を示す。トラップには50～100mm水深の封水が常に得られるようになっている。

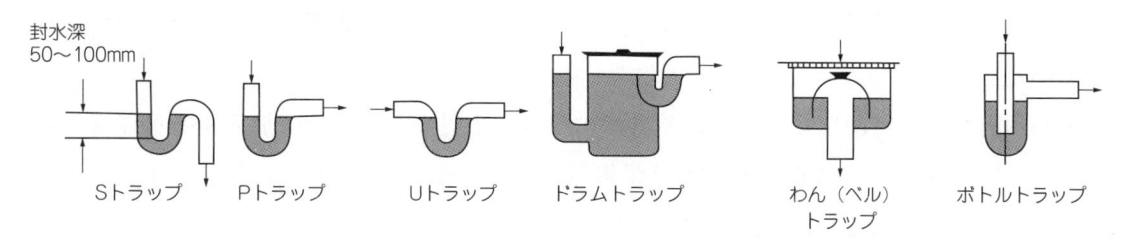

　　　　　　　　　Sトラップ　　Pトラップ　　Uトラップ　　ドラムトラップ　　わん（ベル）トラップ　　ボトルトラップ

　　　　　　(a)　管トラップ（サイホン式トラップ）　　　　　(b)　非サイホン式トラップ

（出所　空気調和・衛生工学会編「空気調和衛生工学便覧」）

図2－62　トラップの種類

（5）通気管

通気管は次の目的のために設置する。

① サイホン作用及びはね出し作用からトラップの**圧力変動を緩和**する。
② 排水管内の**流水を円滑**にする。
③ 排水管内に空気を流通させて**排水系統内の換気**を行う。

このために，図2－63に示すように排水管に通気管を接続して，大気開放する。

（6）こう配

通常排水設備は，**重力排水**を行う。そのため，排水横枝管には適切なこう配（1/50から1/100）を設ける。

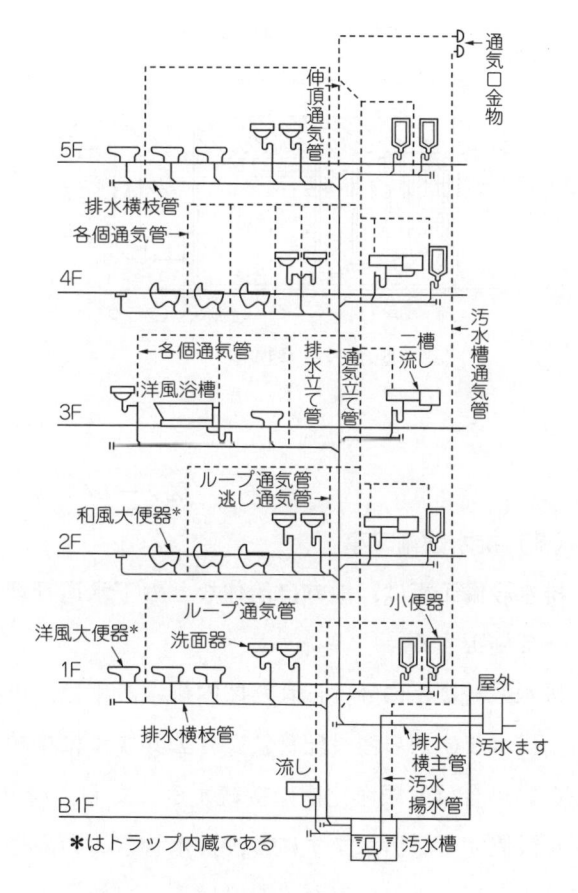

（出所　空気調和・衛生工学会編「図解　空調・給排水の大百科」(株)オーム社）

図2－63　通気配管

(7) 間接排水

厨房や飲料用水槽からの排水は，直接排水管に接続せず，一度**排水口空間**を設けて，漏斗（ホッパー）で受けてから排水する。これは排水の逆流による器具の汚染を防止するためである。

業務用厨房や美容院などのように，排水に油脂や毛髪などの異物が混入する可能性の高いところでは，**グリース阻集器**や**毛髪阻集器**などの阻集器を設置する（図2－64）。**阻集器**は，排水に含まれる異物を除去する装置である。

大規模な建物において，**雨水利用**や**排水再利用（中水）**による便器洗浄水への利用が行われている。一般の住宅においても，雨水を蓄え，庭などの散水に利用されている。

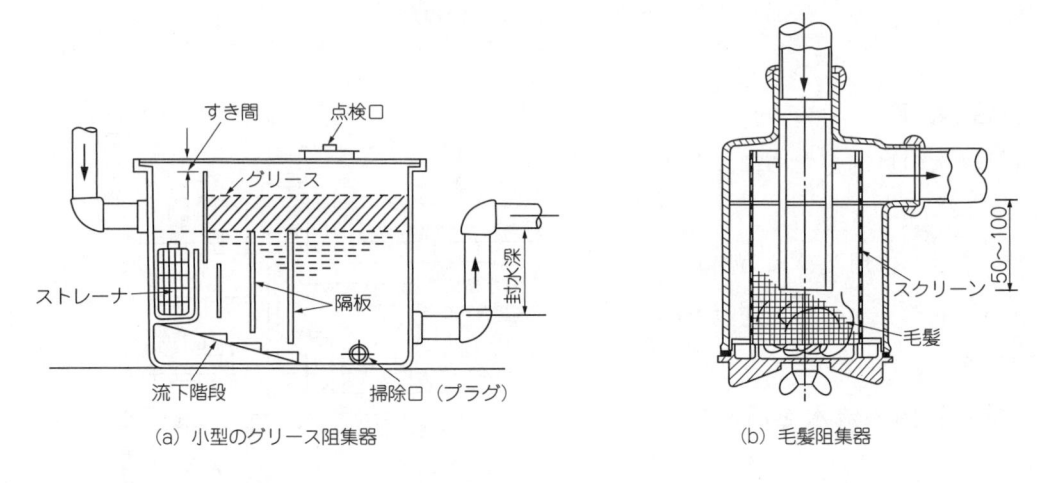

(a) 小型のグリース阻集器　　(b) 毛髪阻集器

（出所　空気調和・衛生工学会編「空気調和衛生工学便覧」）

図2－64　阻　集　器

(8) 排水設備工事

排水設備工事は，地方自治体などの下水道管理者により定められた指定下水道工事店によって施工する。

排水系統ごとに分けられた屋内排水設備は，排水横主管から敷地内の排水ますに接続する。排水ますから埋設配管により公共ますに接続し，公共下水道へ放流する。公共下水道がない場合はし尿浄化槽に接続する。なお，屋外排水管の管径の120倍以内ごとに排水ますを設置する。汚水ますには，排水管きょの内径に応じて**インバート（溝）**を，雨水ますには深さ15cm以上の泥だめを設ける。また，雨水系統の臭気防止をするときには，**トラップます**とする。

合流式では公共汚水ますに排水管を接続する。**分流式**では，汚水管を公共汚水ますに，

雨水管を公共雨水ますに接続する。

屋内配管には，鋼管，硬質塩化ビニル管，鋳鉄管などを使用し，屋外配管にはコンクリート管などを使用する。ただし，鋼管や硬質塩化ビニル管を用いるときは排水用継手を使用しなくてはならない。排水ますは，コンクリート又はプラスチック製とする。図2－65に排水ますの構造を示す。

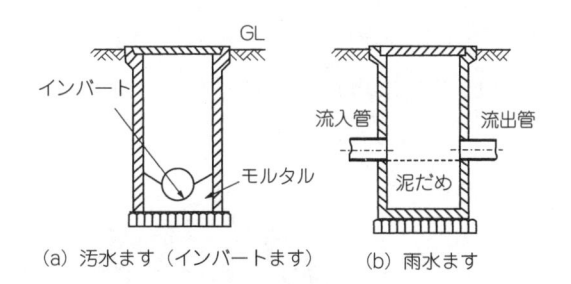

(a) 汚水ます（インバートます）　(b) 雨水ます

（出所　空気調和・衛生工学会編「図解　空調・給排水の大百科」
　　　　　　　　　　　　　　　　　　　　　　　　　(株)オーム社）

図2－65　排水ますの構造

3．6　下水道施設

(1) 下水の役割

文化的な生活を目指して年々豊かになってきたが，反面そうした生活の向上の中で，いつの間にか川を汚濁させ環境を破壊してきた。こうした排水を1か所に集めて処理し，きれいな水に戻して自然のサイクルに返してやるのが下水道の役割である。下水道を整備することで，トイレの水洗化をはじめ，汚水や雨水がたまらないので蚊やハエなどの発生を防ぎ生活環境をよくし，大雨が降っても浸水がなく，河川，湖，海などの公共用水域の水質保全の役割を担い，水環境に寄与している。

また，下水道が持っている資源などの有効活用が行われている。

a．下水道に光ファイバーを敷設

平成15年度3月末現在，下水道の総延長は，358,534km（地球の約8.9周分）に及んでいる。

下水道空間に光ファイバーを活用して高度情報化社会に役立っている（図2－66）。

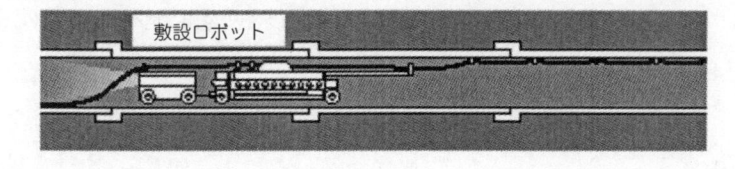

（出所　東京都下水道局ホームページ）

図2－66　管きょ内に敷設する光ファイバーケーブル

b．下水処理場の上部を多目的利用

平成14年度末現在，上部活用は318か所にのぼり，地域社会に貢献している（図2－67）。

(出所　東京都下水道局ホームページ)

図2－67　下水処理場の上部多目的利用

c．処理水の有効利用

平成13年度末現在，下水処理場での処理水量は年間130億m^3，再利用量は，218か所の下水処理場において年間約1.9億m^3となっている（図2－68）。

(a)　下水処理量　（年間約130億m^3）

再利用量 1.9億m^3 (1.5%)
放水量 128.1億m^3 (98.5%)

(b)　下水処理量用途別利用状況　（万m^3／年）

再利用水量 約1.9億m^3／年

工業用水 366(2.0%)
水洗便所用水 577(3.1%)
農業用水 1,293(6.9%)
事業所等へ直接給水 1,967(10.5%)
融雪用水 2,928(15.7%)
環境用水 11,457(61.5%)
植樹帯・道路等散水 21(0.1%)
道路・街路・工事現場の清掃・散水 41(0.2%)

(出所　東京都下水道局ホームページ)

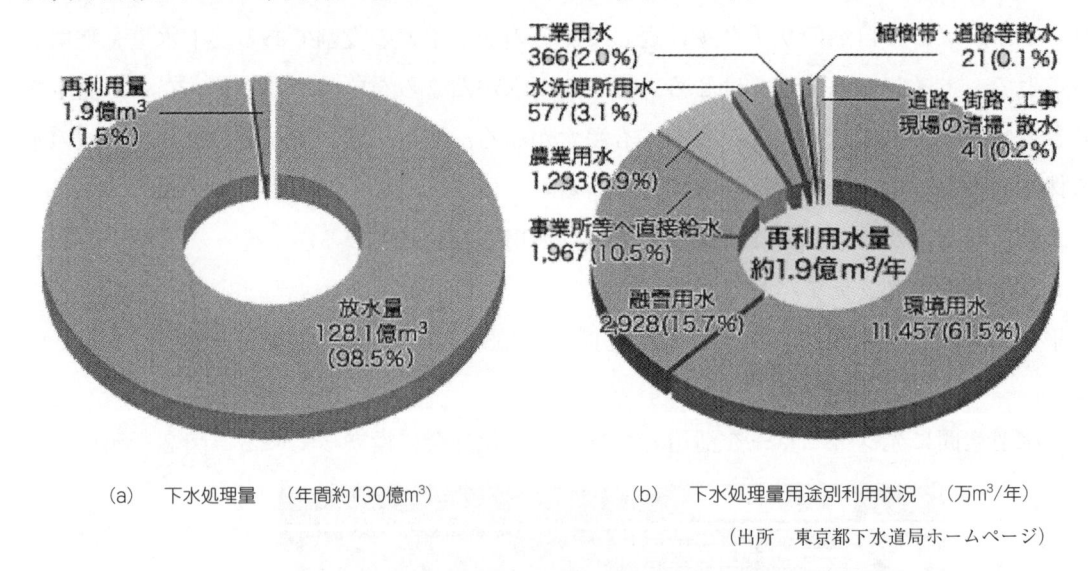

図2－68　下水処理量及び再利用状況

d．汚泥の有効利用

沈殿分離の際に沈殿したものが下水汚泥，その汚泥を肥料やれんがなどに再資源化する（図2－69）。

(a) 建築資材化利用

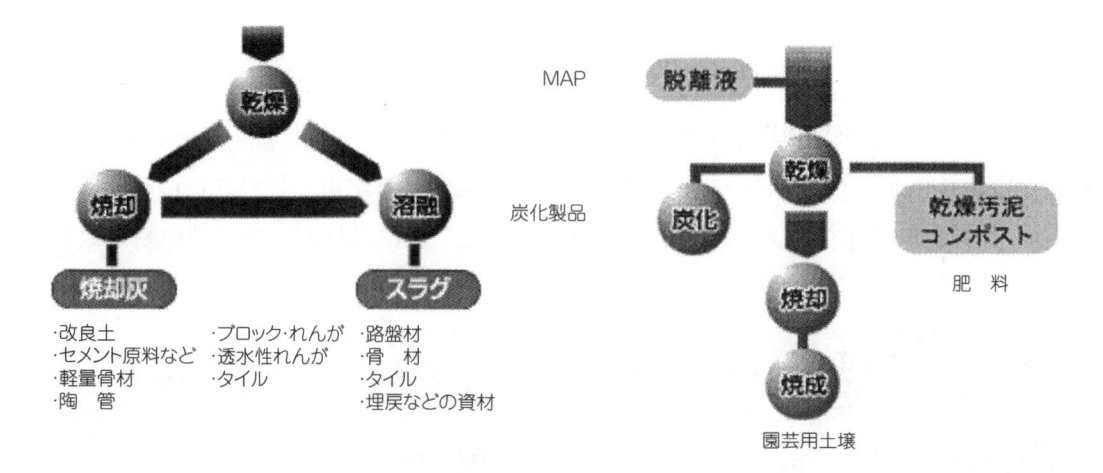

下水道工事の埋戻しに利用される外，セメント原料，骨材，ブロック，れんがなどの原料としても利用されている。

(b) 緑地・農地利用

コンポスト化して，肥料や地力増進資材として農作物の生産力の維持に役立てることができる。

(出所　東京都下水道局ホームページ)

図2－69　汚泥の再資源化の流れ

(2) 下水道の種類

下水道は，下水道法第2条により，大きくは，「公共下水道」，「流域下水道」及び「都市下水路」の3つに分けられている（図2－70）。

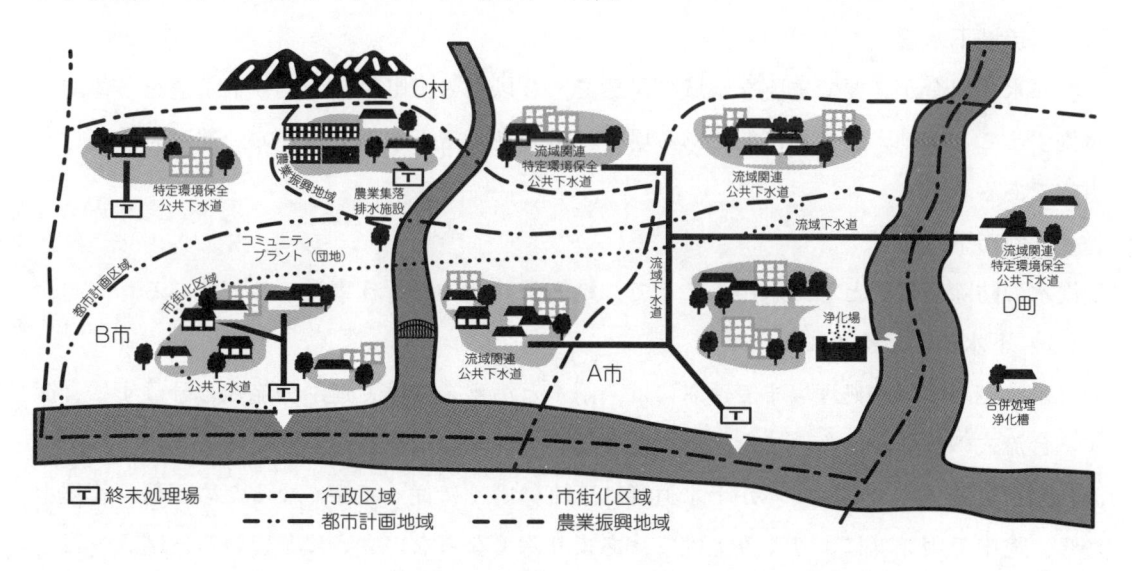

図2－70　公共下水道，流域下水道，特定環境保全公共下水道

a．公共下水道

家庭や工場からの下水を直接受け入れる下水道で，**地方公共団体（市町村）**が行う事業である。このうち下水処理場があるものを「単独公共下水道」といい，下水処理場がなく，**都道府県**が行う流域下水道につなぐものを「流域関連公共下水道」という。目的別で細分すると，「特定環境保全公共下水道（自然保護下水道，農山漁村下水道及び簡易な公共下水道）」と「特定公共下水道」に分けられる（図2－71）。

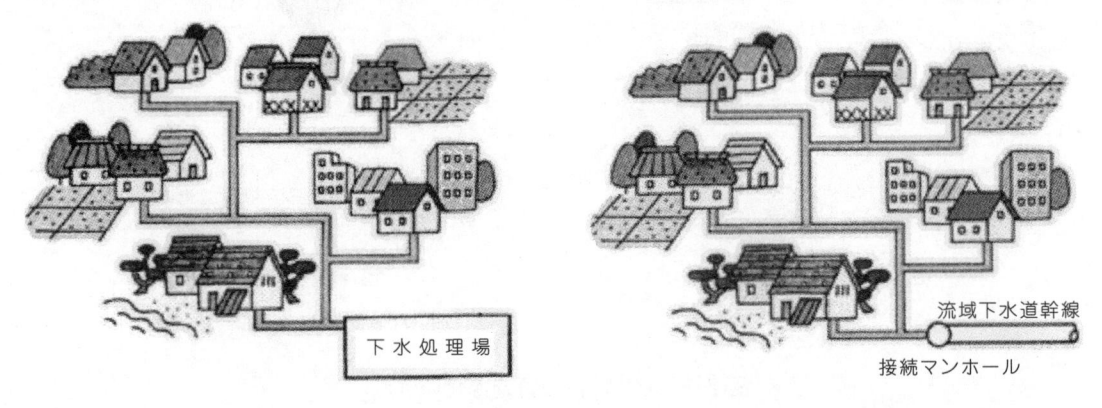

　　　　　　(a)　公共下水道　　　　　　　　　　　(b)　流域関連公共下水道

（出所　東京都下水道局ホームページ）

図2－71　公共下水道のしくみ

b．流域下水道

特に水質保全が必要で重要な水域の対象で，2以上の市町村にわたり下水道を一体的に整備することが効率的で経済的である場合に実施される下水道のことで，**都道府県**が行う事業である。

c．都市下水路

浸水の防除を目的とした水路のことで，**地方公共団体**が行う事業のことである。

（3）下水道のしくみ

下水を集めて下水処理場まで運ぶには，雨水と汚水を分けて運ぶ**分流式**と分けずに合流する**合流式**の2つがある。また，下水処理場まで運ぶには経費が安くなるように，自然の流れ（自然流下）を利用するが下水道管は下流にいくに従って深くなるため工事や管理上から，途中でポンプによりくみ上げて，あまり深くならないようにしている（図2－72）。

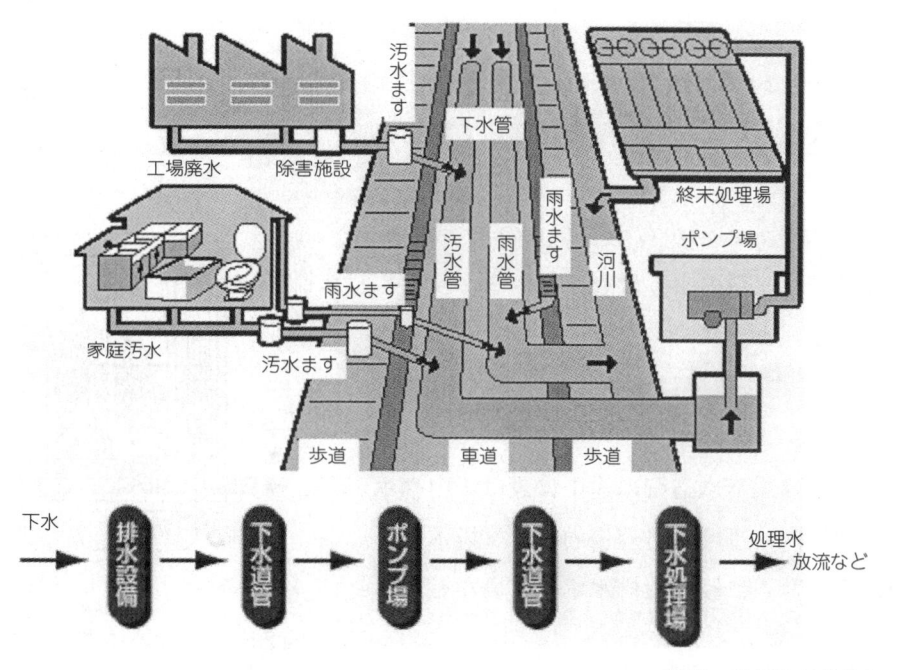

図2－72　下水道のしくみ

a．排水設備

下水の源流は個人や企業からの排水であり，これらの設備の維持管理は個人が行う。

下水道（公共下水道）の開始から3年以内にこの下水道への接続及び便所も水洗便所に改造しなければならない（下水道法第11条の3第1項）と定められている（図2－73）。

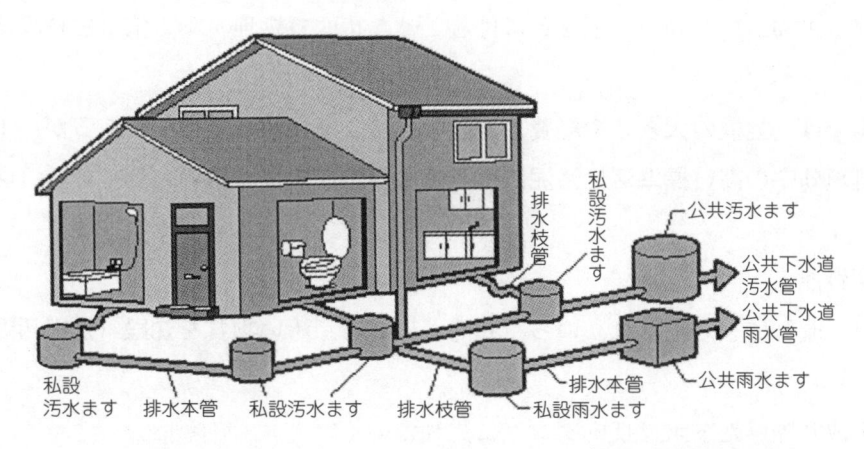

図2－73　分流式排水設備

b．下水道管

下水道管には，管きょのほかに下水の点検，清掃ができるように，公共ます，取付け管，マンホールなどが設けられる。これらを総称して**管路施設**という。

c．ポンプ場

ポンプ場には，大きいものから小さなものまであり，一般にポンプ場は図2－74のようになっている。

ポンプが破損しないように，**スクリーン**では下水中の大きなごみを取り，沈砂池では下水中の土砂を取り除く。

ポンプ場の種類には，下水道管の途中に設ける中継ポンプ場，下水処理場内に設ける処理場内ポンプ排水を公共用水域に放流するために設けた排水ポンプ場などがある。

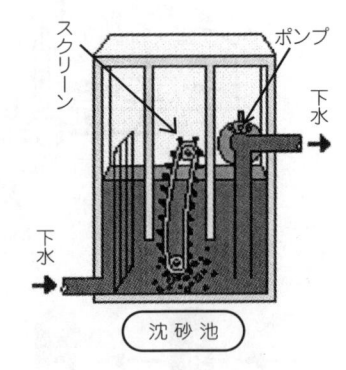

（出所　東京都下水道局ホームページ）

図2－74　ポンプ場のしくみ

d．下水処理場

下水処理場は，微生物の働きを利用して下水を生物処理し，もとのきれいな水によみがえらせるところである。微生物が水中の汚れ（有機物）を分解するには，活発に活動しなければならない。それには水中に酸素が多くなくてはならない。この酸素を必要とする微生物を**好気性微生物***という。

浄化方法には，大きく2つの方法があり，好気性微生物を水中に浮遊させた状態で処理する方法（**浮遊生物法**）と砕石や板などに付着させた状態で処理する方法（**生物膜法**）がある。

下水処理場では，規模の大きさや経費，管理などにより多数の処理法があるが，下水処理場では，処理効率の高い**標準活性汚泥法（浮遊生物法）**が多く用いられている（図2－75）。

① 最初沈殿池

下水処理場に流れてきた下水は，ゆっくり静かに流れ，汚い物質を**沈殿（沈殿汚泥）**させる。

沈殿汚泥を取り除いた下水は反応タンクに流れていく。

② 反応タンク

空気を送り込み好気性微生物を繁殖させる。この微生物が空気中の酸素を得て活発に活

＊**好気性微生物**：酸素を好む微生物

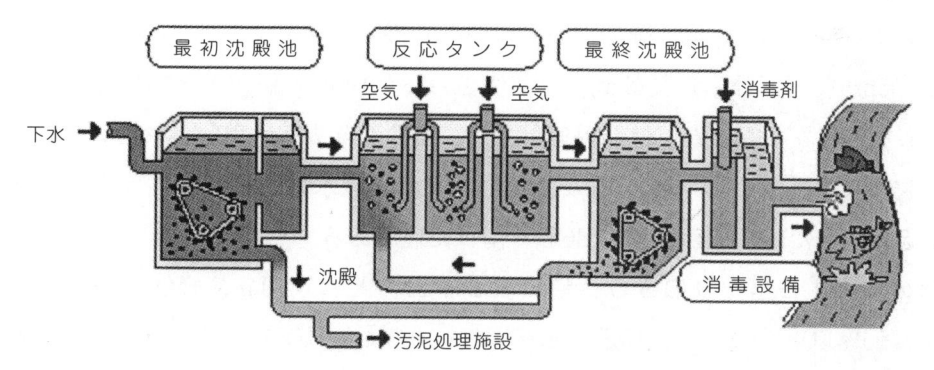

図2－75　標準活性汚泥法（浮遊生物法）の仕組み

動し，下水中の有機物（水を汚している物質）を食べて太り，大きな**集団（フロック）**になる。反応タンクで6～8時間程度かけ通過した下水は，最終沈殿池に送り込まれる。

③　最終沈殿池

最終沈殿池の中をゆっくりと流れ，反応タンクで大きくなったフロック（活性汚泥）を**沈殿**させ，この**活性汚泥**を取り除き，汚れを90％以上なくしたきれいな水（上澄み水）は，消毒設備に送り込まれる。

④　消毒設備

上澄み水に**消毒剤（塩素）**を接触させて消毒する設備のことである。この消毒した処理水は，公共用水域に放流して自然に戻したり，工業用水に再利用される。

以上の過程を経て処理された下水は，二次処理水と呼ばれるが，水質基準，富栄養化防止，再利用，利水対応などから，二次処理水以上の水質が求められるようになった。これに応えるものが高度処理である。平成14年度末で全国1,845か所の下水処理場のうち231か所の下水処理場で窒素やリンなどの除去の高度処理が行われている。

3.7　し尿浄化槽

浄化槽法第3条より，「浄化槽で処理した後でなければ，し尿を公共用水域等に放流してはならない。」と規定がある。

また，水域の汚染を防止するために，平成13年4月1日より浄化槽法が改正され，水域を汚す**単独処理浄化槽**（し尿のみで生活雑排水は処理されない。）の設置が原則禁止された。また，現在設置されている単独処理浄化槽を**合併処理浄化槽**（し尿と生活雑排水を併せて処理）に設置替えするよう努めなければならなくなった。

し尿浄化槽の性能評価法に，ＢＯＤ（Biochemical Oxygen Demand：生物化学的酸素

要求量）があるが，これは好気性微生物が排水中の有機物を分解するために必要とする酸素量であり，ppm（百万分率）又はmg/ℓで表される。BODの値が大きいほど，水質が汚濁していることになる。また，性能評価として，ＢＯＤ除去率も用いられる。**ＢＯＤ除去率**は，浄化槽に流入した汚水のBODと浄化槽からの放流水のBODの差，すなわち浄化槽によって除去されたBODを流入時のBODで割った値である。

生活排水の１人１日当たりのＢＯＤ量は表２－11のとおり40ｇ，合併処理浄化槽のBOD除去率は90％以上なので，処理水のBODは1/10の４ｇ以下に減る。これは下水処理場の高級処理並みに浄化される。

表2－11　生活排水の１人１日当たりのBOD量

生活排水の標準的な水量と水質		汚水量 ℓ/人・日	BOD	
			負荷量 g/人・日	濃度 mg/ℓ
トイレ		50	13	260
生活雑排水	台　所	30	18	600
	洗　濯	40	9	75
	風　呂	50		
	洗　面	20		
	掃除，雑用	10		
計		200	40	200

処理方法では，いろいろな処理方法があるが最も一般的な**嫌気ろ床接触ばっ気方式**の例を図２－76に示す。

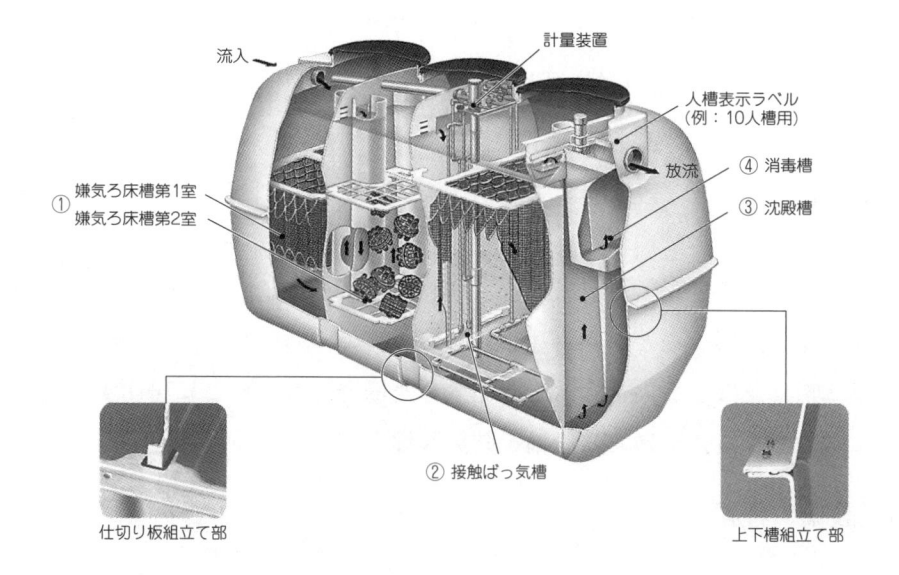

(a) 小規模合併浄化槽の例（嫌気ろ床接触ばっ気方式）

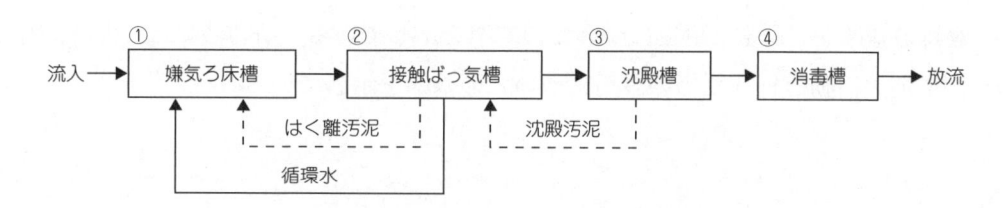

(b) 嫌気ろ床接触ばっ気方式のフローシート

①**嫌気ろ床槽（第1室・第2室）**：流入汚水に含まれる固形物の分離及び貯留し、嫌気性生物処理をして浄化する。
②**接触ばっ気槽**：有機物質を好気性生物処理をし浄化する。
③**沈殿槽**：接触ばっ気流出水に含まれる浮遊物質を沈殿分離し上澄み水を消毒槽へ送る。
④**消毒槽**：処理水を塩素系消毒剤と接触させ、病原性微生物を不活性化し、公衆衛生上問題のない水を放流する。

図2−76　嫌気ろ床接触ばっ気方式

第4節 防災設備

4．1　防災設備とは

　災害には，天災と人災がある。天災には地震・噴火・水害・風害・塩害・雷などがあり，人災には，火災・盗難・事故などがある。これらの災害のうち，特に地震・火災・雷などによる災害が建築物に及ぼさないよう，また発生した場合でも，そこに居住する人々が安全にかつ迅速に避難できるようにする設備を**防災設備**という。

4．2　防災設備の種類

　防災設備の基準として，主に「**建築基準法**」と「**消防法**」の2つがある。この2つの防災設備の基準を図2－77に示す。建築基準法では，火災防止の基準や人命保護の観点から防火，避難の基準や，避雷，耐震についての基準を示している。消防法では，火災に対し，その予防や消火活動を行うための設備についての基準を示している。

(a) 消防法

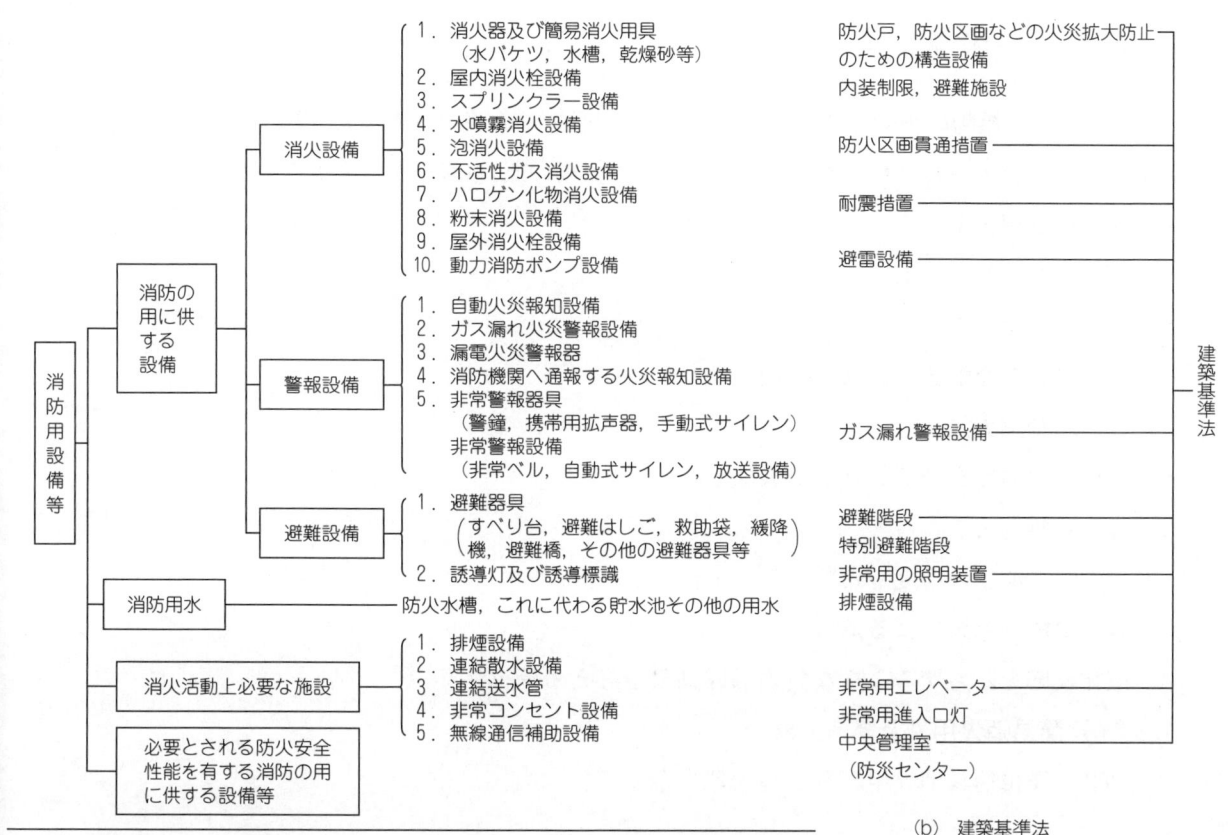

- 消防用設備等
  - 消防の用に供する設備
    - 消火設備
      1. 消火器及び簡易消火用具（水バケツ，水槽，乾燥砂等）
      2. 屋内消火栓設備
      3. スプリンクラー設備
      4. 水噴霧消火設備
      5. 泡消火設備
      6. 不活性ガス消火設備
      7. ハロゲン化物消火設備
      8. 粉末消火設備
      9. 屋外消火栓設備
      10. 動力消防ポンプ設備
    - 警報設備
      1. 自動火災報知設備
      2. ガス漏れ火災警報設備
      3. 漏電火災警報器
      4. 消防機関へ通報する火災報知設備
      5. 非常警報器具（警鐘，携帯用拡声器，手動式サイレン）
         非常警報設備（非常ベル，自動式サイレン，放送設備）
    - 避難設備
      1. 避難器具（すべり台，避難はしご，救助袋，緩降機，避難橋，その他の避難器具等）
      2. 誘導灯及び誘導標識
  - 消防用水 ── 防火水槽，これに代わる貯水池その他の用水
  - 消火活動上必要な施設
    1. 排煙設備
    2. 連結散水設備
    3. 連結送水管
    4. 非常コンセント設備
    5. 無線通信補助設備
  - 必要とされる防火安全性能を有する消防の用に供する設備等

(b) 建築基準法

- 建築基準法
  - 防火戸，防火区画などの火災拡大防止のための構造設備
  - 内装制限，避難施設
  - 防火区画貫通措置
  - 耐震措置
  - 避雷設備
  - ガス漏れ警報設備
  - 避難階段
  - 特別避難階段
  - 非常用の照明装置
  - 排煙設備
  - 非常用エレベータ
  - 非常用進入口灯
  - 中央管理室（防災センター）

(1)　「消防の用に供する設備」とは
　　火災が発生した場合に消火の目的で用いる消火設備，火災又はガス漏れ等を早期に発見し，すみやかに防火対象物全体へ報知又は消防機関へ通報する警報設備及び火災時に迅速かつ安全に避難・誘導するための避難設備を含めていう。

(2)　「消防用水」とは
　　広い敷地に存する大規模な建築物の延焼段階の火災に対して，消防の水利を得ることを目的としたもので，防火水槽・プール・池・濠・河川・湖・沼・海等，常時規定以上の水量が得られるものをいう。

(3)　「消火活動上必要な施設」とは
　　火災が発生した際発生する煙により消火活動が阻害されたり，又は高層建築のために消火活動が困難になること等を勘案し，消防隊による消火活動を支援するために設けるもの。

(4)　「必要とされる防火安全性能を有する消防の用に供する設備等」とは
　　「必要とされる防火安全性能を有する消防の用に供する設備等に関する省令」（平成16年総務省令第92号）の定めるところにより消防長又は消防署長が，その防火安全性能（火災の拡大を初期に抑制する性能，火災時に安全に避難することを支援する性能又は消防隊による活動を支援する性能）が上記(1)～(3)の設備等の防火安全性能と同等以上であると認める設備等をいう。

（出所　建築消防実務研究会編「建築消防 advice 2005」）

図 2－77　防災設備の基準

4.3 消火設備

　火災は，可燃物の種類により普通火災（A火災），油火災（B火災），電気火災（C火災），金属火災（D火災），ガス火災に分類される。消火の原理は次のとおりである。

　a．除去消火法

　可燃物を取り除く消火法

　b．窒息消火法

　燃焼に必要な酸素を遮断する消火法

　c．冷却消火法

　可燃物の温度を低下させる消火法

　d．希釈消火法

　可燃物や酸素の濃度を希釈する消火法

　e．負触媒効果による消火法

　酸化反応を断ち切るような負の触媒効果を与える消火法

（1）簡易消火用具及び消火器

　図2-78に簡易消火用具及び消火器を示す。

消火器具 ┤ 消火器（水その他消火剤を圧力により放射して消火を行う器具、国家検定の対象品目になっている。）
　　　　└ 簡易消火用具（水バケツ・水槽・乾燥砂・膨張ひる石・膨張真珠岩をいう。）

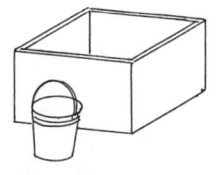

ポリバケツ　　　　　防火水槽と水バケツ　　　　乾燥砂（膨張ひる石、膨張真珠岩）とスコップ

(a) 簡易消火用具

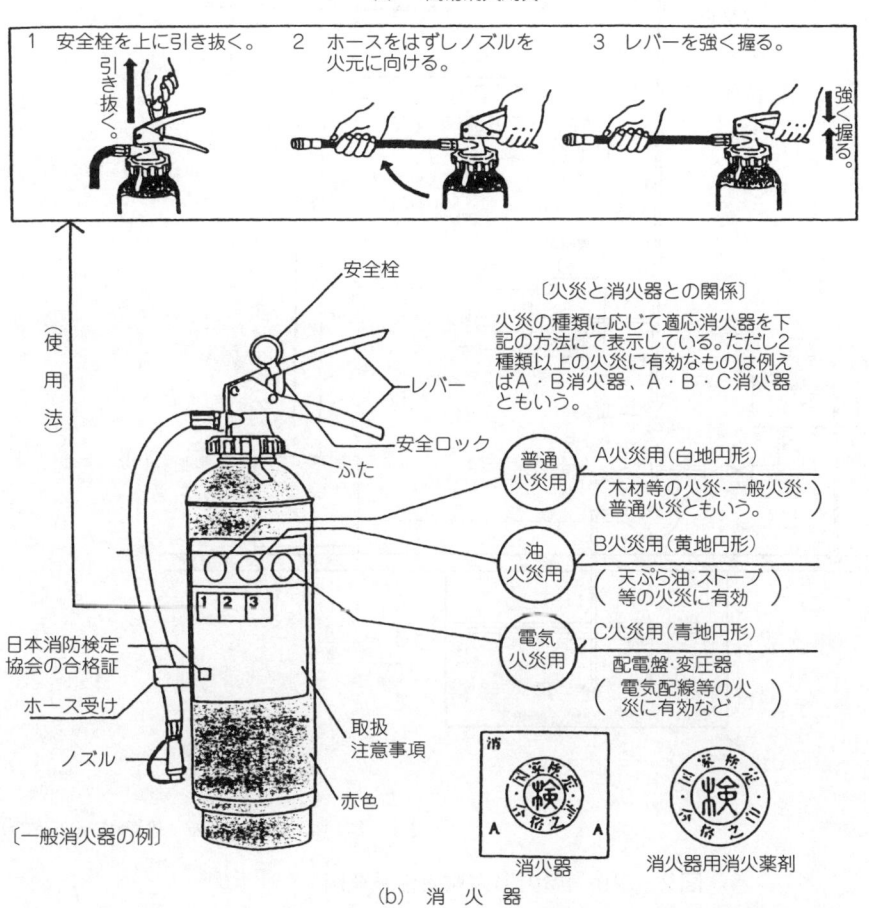

〔使用法〕
1 安全栓を上に引き抜く。
2 ホースをはずしノズルを火元に向ける。
3 レバーを強く握る。

〔一般消火器の例〕

安全栓
レバー
安全ロック
ふた
日本消防検定協会の合格証
ホース受け
ノズル
取扱注意事項
赤色

〔火災と消火器との関係〕
火災の種類に応じて適応消火器を下記の方法にて表示している。ただし2種類以上の火災に有効なものは例えばA・B消火器、A・B・C消火器ともいう。

普通火災用　A火災用（白地円形）
（木材等の火災・一般火災・普通火災ともいう。）

油火災用　B火災用（黄地円形）
（天ぷら油・ストーブ等の火災に有効）

電気火災用　C火災用（青地円形）
配電盤・変圧器
（電気配線等の火災に有効など）

消火器　　消火器用消火薬剤

(b) 消　火　器

（出所　建築消防実務研究会編「建築消防 advice 2005」）

図2－78　消　火　器　具

（2）屋内消火設備

図2－79のように，水源，加圧送水装置，配管，消火栓ボックスなどにより構成されている。

（出所　建築消防実務研究会編「建築消防advice 2005」）

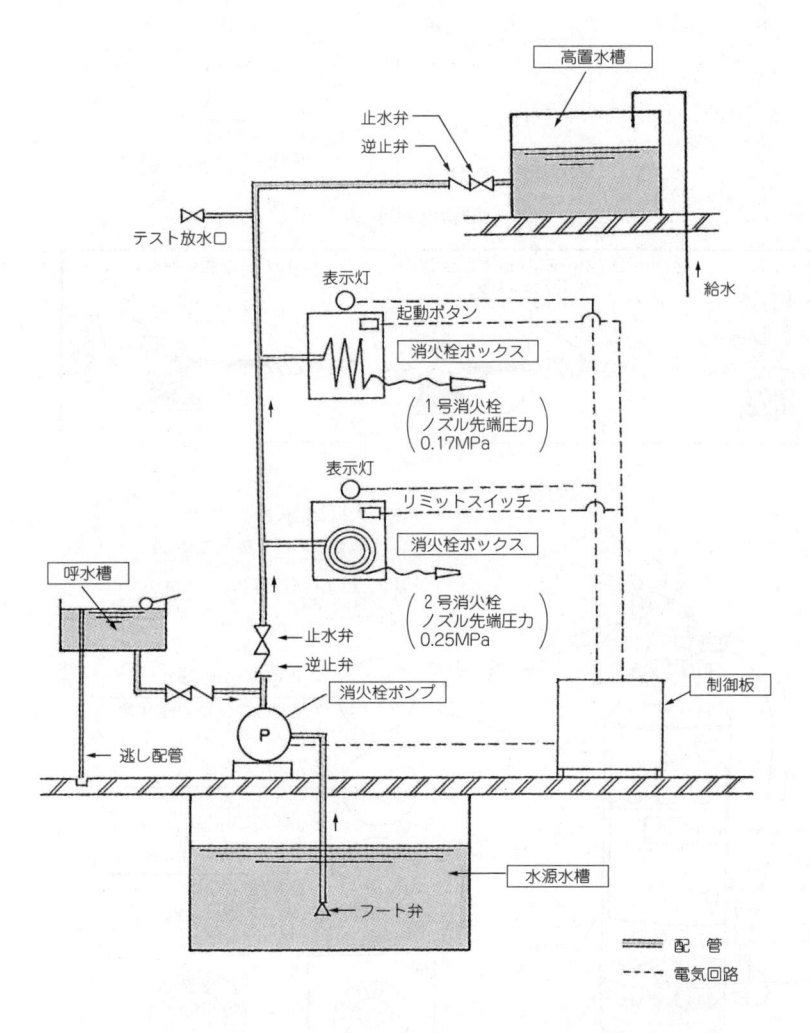

図2－79　屋内消火栓設備系統図

消火栓には，「1号消火栓（図2-80）」，「2号消火栓（図2-81）」があり，1号消火栓は水平距離25m以下，2号消火栓は15m以下となっている。また2号消火栓は小型化され，ノズルの機能が「容易に開閉できる装置付」になり1人でも容易に操作できる。

a：地区音響装置
b：表示灯（ポンプ起動時はフリッカー）
c：報知機発信機（P型）と兼用の起動押ボタン

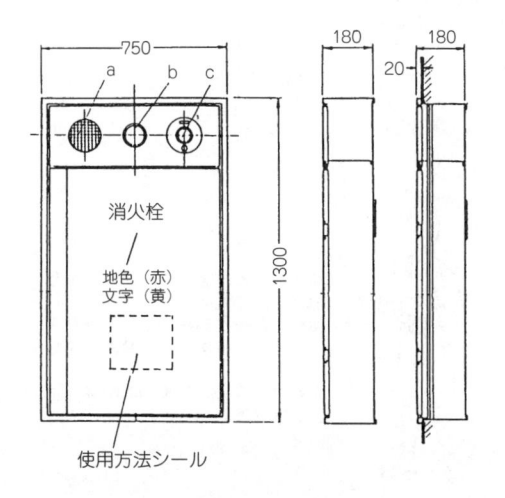

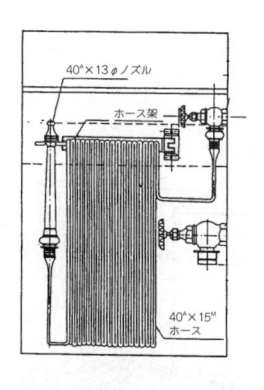

（露出型）　（埋込型）　　　　　　（内部）

(a) 1号消火栓（総合盤付）

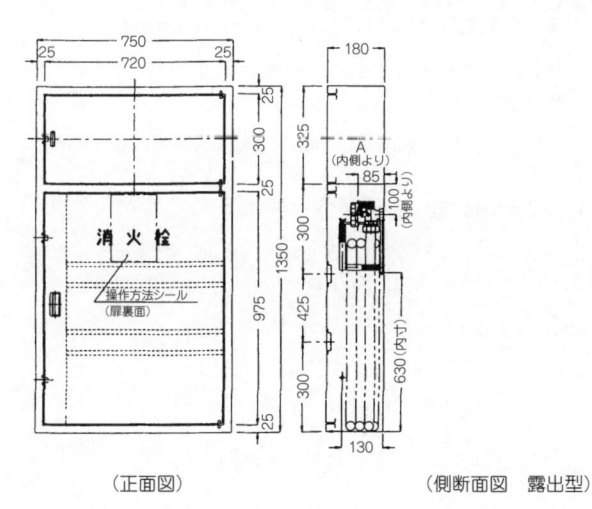

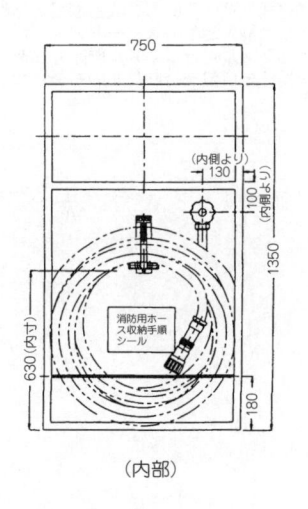

（正面図）　　（側断面図　露出型）　　（内部）　　　[単位　mm]

(b) 易操作性1号消火栓

（出所　建築消防実務研究会編「建築消防advice 2005」）

図2-80　1号消火栓

(a) 2号消火栓（総合盤なし）

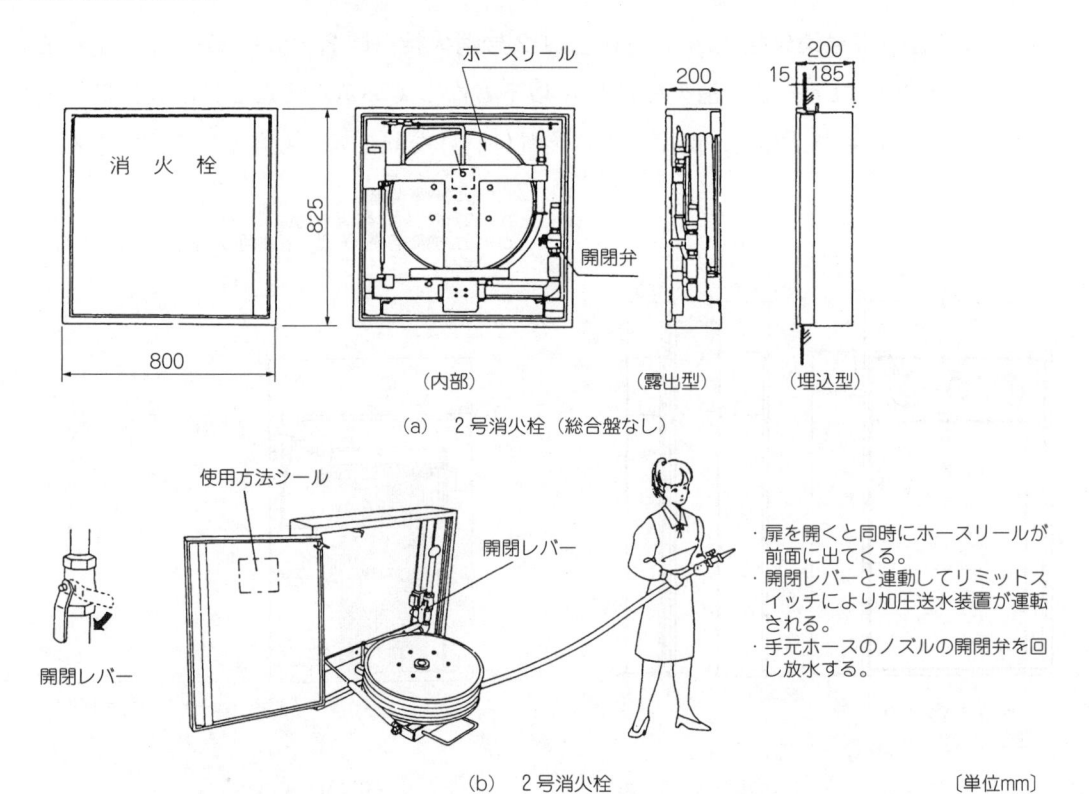

(b) 2号消火栓　〔単位mm〕

・扉を開くと同時にホースリールが前面に出てくる。
・開閉レバーと連動してリミットスイッチにより加圧送水装置が運転される。
・手元ホースのノズルの開閉弁を回し放水する。

　易操作性1号消火栓（図2－80 (b)）及び2号消火栓は1人でも操作できるようノズル機能，起動方法，ホースの収納方式などいろいろな改良が加えられている。例えば図 (b) のようにホースを巻いたまま放水できればそれだけ消火活動のスピードアップができる。
　ノズル機能もノズル付近にノズル開閉弁があり，大変扱いやすいものである。
　また，消火栓に総合盤を付けたものもあり大変機能的なものもある。

（出所　建築消防実務研究会編「建築消防advice 2005」）

図2－81　2号消火栓

（3）スプリンクラ設備

水源（貯水槽），加圧送水装置，流水検知装置（自動警報装置），配管，スプリンクラヘッド，補助散水栓，送水口などから構成されている。一般的方式には，**閉鎖型**（常時配管内に充水されている）である。

スプリンクラヘッドのヒューズが熱のために溶けると，ばねが飛び，散水口が開き加圧されている充水から放水される方式である（図2－82）。

（出所　建築消防実務研究会編「建築消防advice 2005」）

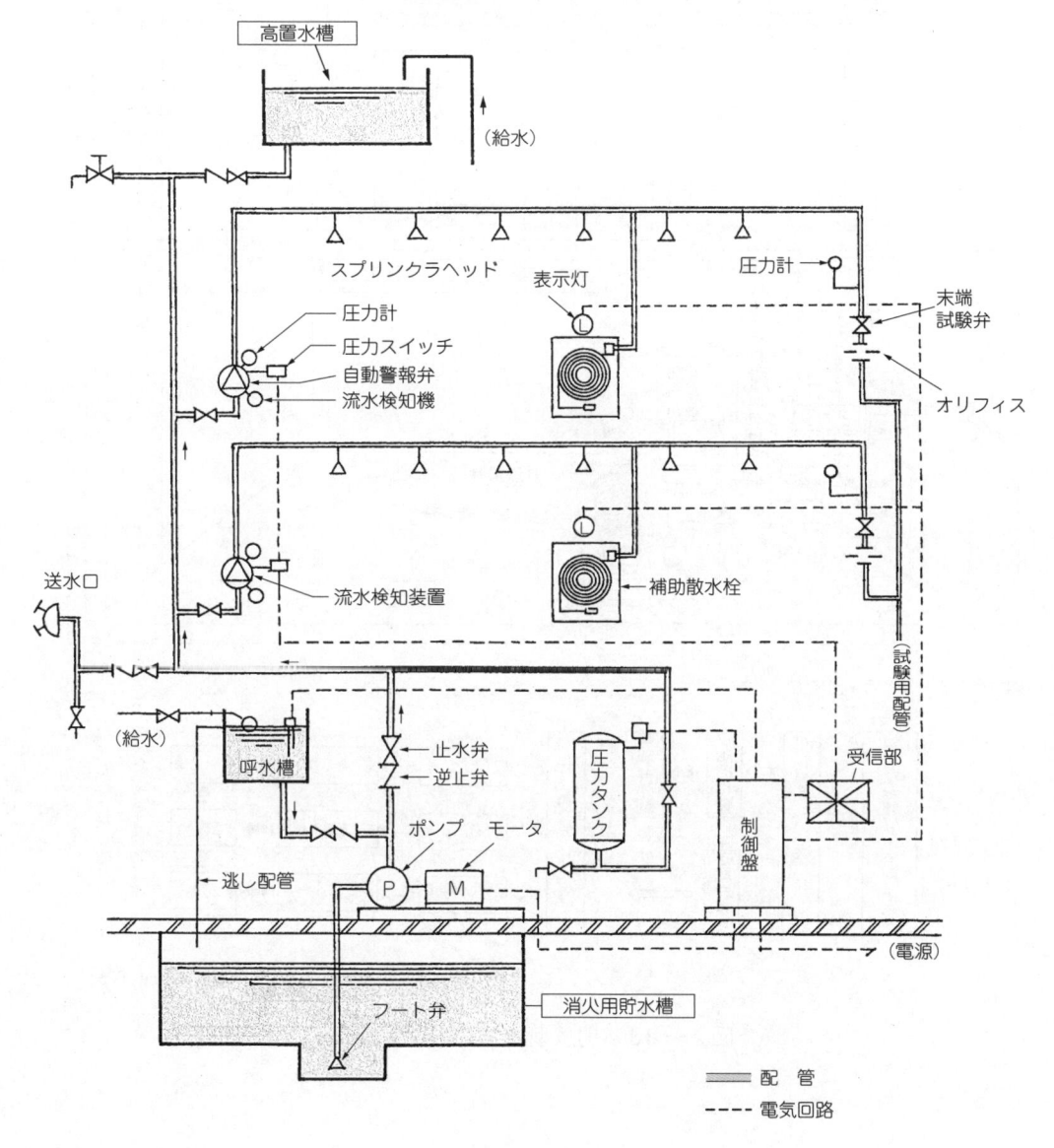

図2－82　スプリンクラ設備（閉鎖型）系統図

開放型は感熱機構が設けられておらず，水の出る口が開いている。配管途中に水の噴出を押さえておくための一斉開放弁又は手動開放弁を設けてある（図2－83）。

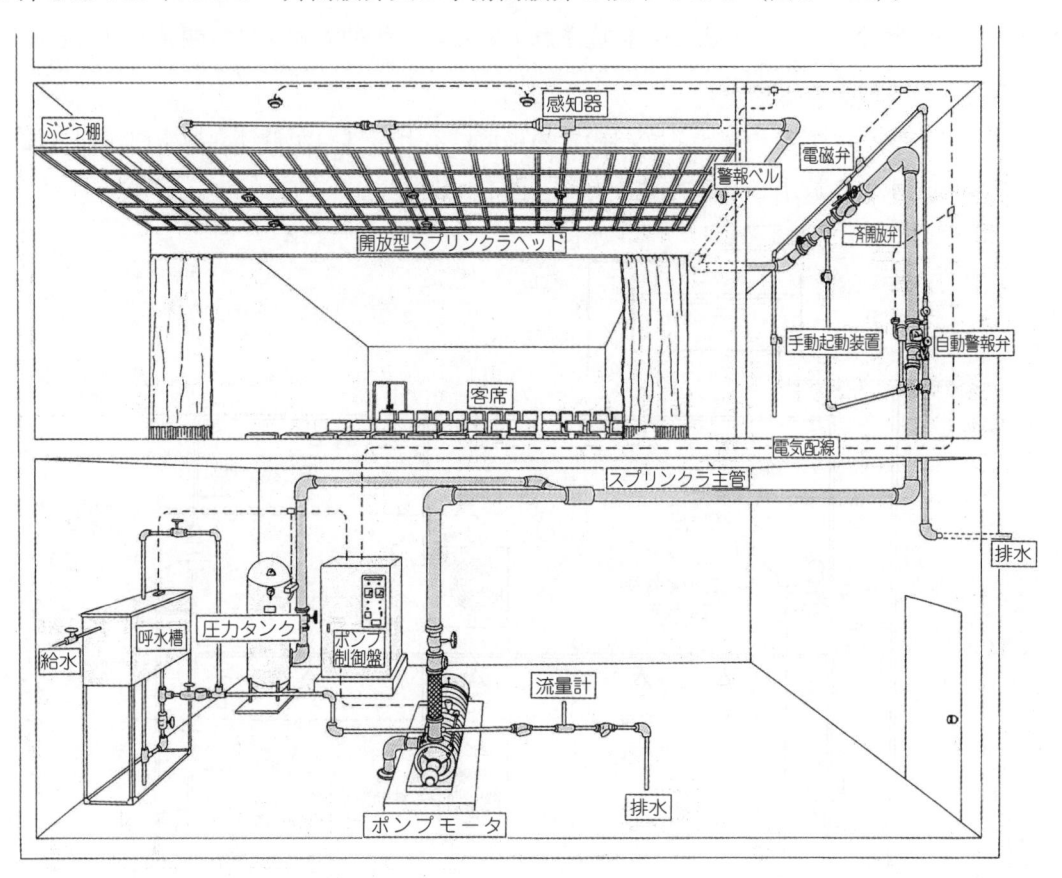

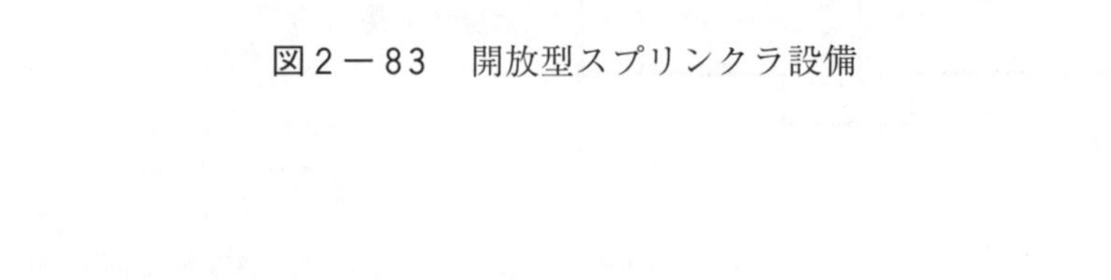

（出所　建築消防実務研究会編「建築消防advice 2005」）

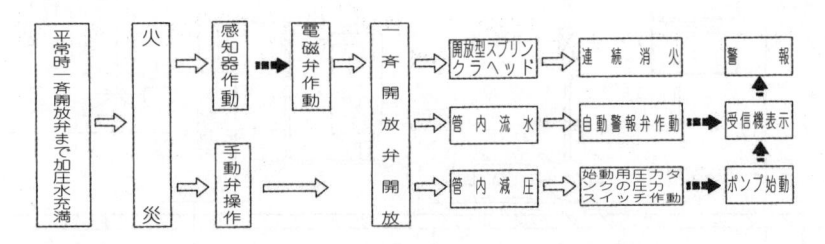

図2－83　開放型スプリンクラ設備

スプリンクラヘッドには，**閉鎖型**ヘッドと**開放型**ヘッドがある。閉鎖型ヘッドは，通常ヘッドが閉じており，火災の熱によって放水口が開くタイプのものであり，感熱機能と散水機能を合わせ持っている。開放型ヘッドは，通常ヘッドが開いており，火災発生時に手動又は自動で一斉に開放弁を作動させることにより放水するものである（図2－84）。

埋込型　　　　　　　側壁型
(a) 閉鎖型スプリンクラヘッド

(b) 開放型スプリンクラヘッド 　　(c) 放水型スプリンクラヘッド

（出所　消防士講習用テキスト「消火設備」財団法人東京防災指導協会）

図2－84　各種スプリンクラヘッド

（4）水噴霧消火設備

水による冷却効果，窒息効果により消火する設備で油火災には有効である。車両の駐車する場所に用いられている場合が多い（図2－85）。

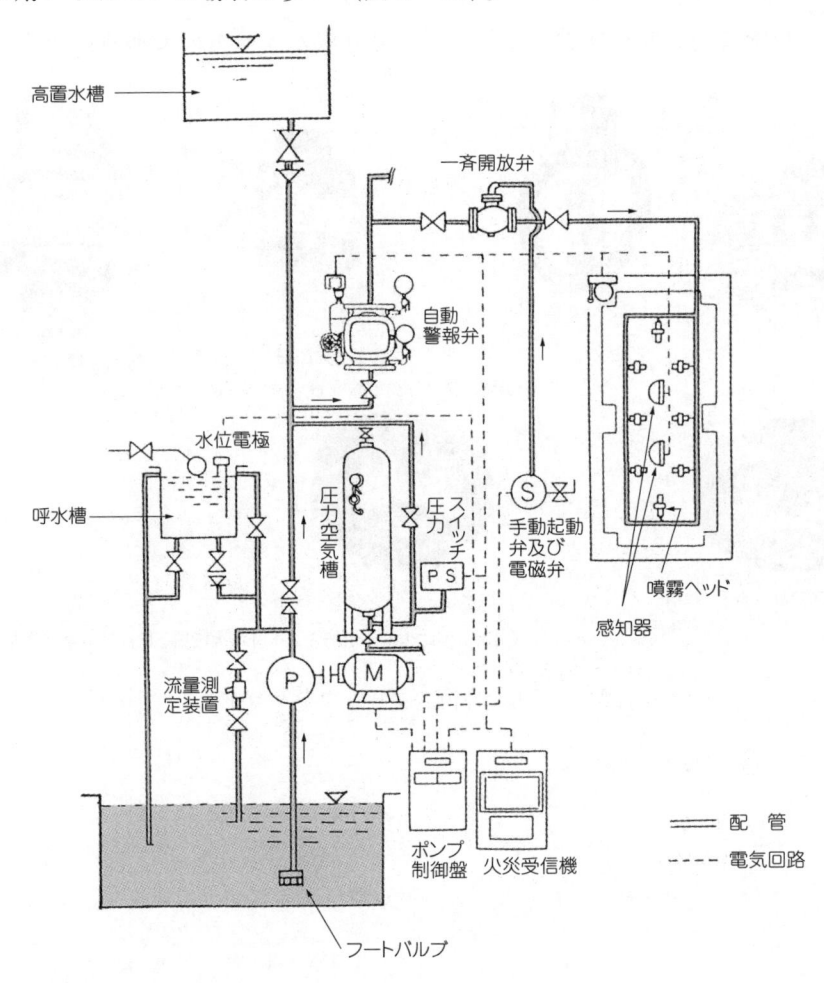

●系統説明
1．火災が発生すると感知器がそれを火災受信機へ火災信号を送る。
（又は、手動式起動装置を人が押す。）
2．火災受信機からの通報により、一斉開放弁（電磁式自動弁）を解放する。
3．水噴霧ヘッドより放水が始まる。
4．配管内の流水を自動警報弁（検知装置）が、キャッチして、ポンプ制御盤に伝え、ポンプ（P）により加圧送水することにより送水する。

(出所　建築消防実務研究会編「建築消防advice 2005」)

図2－85　水噴霧消火設備の系統図

（5）泡消火設備

泡を放出することにより，泡から還元して油面上に生成する**水成膜**で覆って消火する。

飛行機又は回転翼航空機の発着地や格納庫，自動車の修理工場など指定可燃物の部分に有効に消火することを目的としている。泡消火設備の系統を図2－86に示す。

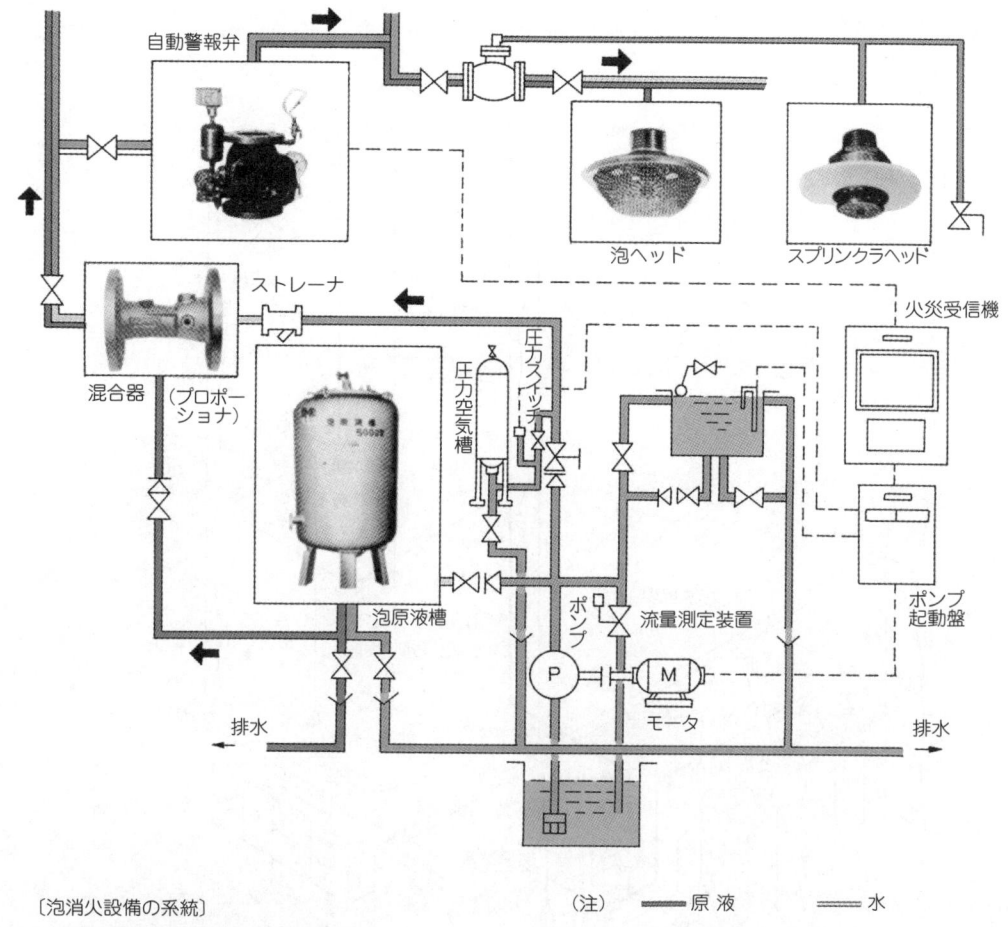

〔泡消火設備の系統〕
1．泡原液を泡原液槽に貯蔵しておく。
2．泡原液は混合器で適正濃度の水溶液となり、泡ノズル、泡ヘッド又は泡発生機へ送り込まれる。
3．火災感知用ヘッドなどの作動又は手動起動弁の開放によって一斉開放弁が開放されて泡ヘッドから泡の水溶液が噴霧状となって放出される。
4．この時泡ヘッドの作用により周囲から空気を吸引して泡の水溶液は多量の泡となり消火する。

(出所　建築消防実務研究会編「建築消防 advice 2005」)

図2－86　泡消火設備の系統図

(6) **不活性ガス消火設備**

二酸化炭素を噴射ヘッド又はノズルから放出するときに気化させ、**窒息消火**を目的とする。

計画に当たっては、人命の危険を伴うことから安全対策には十分な配慮が必要である。系統例を図2－87に示す。

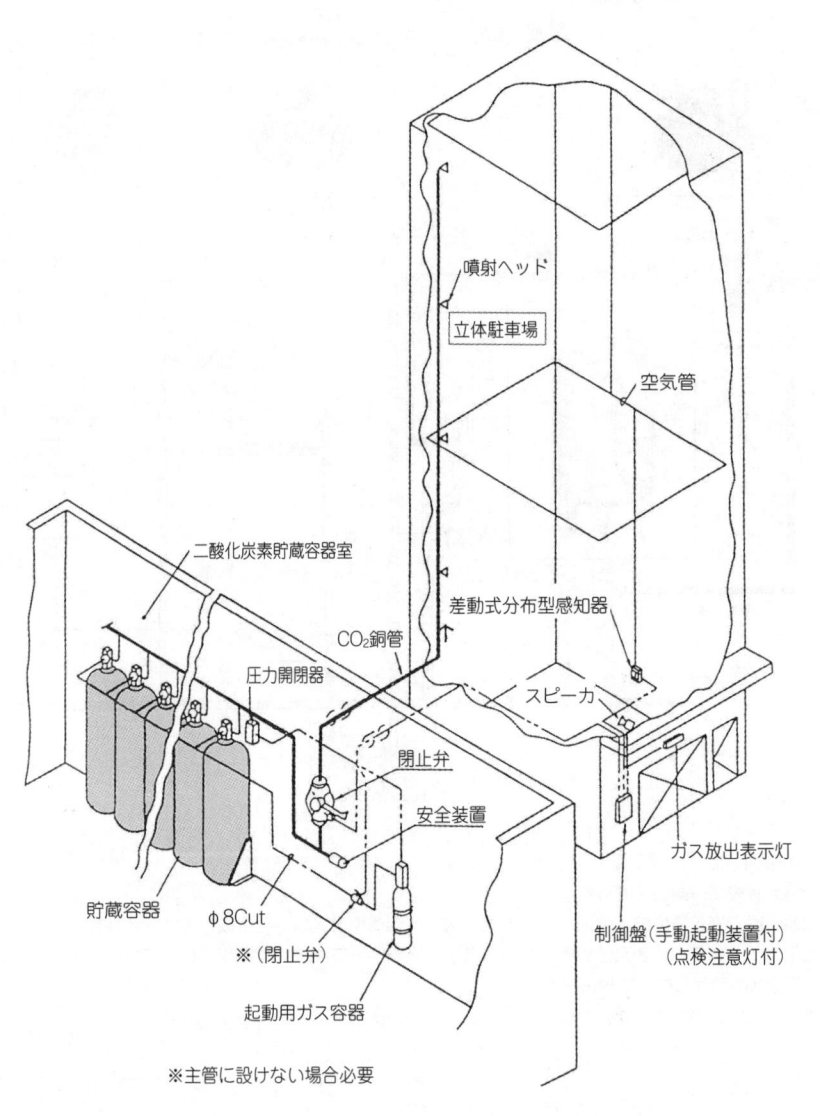

（出所　建築消防実務研究会編「建築消防advice 2005」）

図2－87　不活性ガス（二酸化炭素）消火設備の系統図

（7）ハロゲン化物消火設備

構成は二酸化炭素消火設備と同一で，水による消火方法では適さない火災の消火を目的としたものである。**窒息作用，ハロゲン化物の抑制作用**によって消火を行う。**地球環境のオゾン層破壊の原因**となることから，製造・消費が1994年１月１日以降全廃された。ウィーン条約に基づくモントリオール議定書*により，日本においてはハロゲンの回収・リサイクルは，ハロゲンバンク推進協議会を中心に行われている。

（8）粉末消火設備

貯蔵容器内で消火剤と圧力源のガスを十分に混合させ，粉末消火剤による火災の**燃焼連鎖反応の抑制作用**及び**窒息作用**により消火する。系統例を図２−88に示す。

＊モントリオール議定書：フロンガスの規制のための国際枠組み（一般にいわれている「フロン」の正式名称はフルオロカーボン（炭素とフッ素の化合物）という。

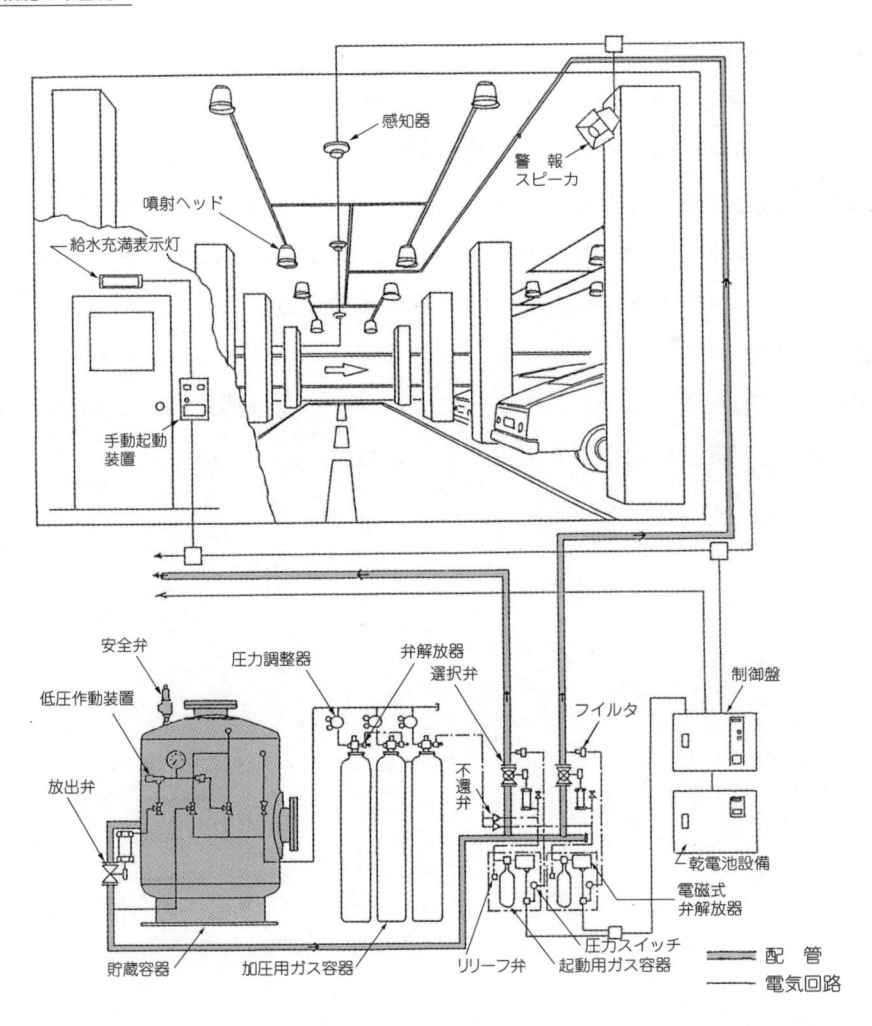

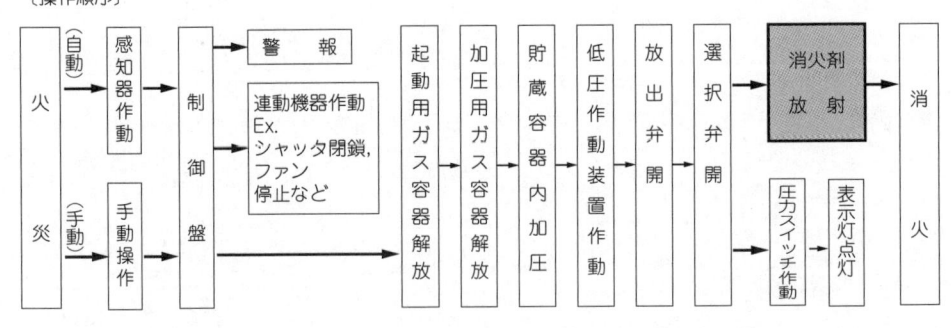

図2−88 粉末消火設備の系統図及び操作順序

（出所　建築消防実務研究会編「建築消防advice 2005」）

（9）屋外消火設備

屋内消火設備に類似した消火設備で，屋外に設置し，建築物の1階及び2階部分の火災を消火することを目的としたものである。

(10) 動力消防ポンプ設備

動力消防ポンプ，ホース，水源などにより構成され，動力消防ポンプには，消防ポンプ自動車，可搬消防ポンプなどがある。

4.4 警報設備

（1）自動火災報知設備

火災の発生を関係者に自動的に報知する設備であって，感知機・中継器・受信機・発信機で構成されたものである。

（2）ガス漏れ火災警報設備

自動火災報知設備に類似した設備で，ガス漏れに伴う火災は，発生すれば重大な火災となることが多く，これを未然に防ぐことを目的としている。

（3）漏電火災警報設備

ラスモルタル造の建築物に漏えい（洩）電流が流れると，その経路に当たる下地の鉄網が発熱し，火災が発生することがある。この漏えい電流を検出し，音響装置を鳴動させ，関係者に報知する設備である。

（4）消防機関へ通報する火災報知設備

火災が発生した場合，手起動装置を操作することにより，電話回線を使用して消防機関を呼び出し，蓄積音声情報により通報し，通話を行うことができる設備のことである。

（5）非常警報器具

人に火災が発生した旨を知らせるもので，多数の者がいる防火対象物などには設置が義務付けられている。また音響だけでは混乱を招くおそれがあることから放送設備の設置も義務付けられている（図2-89）。

130　設備施工系基礎

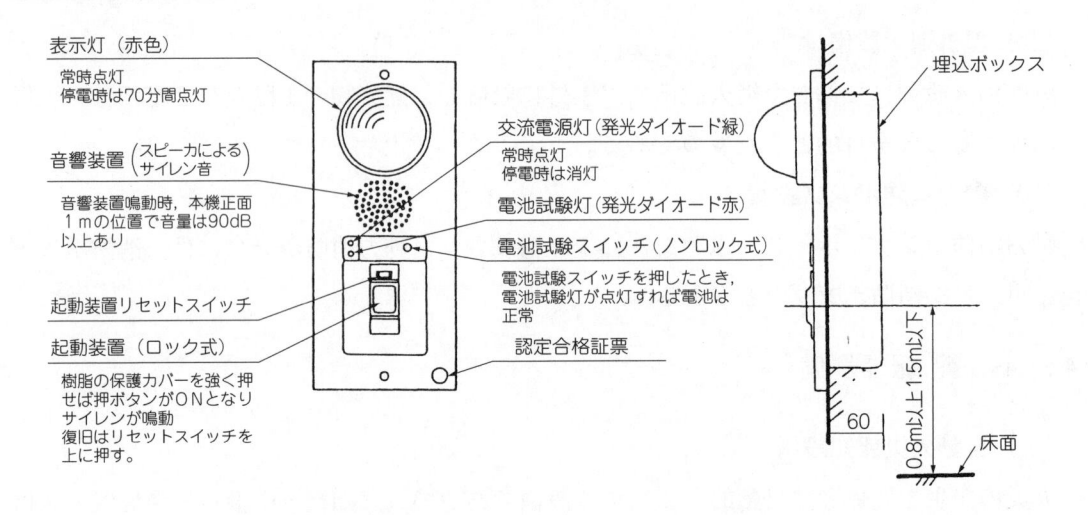

表示灯（赤色）
常時点灯
停電時は70分周点灯

音響装置（スピーカによるサイレン音）
音響装置鳴動時，本機正面1mの位置で音量は90dB以上あり

起動装置リセットスイッチ

起動装置（ロック式）
樹脂の保護カバーを強く押せば押ボタンがONとなりサイレンが鳴動
復旧はリセットスイッチを上に押す

交流電源灯（発光ダイオード緑）
常時点灯
停電時は消灯

電池試験灯（発光ダイオード赤）

電池試験スイッチ（ノンロック式）
電池試験スイッチを押したとき，電池試験灯が点灯すれば電池は正常

認定合格証票

埋込ボックス

0.8m以上1.5m以下

床面

(a) 非常警報設備（複合型の場合）

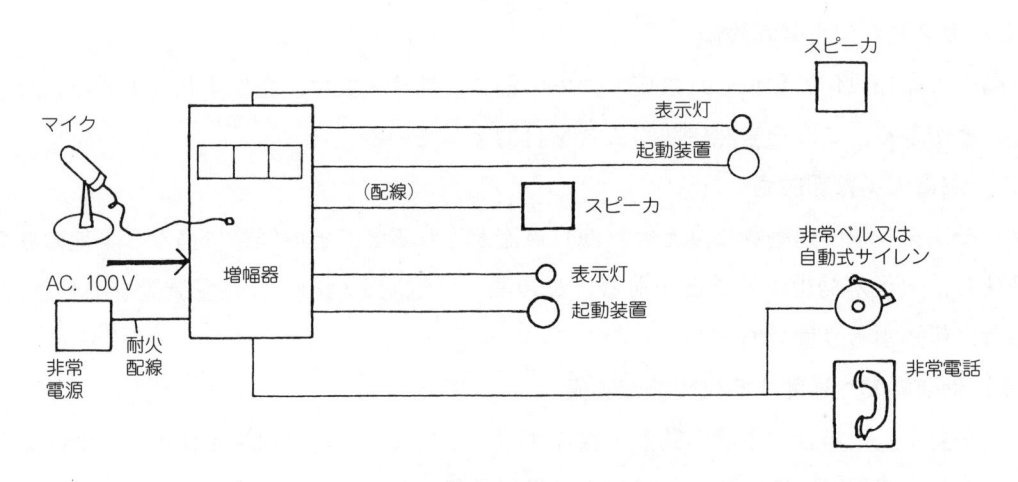

スピーカ
マイク
表示灯
起動装置
(配線)
スピーカ
増幅器
表示灯
起動装置
AC.100V
非常電源
耐火配線
非常ベル又は自動式サイレン
非常電話

(b) 非常用放送設備構成例

（出所　建築消防実務研究会編「建築消防advice 2005」）

図2-89　非常警報器具

4．5 避難設備

（1）避難器具

避難器具などについては，各種メーカによりいろいろとあり，種類も非常に多い。設置する際は施主・設計者とよく打ち合わせをする必要がある。基本的な避難器具としての**避難はしご**を図2－90に示す。

(a) 立て掛けはしご

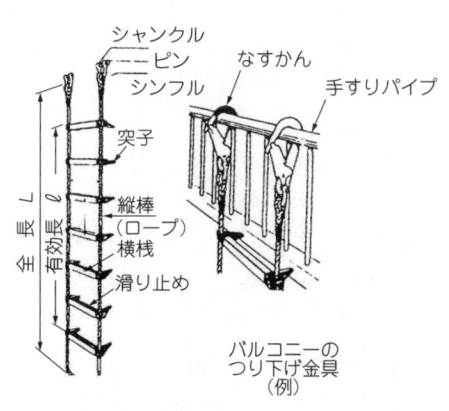

(b) つり下げはしご

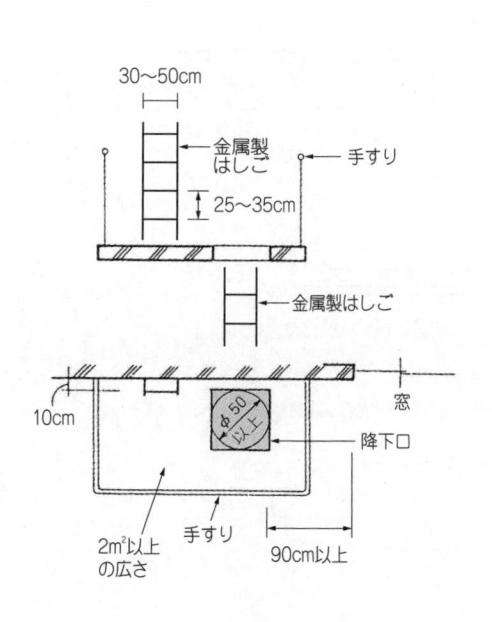

(c) 4階以上の階の固定はしご

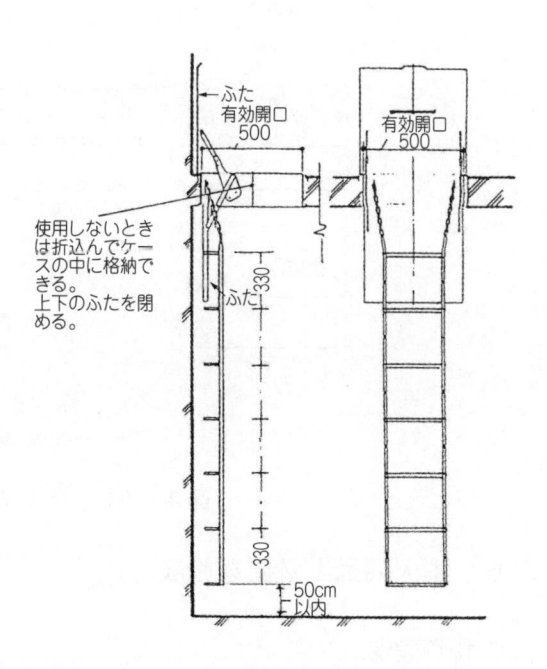

(d) つり下げはしご（折り畳み式）

（出所　建築消防実務研究会編「建築消防advice 2005」）

図2－90　避難はしごの例

（2）誘導灯及び誘導標識

　火災など災害のとき，居合わせた人々が迅速に安全に避難できるように，避難口の位置や避難の方向を誘導標示や誘導音・点滅などで示したり，避難をする通路などをはっきり照らし出すための**誘導用照明設備**である。図2－91に誘導灯の具体例を示す。

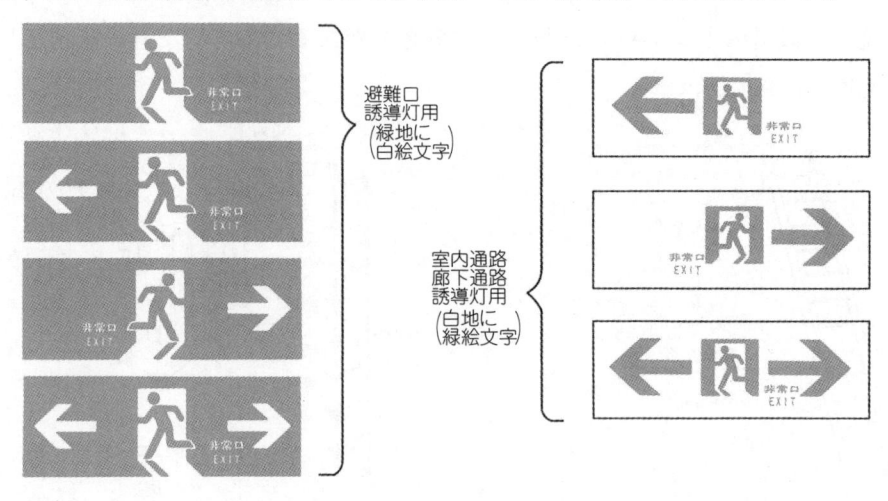

(a)　誘導灯

(b)　取付け例

（出所　建築消防実務研究会編「建築消防 advice 2005」）

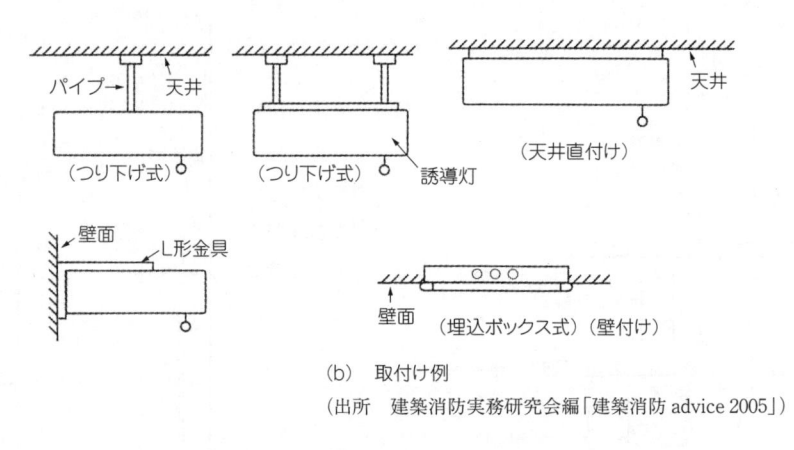

図2－91　誘導灯及び取付け例

4．6　消火活動上必要な施設

（1）排煙設備

　火災発生の際，火災の煙，ガスなどは人命に危険を与えると同時に避難活動・消火活動を困難にする。屋外に排出させることにより二次的被害を防止し，人命の安全を確保することが目的である。

排煙方式には，「**機械式（排煙機を用いて強制的に排煙を行う方式）**」と「**自然排煙（直接外気に接する開口部から自然に排煙を行う方式）**」の２種類がある。排煙設備の参考図を図２−92に示す。

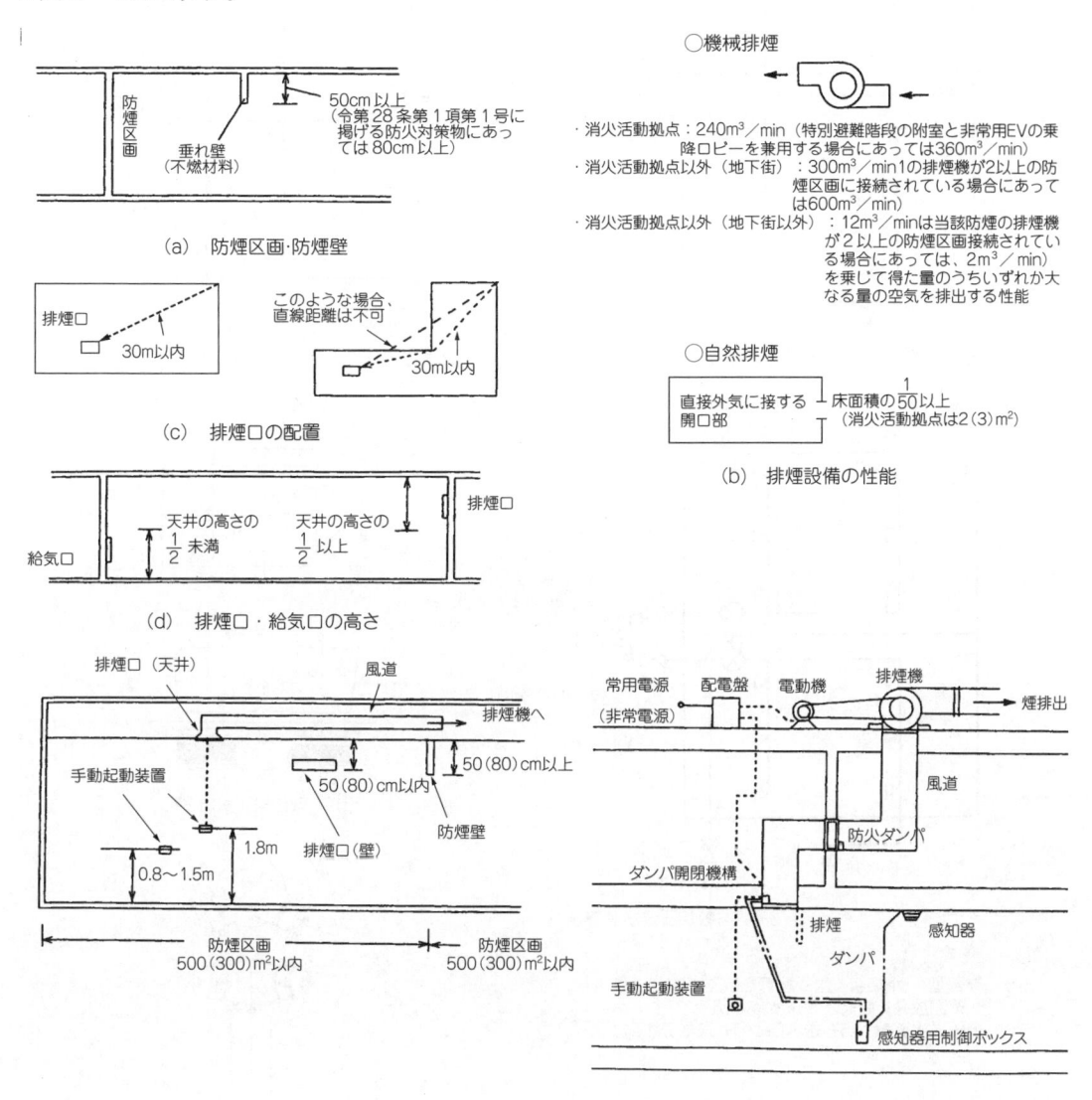

図２−92 排煙設備の参考図

（２）連結散水設備

火災が発生し消防隊が消火活動する際，外部から消防ポンプ自動車により建物内に送水し，消防隊が内部で有効な消火活動が行えることを目的とした設備である。参考図を図２−93に示す。

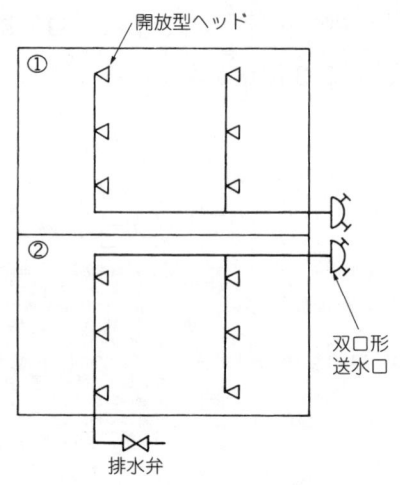

(a) 送水区域①,②ごとに専用の送水口を設けた例

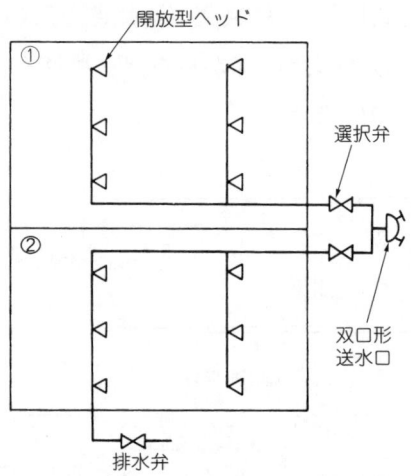

(b) 送水区域①,②に兼用の送水口を設けた例

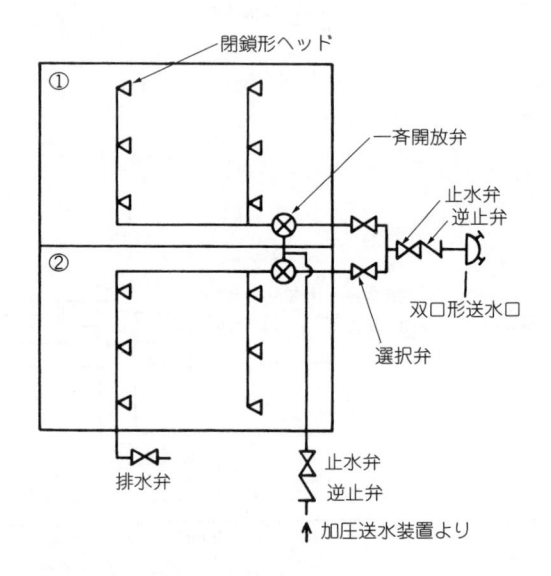

(c) 閉鎖型ヘッドによる湿式配管をし,選択弁により
一斉開放弁を起動させ送水する例
加圧送水装置からも送水口からも送水できる。

(d) 双口形送水口（例）

(e) スタンド型双口形送水口（例）

（出所　建築消防実務研究会編「建築消防advice 2005」）

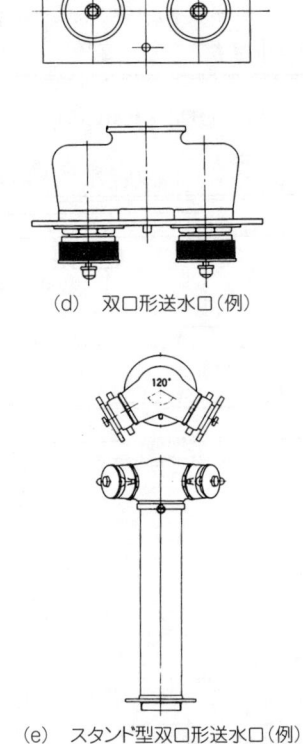

図2-93　連結散水設備の参考図

（3）連結送水管

火災が発生し，通常のポンプ自動車によって放水消火できない**高層建築物**において，外部から消防ポンプ自動車により送水し，**消防隊が内部で有効な消火活動が行えること**を目的とした設備である。参考図を図2－94に示す。

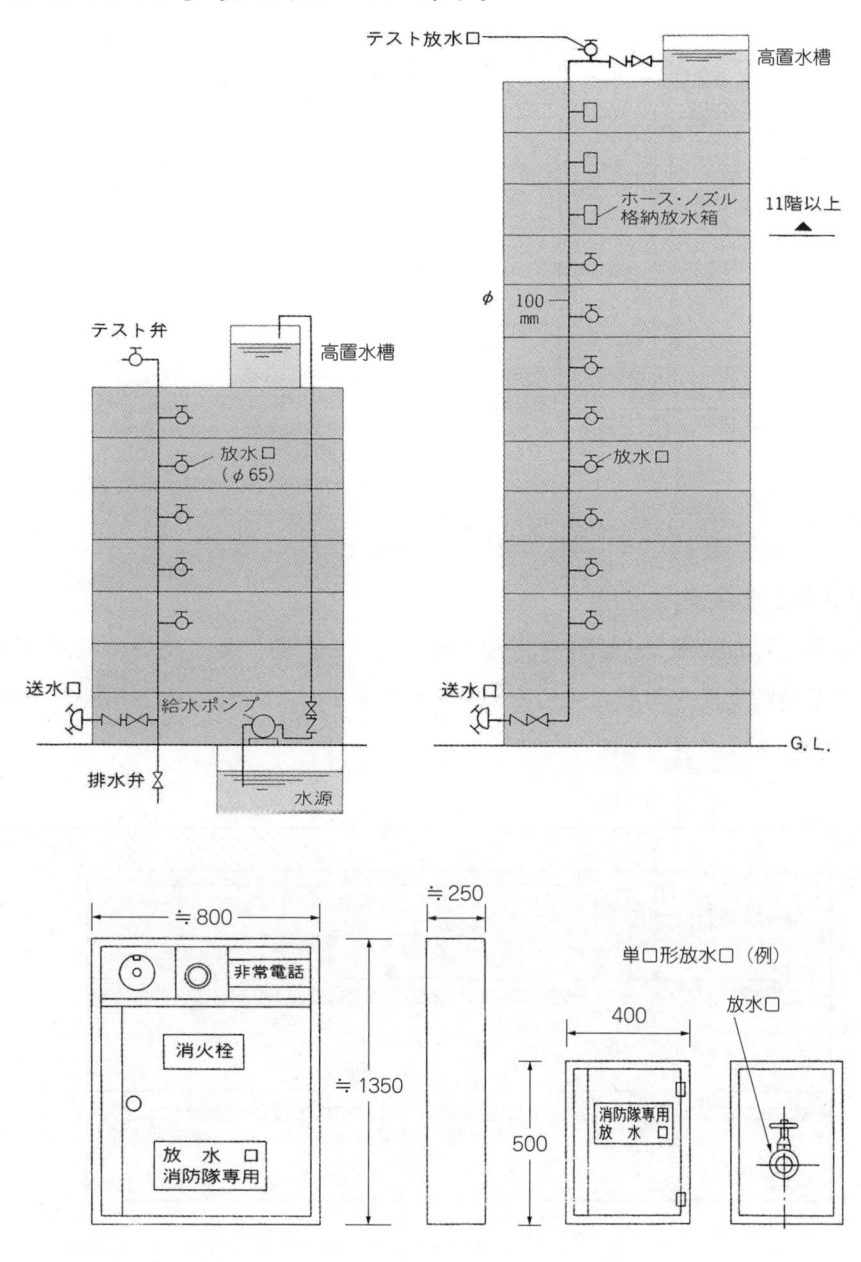

（出所　建築消防実務研究会編「建築消防advice 2005」）

図2－94　連結送水管設備の参考図

（4）非常コンセント設備

　火災中に建物内で消防隊が電動工具などを使用せざるを得ない場合がある。このような理由で**地階を除く11階以上の建築物**には，非常コンセントの設置が義務付けられている。保護箱を図2－95に示す。

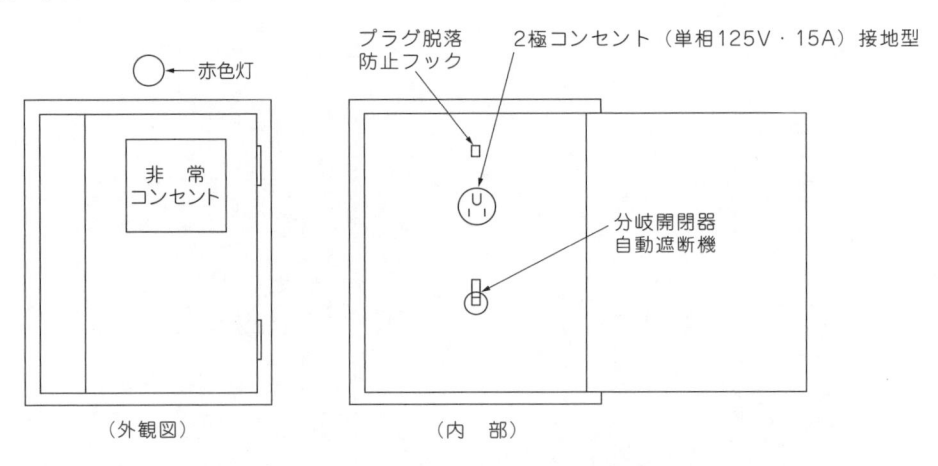

　　　　　図2－95　非常コンセント設備の保護箱の参考図

（出所　建築消防実務研究会編「建築消防advice 2005」）

（5）無線通信補助設備

　地下街を対象とした設備で，消防隊が地下街に進入した際，地下街では電波の特性が弱い。**無線による情報交換を可能にする**ための設備である。構成図を図2－96に示す。

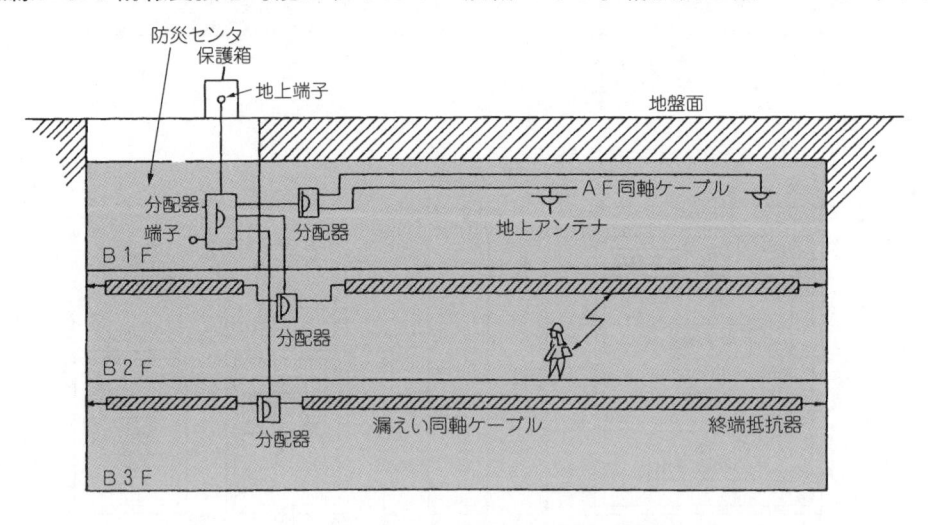

（出所　建築消防実務研究会編「建築消防advice 2005」）

　　　　　図2－96　無線通信補助設備の構成図

第5節 ガス設備

ガスは給湯設備，厨房設備及び空調設備の熱源機器のエネルギー源に用いられる。

5.1 ガスの種類

(1) 都市ガス

都市ガスは，石炭系，石油系及び天然ガス系に大別される。都市ガスはガス事業法に基づき，ガス事業者から導管により供給される。種類は，使用する原料，設備などの種類・燃焼性の違いから，全国の都市ガスを7グループ（LPGを除く）・13種類に分類している（表2-12）。5AN（19.3MJ/m^3）は天然ガスを空気により希釈したガスをいう。

表2-12 ガス事業法の都市ガスグループ

ガスグループ	従来のガス種類	標準発熱量（MJ/m^3）
13A	13A	41.860～46.050
12A	12A	37.670～46.050
6A	6A	29.300
5C	5C	18.837225～20.93025
L1	7C・6B・6C	17.580～20.930
L2	5A・5B・5AN	17.580～20.930
L3	4A・4B・4C	15.06978～18.837225

都市ガスの供給圧力は，高圧，中圧，低圧に区分されている。都市ガスの供給システムを図2-97に示し，戸建住宅のガス配管の概念図を図2-98に示す。

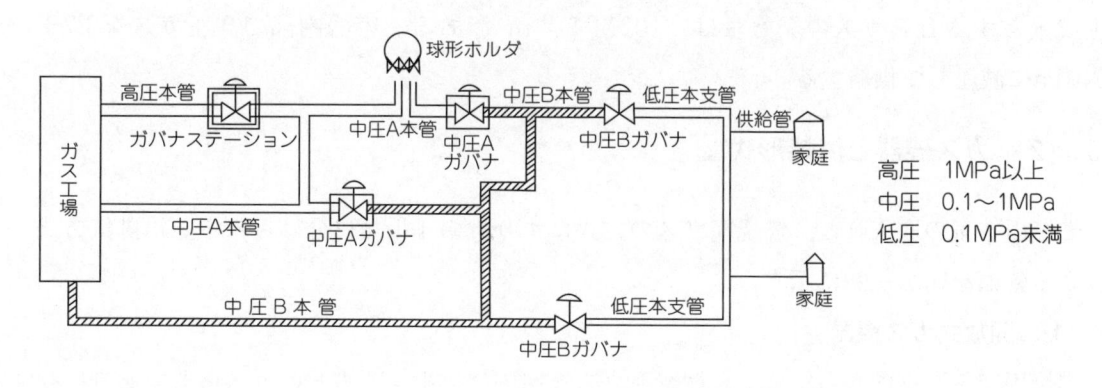

（出所 空気調和・衛生工学会編「給排水・衛生設備の実務の知識」）

図2-97 都市ガス供給システム

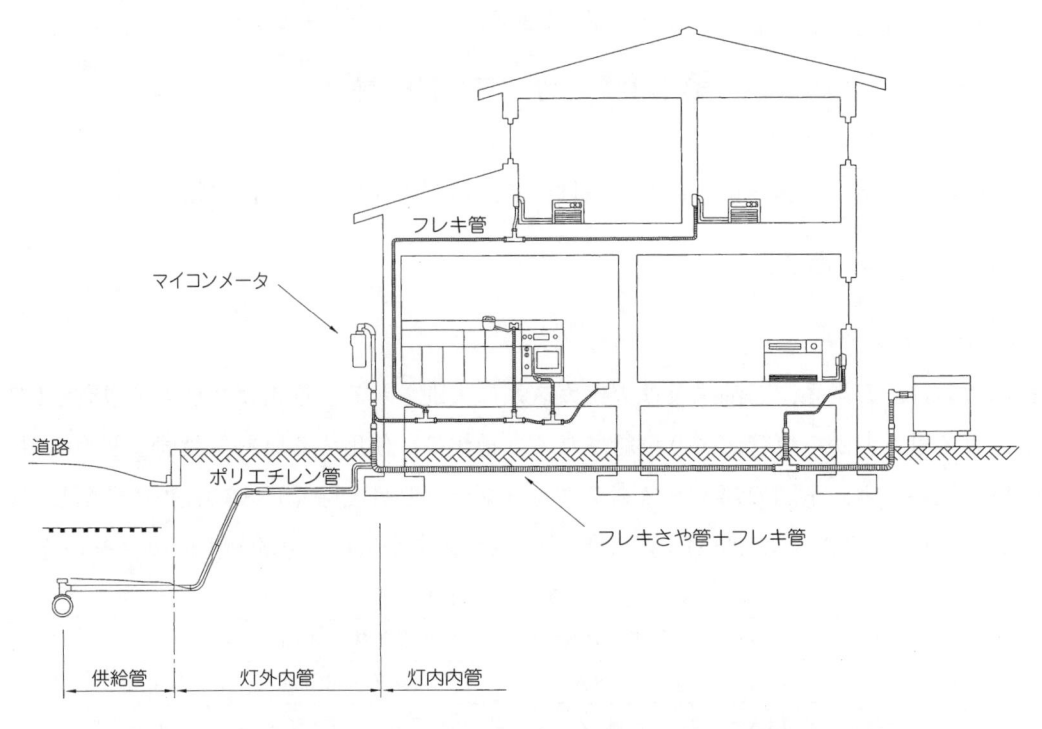

（出所　東京ガス㈱リビング技術部編「ガス設備とその設計」）

図2－98　戸建て住宅のガス配管の概念図

（2）LPガス

LPガス（Liquefied Petroleum gas）は，液化石油ガスを意味し，プロパンガス，ブタンガスなどの総称である。

LPガスは加圧液化されたものを高圧ボンベに充てんして，各戸に供給される。そして，都市ガスは空気より軽いのに対し，LPガスは空気より重い性質がある。プロパンガスを主成分とするLPガスの発熱量は，102MJ／m^3である。容器内部の高圧ガスを2.7±0.5kPaに減圧して供給する。

5．2　ガス機器と燃焼形式

燃焼用空気の取入れと，燃焼廃ガスの方式により次の4種類に分けられる。給排気方式による分類を図2－99に示す。

（1）開放式ガス機器

燃焼用空気を室内から給気し，燃焼廃ガスを室内に排出する方式のガス機器であり，換気（外気取入れ・燃焼廃ガスの排気）に注意する必要がある。調理用ガスレンジ，小型ストーブ，小型瞬間式湯沸器がこの形式である。

(2) 半密閉式ガス機器

燃焼用空気を室内から給気し，燃焼廃ガスを排気筒で屋外に排出する機器であり，自然換気による**自然排気式（ＣＦ式：Conventional Flue）**と，排気ファンによる**強制排気式（ＦＥ式：Forced Exhaust）**がある。

半密閉式ガス機器を設置するときは，排気筒と吸気口の正しい施工が求められる。

(3) 密閉式ガス機器

燃焼用空気を屋外から給気し，燃焼廃ガスを排気筒で屋外に排出する機器であり，自然換気による自然給排気式（ＢＦ式：Balanced Flue）と，給排気ファンによる強制給排気式（ＦＦ式：Forced Draft Balanced Flue）がある。

(4) 屋外型ガス機器

屋外型ガス機器（ＲＦ式：Roof top Flue）は，機器本体を屋外に設置して，屋外で給気するものである。室内への排気の流入や，建物の可燃材料などに注意する必要がある。

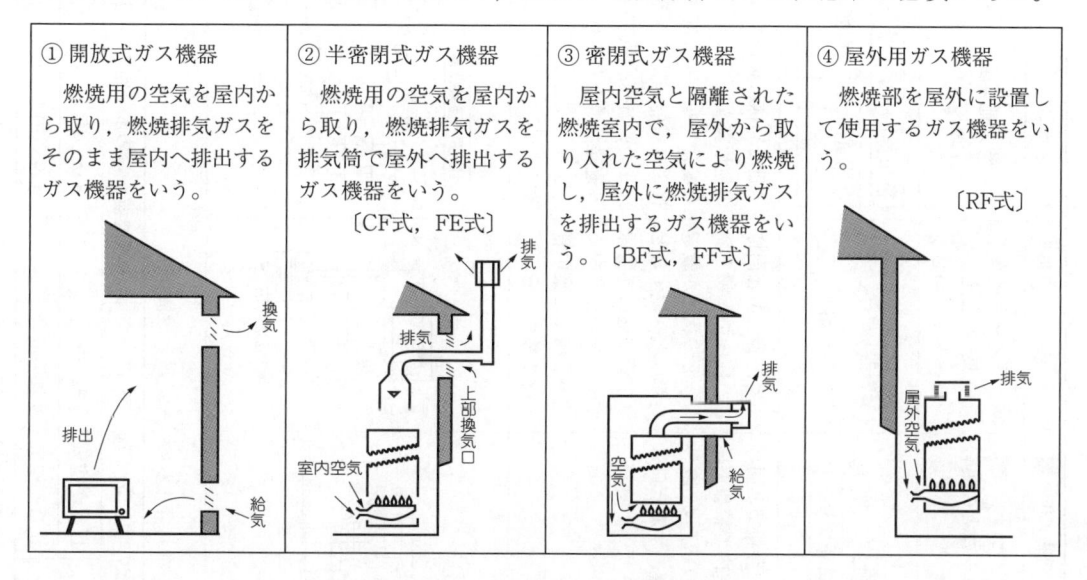

図2－99 給排気方式による分類

5．3 ガス漏れ警報設備

ガス設備の保安対策として，表2－13に示すような**ガス漏れ警報設備**を設置する。使用するガスの比重が空気より軽い場合は燃焼器具の上方に，重い場合は下方に設置する。

表2-13 ガス漏れ警報設備の分類

(a) ガス漏れ警報設備(都市ガス設備の場合)

		室内警報型	戸外警報ブザー型	集中管理システム		マイコン制御連動型	業務用自動ガス遮断装置
		I 戸建住宅	II アパート・マンションなどの集合住宅	III マンションなどの集合住宅、デパートなどのビル	IV 特定地下街など・特定地下室など	V マイセーフ付きメータ設置需要家	VI 業務用需要家
対象							
組合せ		警報器	警報器 + 戸外警報ブザー	警報器 + 集中管理盤	警報器 + 集中管理盤 + 音声警報装置 / 非常電源装置	警報器 + マイコン制御付きメータ	警報器 + 操作盤 + 自動遮断弁
警報方式		警報設定濃度(爆発下限界の1/4以下)に達すると赤ランプが点灯し、その状態が20秒以上継続するとブザーが鳴る。	室内警報型と同様に、室内で警報を発しその状態が40秒以上継続すると戸外警報ブザーが鳴る。	室内警報型と同様に、室内で警報を発し、その状態が設定時間以上継続すると集中管理盤にて警報する。また、室内で電源を切ると集中管理盤で警報する。	IIIと同様に動作する。その他地震などにより停電した場合でも、非常電源装置により機能維持できる。また、音声警報装置により避難誘導などを行える。	室内警報型と同様に、室内で警報を発し、その状態が1分以上継続するとマイコン制御付きメータが遮断する。	室内警報型と同様に、室内で警報を発し、その状態が1分以上継続すると自動遮断弁が遮断する。
概念図							

(b) ガス漏れ警報器の検知区域と設置条件

ガ ス の 種 類		燃焼器からの水平距離	検知器の取付け高さ
都市ガス	比重が空気より軽い場合	8 m 以内	天井面などの下方 0.3 m 以内
	比重が空気より重い場合	4 m 以内	床面の上方 0.3 m 以内
LPガスの場合		4 m 以内	床面の上方 0.3 m 以内

第6節 電気設備

　電気設備は，電力会社から送られてきた電気を受けて，電気をエネルギー源として使用する機器に供給し，日常の生活の場を快適に，便利に，安全に行動できるように設ける設備で，居住において欠かすことができない。

　電気は**発電所**から**送配電線**を経て，人間が使用する**機器**や**コンセント**まで配線によって結ばれている。過負荷や短絡（ショート），漏電により火災事故や感電事故などの危険が常にあり，十分な知識と慎重さが求められる。

　図2-100に発電所から建物までの電気供給経路の概念図を示し，図2-101に工事別分類を示す。

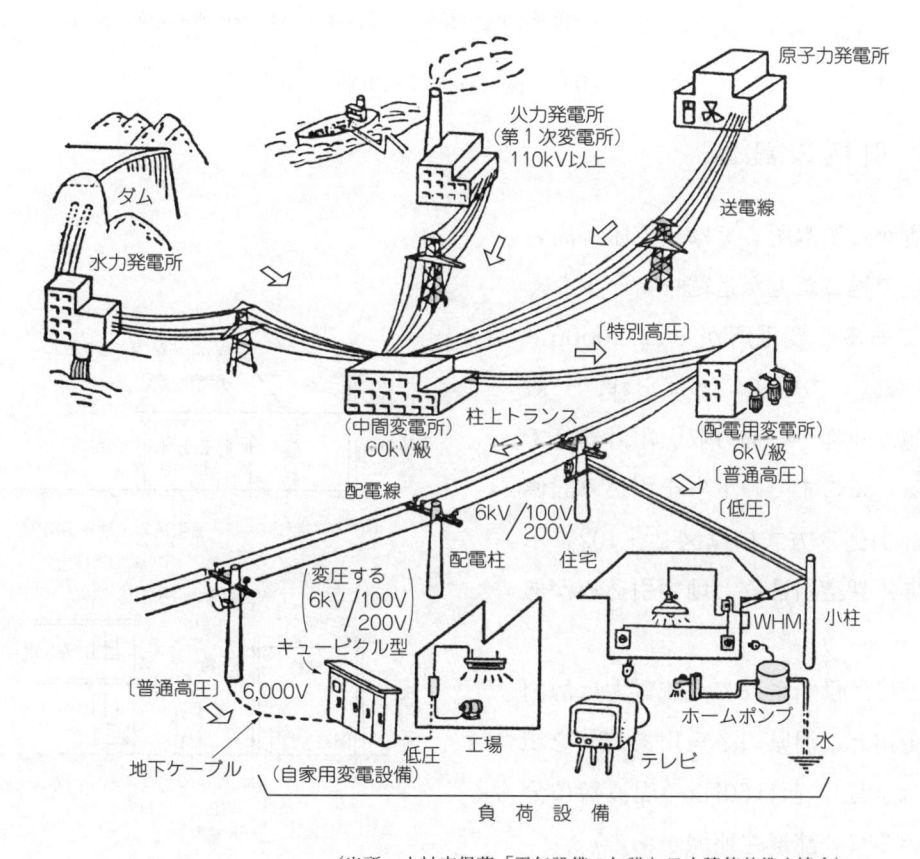

（出所　中村守保著「電気設備の知識」日本建築整備士協会）

図2-100　発電所から建物までの電気供給経路の概念図

図2-101　電気設備の工事別分類図

6.1　引込み設備

　発電所から変電所までは，電圧が高い特別高圧で送った方が送電ロスが少なく経済的である。変電所からは，6600V（三相3線式）の電圧に下げられ，一般家庭や施設建物への電力取引用計器まで送られる。ここまでの工事を**引込み設備**という。引込み方式には図2-102に示すように，**架空引込み**と**地中引込み**がある。

　日本では，供給される交流電力は静岡県の富士川と新潟県の糸魚川あたりを境に，東は50Hz，西は60Hzの周波数に分かれている（一部混在地域がある）。

　供給電圧の種類を表2-14に示す。一般家庭では交流単相2線式100Vを使用することもあるが，大容量の電化製品の

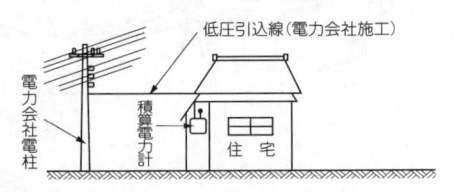

(a) 架空引込み；一般引込み（住宅・店舗）

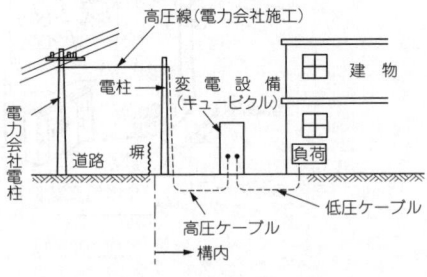

(b) 地中引込み；自家用施設（高圧受電）

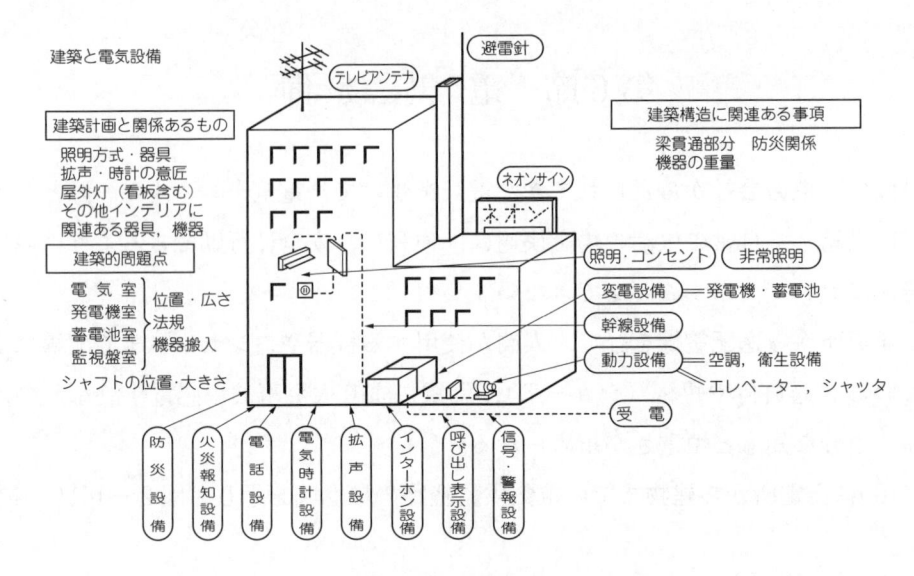

（出所　中村守保著「電気設備の知識」日本建築整備士協会）

図2-102　引込み設備の方式

普及により単相3線式100／200Vが一般的である。図2－103に，単相2線式100Vと多相3線式100V及び200Vの結線図を示す。

表2－14　供給電圧の種類
（電気設備に関する技術基準を定める省令第3条）

	直流	交流
低圧	750V以下	600V以下
高圧	750Vを超え7000V以下	600Vを超え7000V以下
特別高圧	7000Vを超えるもの	7000Vを超えるもの

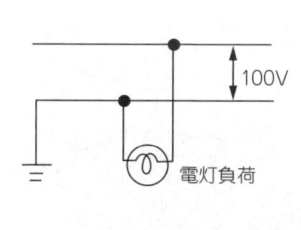

(a) 単相2線式100V

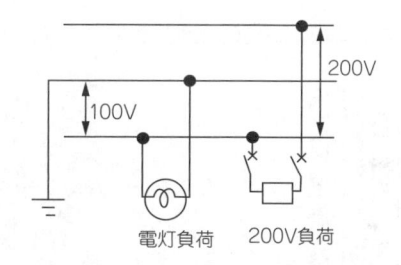

(b) 単相3線式100V及び200V

（出所　空気調和・衛生工学会編「空気調和衛生工学便覧」）

図2－103　結線図

6.2　受変電設備

一般のビルにおいては多量の電力を供給しなければならない。そのためにビル側で**受変電設備**を設ける必要がある。規模や用途，機器などにより様々な形に設定し低圧回路を作り上げていくが，受変電設備の形式には，フレームで組み立てる**オープン方式**と機器をすべてセットした**キュービクル方式**がある（図2－104）。

(a) オープン方式

(b) キュービクル方式

（出所　奥野浩良著「建築電気設備」(株)朝倉書店）

図2－104　受変電設備

平成9年（1997年）12月に開催された地球温暖化防止京都会議（COP3）以降，地球環境対策への要望がますます強まってきた。そのための受変電設備機器の省エネルギー対策として，高効率の機器が採用されている。

また，大規模建物では負荷側の400V配電の採用も進展している。

6.3 監視制御設備

電灯，動力，電源設備（情報や防災も含む）など遠方操作及び監視制御を行う設備で，1か所で集中監視するものを**中央監視設備**という（図2－105）。最近ではコンピュータを導入し，プログラム制御監視と記録などを行い省力化がなされている。

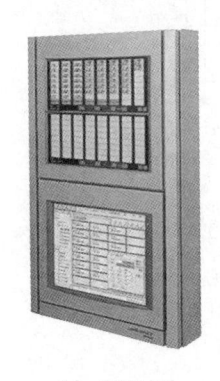

(a) 壁掛け型　　　　　　　　　　(b) 自立型・デスク型

（出所　独立行政法人製品評価技術基盤機構「第一種電気工事士定期講習テキスト」）

図2－105　中央監視設備

6.4 非常用発電設備

停電した場合，消防法に定める**「非常電源」**，建築基準法でいう**「予備電源」**として，防災用設備，保安電力の確保を目的として設置される。発電機は，ディーゼル機関，ガスタービン機関駆動による三相発電機が多く使用される（図2－106）。

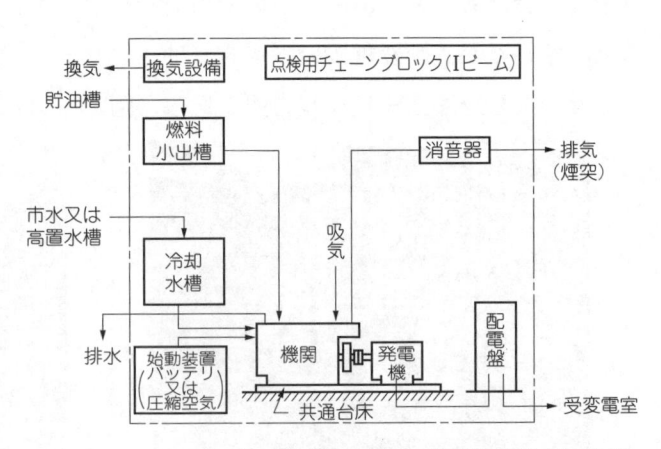

（出所　奥野浩良著「建築電気設備」(株)朝倉書店）

図2－106　非常用発電設備の構成例

6.5 蓄電池設備

非常用として，非常照明，誘導灯及び防災設備として法的に設置が義務付けられている。また非常用発電設備までのつなぎ用電源としても使用され，コンピュータなどの重要機器の電源として，自衛上設置されている（図2－107）。

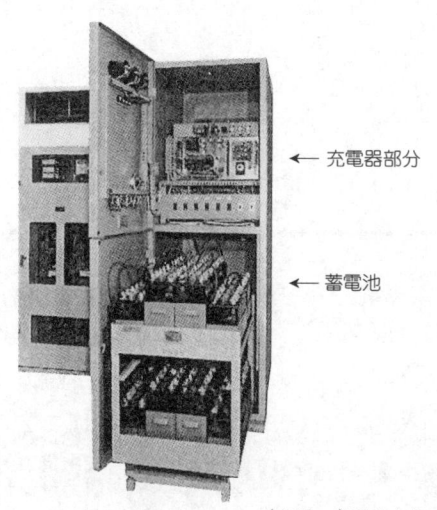

← 充電器部分

← 蓄電池

（出所　奥野浩良著「建築電気設備」（株）朝倉書店）

図2－107　蓄電池装置

6.6 幹線設備

動力設備や照明設備など，電力を消費する設備を**負荷設備**といい，負荷設備にまとめて電力を供給する配線を**幹線**という。幹線から，各負荷設備に系統分けした配線を**分岐回路**という。

電力市場の概要は表2－15のようになっている。一般家庭では，基本料金と電力量料金から構成される従量電灯の契約が多いが，安価な夜間電力による電気温水器を使用する住宅では時間帯別電灯や深夜電力で契約することがある。建物で使用される負荷設備の容量を考慮して，契約アンペア（A）を決定する。

太陽光発電システムが一般家庭で利用されることがある。これは多結晶の太陽電池を屋根面に配置して，太陽光により発電を行い，得られた直流電力を変換し，住宅の電力需要に当てるシステムである（図2－108）。日射量が得られないときには電力会社から買電し，逆に余剰電力は電力会社に売電することができる。

表2-15　電力市場の概要

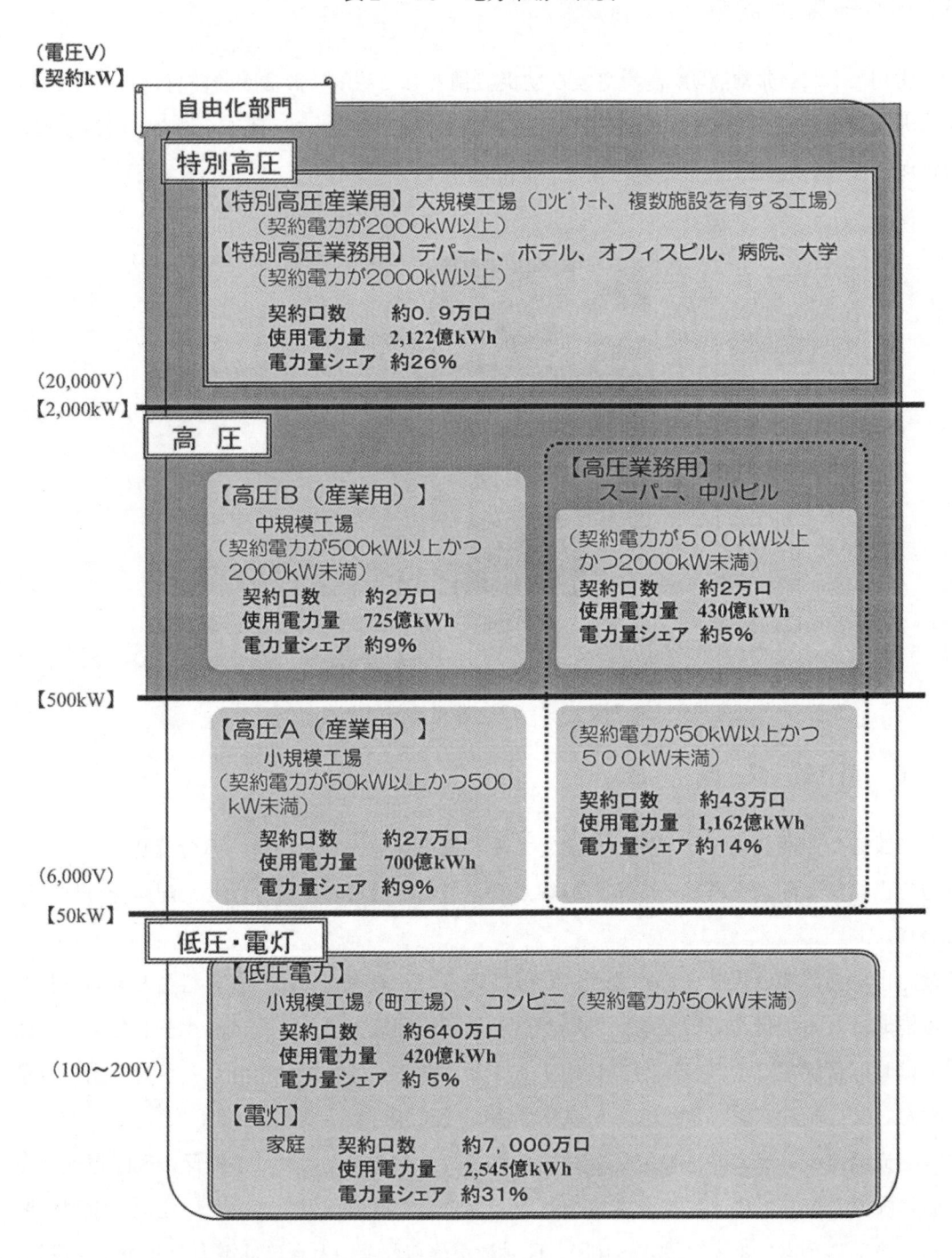

(電圧V)
【契約kW】

自由化部門

特別高圧

【特別高圧産業用】大規模工場（コンビナート、複数施設を有する工場）
（契約電力が2000kW以上）

【特別高圧業務用】デパート、ホテル、オフィスビル、病院、大学
（契約電力が2000kW以上）

契約口数　　約0.9万口
使用電力量　2,122億kWh
電力量シェア　約26％

(20,000V)
【2,000kW】

高　圧

【高圧B（産業用）】
中規模工場
（契約電力が500kW以上かつ2000kW未満）
契約口数　　約2万口
使用電力量　725億kWh
電力量シェア　約9％

【高圧業務用】
スーパー、中小ビル
（契約電力が500kW以上かつ2000kW未満）
契約口数　　約2万口
使用電力量　430億kWh
電力量シェア　約5％

【500kW】

【高圧A（産業用）】
小規模工場
（契約電力が50kW以上かつ500kW未満）
契約口数　　約27万口
使用電力量　700億kWh
電力量シェア　約9％

（契約電力が50kW以上かつ500kW未満）
契約口数　　約43万口
使用電力量　1,162億kWh
電力量シェア　約14％

(6,000V)
【50kW】

低圧・電灯

【低圧電力】
小規模工場（町工場）、コンビニ（契約電力が50kW未満）
契約口数　　約640万口
使用電力量　420億kWh
電力量シェア　約5％

【電灯】
家庭　契約口数　　約7,000万口
　　　使用電力量　2,545億kWh
　　　電力量シェア　約31％

(100〜200V)

（出典）電気事業便覧及び電事連調査
（注1）口数などは，H13年度調査での数値
（注2）沖縄電力の自由化の範囲は2,000kW，20,000V以上

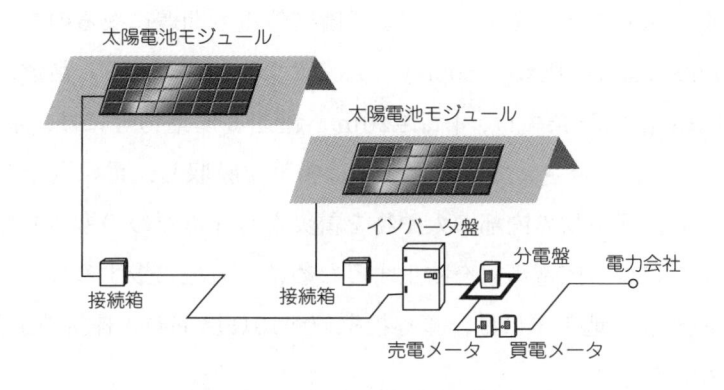

図2−108　太陽光発電システム

6.7　電気工事

　電気は，普通，電柱から架空の引込み線で各家庭へ供給される。引込線取付け点が電気事業者と需要家との**保安責任・財産の分界点**[*1]になる。高圧架空引込みでは，高圧引込みケーブルは需要家が施設し，配電線に接続する。この接続点が財産分界点となる。

　地中引込みは，断路器の1次側端子が財産分界点となる。需要家の電気工事は，電気工事士法に定められた有資格者の電気工事士が施工する。引き込まれた電気配線は**電力量計**を経由して，分電盤に供給される。図2−109に示すように，分電盤には**アンペアブレーカ**[*2]，**漏電遮断器，配線用遮断器（安全ブレーカ）**が直列に設置される。配線用遮断器からは，各負荷系統に並列に配線が行われ，使用機器の過電流，2線間のショート（短絡）など異常が生じたとき自動的にスイッチが切れ電流を止める。漏電遮断器は**漏電**[*3]のとき0.1秒以下で作動する。配線用遮断器は，負荷系統で過大な電流が流れたときに作動する。いずれもヒューズなしのノーヒューズブレーカである。

　一般ビルの場合は，高圧受電盤，変圧器，低圧配電盤類で構成される。受電設備により低圧回路を作りあげている。

[*1] **保安責任の分界点**：高圧引込線において，電力会社と自家用高圧受電設備との保安責任の区分点をいう。保安責任の分界点は，一般的には"財産分界点"と一致するが，施設形態によって異なる場合がある。
[*2] **アンペアブレーカ**：西日本・四国地方ではアンペアブレーカを使用せずに，主開閉器と漏電遮断器を用いるほか，過電流素子付漏電遮断器を用いる。
[*3] **漏電**：屋内配線や電気器具の絶縁不良により，電路以外に電流が流れること。

コンピュータを利用するとき落雷などによる瞬時停電も問題になるので，**無停電電源装置**（ＵＰＳ：Uninterrupted Power Supply）を設置することがある。**雷撃**による**災害防止**のために，建築基準法第33条では，「高さ20mを超える建築物等には，有効な**避雷設備**（**避雷針**）を設ける」と規定されている。これは雷撃を吸収し，雷撃電流を安全に大地に放流することにより，建築物の内部の人や物を雷災から守るためのものである。

さらに，漏れ電流による感電事故を防止するために，大地に接するように配線を行うことを**接地工事**という。接地工事には，接地抵抗値が10Ω以下のＡ種接地工事，100Ω以下のＤ種接地工事などがある。

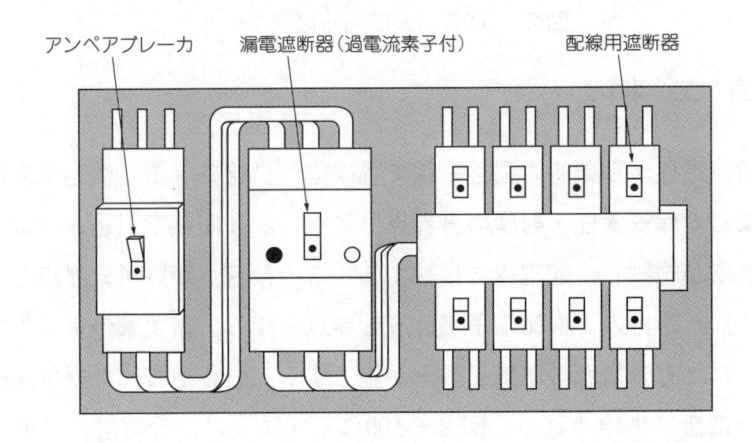

図2－109　分電盤の例

(2) **配線・配管材料**

屋内配線で用いられる電力用の絶縁電線の種類を表2－16に示す。

表2－16　電力用の電線の種類

種　類	略　号	用　途	特　徴	JIS規格
600Vビニル絶縁ビニルシースケーブル	VV	600V以下の電気回路用	丸形（VVR）と平形（VVF）	C 3342
600Vポリエチレン絶縁耐燃性ポリエチレンシースケーブル	EM	600V以下の電気回路用	平形（EEF）環境調和型	C 0303
架橋ポリエチレン絶縁ビニルシースケーブル	CV（CVT）	低圧及び高圧の電気回路用	VVより許容電流が多い。	C 3605　C 3606

絶縁電線の許容電流を表2－17に示す。

表2－17　低圧屋内配線の許容電流

低圧屋内配線の電流値	低圧屋内配線の太さ	
定格電流が15A以下の過電流遮断器で保護されるもの	直　径	1.6mm
定格電流が15Aを超え20A以下の配線用遮断器で保護されるもの		
定格電流が15Aを超え20A以下の過電流遮断器で保護されるもの	直　径	2mm
定格電流が20Aを超え30A以下の過電流遮断器で保護されるもの	直　径	2.6mm
定格電流が30Aを超え40A以下の過電流遮断器で保護されるもの	断面積	$8mm^2$
定格電流が40Aを超え50A以下の過電流遮断器で保護されるもの	断面積	$14mm^2$

絶縁電線を保護するために，電線管にケーブルを通すこともある。電線管などの配管材料については，電気用品安全法で材料，構造，寸法，性能などが規定されている。電線管には，次の種類がある。

①　鋼製電線管（JIS C 8305）
②　硬質塩化ビニル電線管（JIS C 8430）
③　金属製可とう電線管（JIS C 8309）
④　合成樹脂製可とう電線管（JIS C 8411）

配線器具には，スイッチ類及びコンセント類がある。

6．8　コンセント設備

コンセントの選定は分岐回路の種類及び負荷の種類に応じて表2　18のように選定する。またコンセントの数は，住宅の場合において標準的な施設数は内線規程において表2－19のように定めている。

一般事務室の場合においては平均すると約10～20m^2に2口コンセントを1個の割合で設けている例が多いが，ＯＡ室などではフロアダクトやフリーアクセスフロアで対応しており5m^2に1個の割合で対応している。

表2—18　コンセントの標準選定例

分岐回路 用　途		15A	20A配線用遮断器 （備考）2．参照		30A	備　考
単相 100V	一　般	⏻ 125V　15A	⏻ 125V 15A	⏻ 125V 20A		1）⊖の差し込み穴は，2個同一寸法であることから，接地側極を区別するときは注意すること。 2）表中，太い線で示した記号は，接地側極として使用するものを示す。 3）表中，白抜きで示した記号は，接地極として使用するものを示す。
	接地極 付き	⏚ 125V　15A	⏚ 125V 15A	⏚ 125V 20A		
単相 200V	一　般	⊖ 250V　15A	⊖ 250V 15A	⊖ 250V 20A	⏻ 250V　30A	
	接地極 付き	⏚ 250V　15A	⏚ 250V 15A	⏚ 250V 20A	⏚ 250V　30A	
三相 200V	一　般	⊖ 250V　15A	⊖ 250V 15A	⊖ 250V 20A	⊖ 250V　30A	
	接地極 付き	⏚ 250V　15A	⏚ 250V 15A	⏚ 250V 20A	⏚ 250V　30A	

［備考］
1．本表は標準的なコンセントの選定例を示したものである。
2．20A配線用遮断器分岐回路に，電線太さ1.6mmのVVケーブルなどを使用する場合には，原則として，定格電流が20Aのコンセントを施設しないこと。
3．単相については，250V・30Aを除いて接地極付きコンセントを使用すれば，接地極付き及び一般いずれのプラグも挿入可能である。
4．空欄については，電気機械器具を配線に直接接続して使用するか，他のコンセントと誤用のないように使用すること。
5．表に記載のないコンセントを使用する場合は，他のコンセントと誤用のないようにすること（電気用品取締法，JIS C8303又は日本配線器具工業会規格などにより適切なものを選択する。）。
6．単相100V用として，プラグの抜け防止のできる抜け止め式コンセント（◎，⊙125V・15A）がある。

（出所　（社）日本電設工業協会編集出版委員会編集専門委員会「新編・新人教育―電気設備」（社）日本電設工業協会）

表2—19　住宅におけるコンセント数

部屋の広さ（m²）	望ましい施設数
5（3畳）	2以上
7（4.5畳）	2以上
10（6畳）	3以上
13（8畳）	4以上
17（10畳）以上	5以上
台　　　所	4以上

［備考］
1．コンセントは，1口でも，2口でも，さらに口数の多いものでも1個とみなす。
2．コンセントは，2口以上のコンセントを施設するのが望ましい。
3．大型電気機械器具の専用コンセント及び換気扇，サーキュレータ，電気時計などの壁上部に取り付ける専用のコンセントは含まない。
4．洗面所，便所には，コンセントを施設するのが望ましい。
5．居間，台所，食堂，洗濯場などには，200V機器の使用を考慮して，200Vコンセントを施設することが望ましい。

（出所　（社）日本電設工業協会編集出版委員会編集専門委員会「新編・新人教育―電気設備」（社）日本電設工業協会）

6.9 照明設備

照明計画の目的は，視環境確保のために自然光や人工光で必要な**照度**＊を確保することである。

照明方式は，ＣＩＥ（国際照明委員会：Commission International de l'Eclairage）により，表2-20に示すように分類されている。

表2-20 照明方式

	直接照明型	半直接照明型	全般拡散照明型	半間接照明型	間接照明型
照明器具の例	正反射かさ	拡散用かさ	拡散グローブ	反射皿（半透明）	反射皿（不透明）
配光分類					
上向き光束[%]	0～10	10～40	40～60	60～90	90～100
下向き光束[%]	100～90	90～60	60～40	40～10	10～0
特徴	照明率：大 室内反射率の影響：小 設備費：小 保守費：小		照明率：中 室内反射率の影響：中 設備費：中 保守費：中		照明率：小 室内反射率の影響：大 設備費：大 保守費：大

＊照度：照らされる面の明るさを示す単位〔lx（ルクス）〕

JISでは表2-21に示すように室用途ごとの照度基準を定めている。

表2-21 事務所の照度基準（JIS Z 9110）

照度 [lx]	場所			作業
2000				設計・製図・タイプ・計算・キーパンチ
1500				
1000	事務室(a)・営業室・設計室・製図室・玄関ホール（昼間）			
750		事務室(b)・役員室・会議室・印刷室・電話交換室・コンピュータ室・制御室・診察室 電気・機械室などの配電盤及び計器盤，受付		
500	集会室・応接室・待合室・食堂・調理室・娯楽室・修養室・守衛室・玄関ホール（夜間）・エレベーターホール			
300		書庫・金庫室・電気室・講堂・機械室・エレベーター・雑作業室		
200			洗い場・湯沸し場・浴室・廊下・階段・洗面所・便所	
150				
100	喫茶室・休養室・宿直室・更衣室・倉庫・玄関（車寄せ）			
75				
50	屋内非常階段			
30				

注）(a)は細かいもの，暗色のもの，対色の弱いもの，特に高価なもの，衛生に関係のあるもの，高度を要求されるもの，作業時間の長いものなどの場合。
(b)は(a)より照度基準が低いものを示す。

屋内全般照明の照度計算は，一般に**平均照度法**により次式のように行う。

$$E = \frac{FNUM}{A}$$

ここで，

E：平均照度 [lx]　　A：床面積 [m²]
F：ランプ光束 [lm]　　N：ランプ個数
U：照明率（器具の特性表などから決定する）
M：保守率（器具のランプ光束減退や汚れなどにより補正する係数で，特性表などから選ぶ）

とする。

照明器具を光源別に分類すると，白熱灯器具，蛍光灯器具，高輝度放電灯器具に分けられる。高輝度放電灯器具は，高効率の放電灯を用いた器具で，高圧水銀ランプなど省エネルギー型の器具が多種類ある。

6．10　情報通信設備

近年の高度情報化社会は，建物の機能の上からも重要な設備であり，電気設備の分野でも急速な技術革新やサービスの多様化に伴い数々の技術が取り入れられるようになった。パソコンの出現によってＬＡＮ・ＷＡＮ・ＷＷＷ（World Wide Web）のデータ通信網，建物内の電話とデータ通信の統合化，ビル管理システム（ＢＡＳ）のオープン化など電気設備に新たな展開をもたらすようになった。

また，集合住宅や一戸建住宅においても，インターネットの映像，音楽情報を高速かつ安価で普及させる目的として，光ケーブルを各住宅まで引き込むＦＴＴＨ（Fiber To The Home）構想が総務省を中心に出され，情報社会に対応した住宅が多くなっている。

(1) ＬＡＮ・ＷＡＮ

ＬＡＮとは，Local Area Network（ローカルエリアネットワーク）の略語であり，構内情報通信網，企業内通信網と呼ばれ限られたエリア内での情報のやり取りをするための設備である（図2－110）。

ＷＡＮとは，Web Area Networkの略でワンと呼ぶ，日本国内はもとより世界全体をカバーするネットワークである。

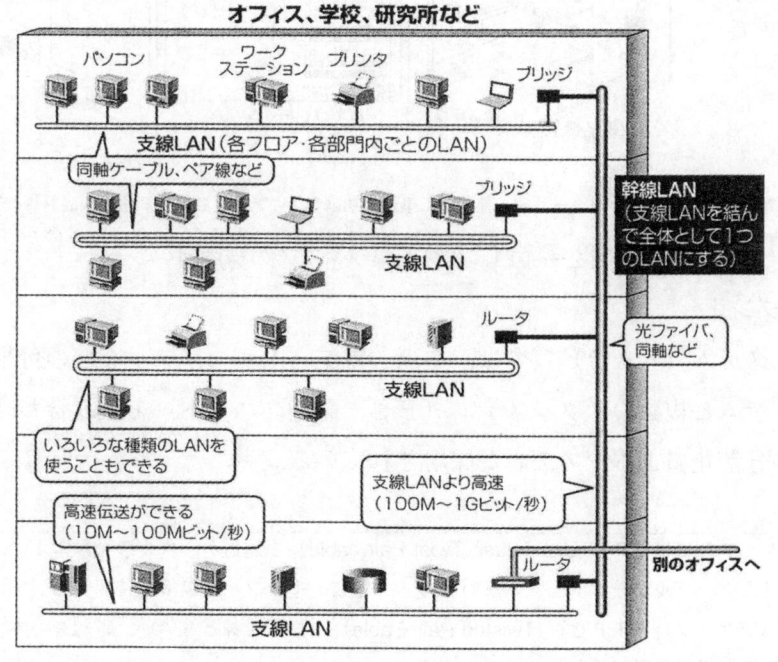

（出所　ＬＡＮのインターネット）

図2－110　ＬＡＮ設備の構成図

(2) 統合配線システム

一般に事務所では，OA機器が大量に設置され機器の電源配線，データ配線，電話配線が複雑化し，さらに機器のレイアウト変更が頻繁に発生する。「短時間に，どこからでも，しかも費用は安価に」というニーズに対応し，分岐配線にツイストケーブル（UTP）[*1]，幹線に同軸ケーブル又は光ケーブルを使用し，ビルのインフラ（基盤設備）として，あらかじめレイアウトを想定し先行配線するシステムである（図2-111）。システムとしての利点を次にあげる。

① パッチパネル（統合配線盤）によって配線替え（アドレス変更）が容易である。
② 情報系と通信系が1本のツイストペアケーブル（TPC）[*2]で配線できる。
③ 電話や端末機のアドレス変更（配線管理）が容易である。
④ 情報コンセントのモジュラージャックにプラグを差し込むだけで，機器の接続が容易である（専門業者が不要）。
⑤ OAフロア利用によって床露出配線がなくなる（環境改善）。

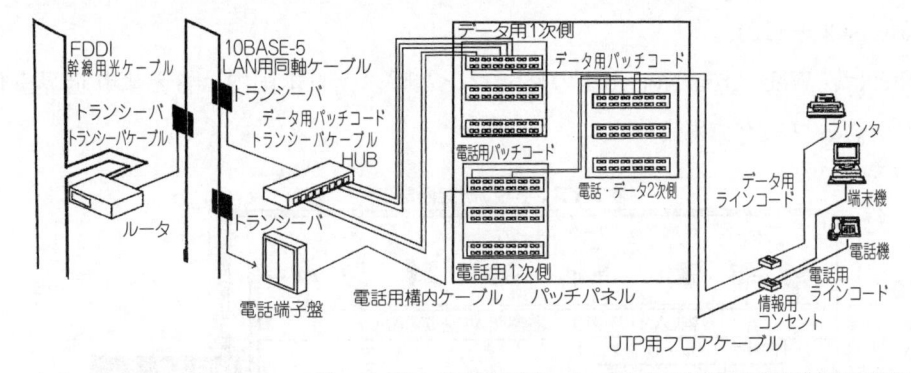

（出所 （財）電気工事技術講習センター「第一種電気工事士定期講習テキスト」独立行政法人製品評価技術基盤機構）

図2-111 統合配線システムの構成図

(3) オープン化

ビル管理システム（BAS）[*3]では，空調・電気・セキュリティなどの付帯設備を管理する中央システムと複数のサブシステム（PC，設備ユニット）を組み合わせた，管理の集中と制御の分散化によるシステムが採用されている。

[*1] ツイストケーブル（UTP）(Unshielded Twist Pair cable)：通信ケーブルの種類の1つ。線材を2本ずつより合わせたケーブルシールドしていないもの。一般家庭やオフィス環境で使用する。

[*2] ツイストペアケーブル（TPC）(Twisted Pair Cable)：撚り対線ともいい，電線を2本，対でより合わせたケーブルで，単なる平行線よりノイズの影響を受けにくい。

[*3] BAS：ビルディングオートメーションシステム（Building Autotmation System）の略。

分散された相互のデータなどの応答の通信手段としてLANが採用されており，データなどの標準化と統一化が求められている。異なったメーカとソフトウェア体系のシステム間の接続の容易性，すなわちオープン化が必要である。これらを体系化したのが，**米国での規格BACnet*プロトコル**であり，オープン化に対応したシステムとして日本でも採用された。

（4）住宅のFTTH，デジタル放送

　各家庭までの通信ネットワークをすべて光ケーブルで引き込む**FTTH機構**により，CATV又はADSL（Asymmetric Digital Subscriber Line）（図2-112）よりも高速のデータ通信（10～100Mbps）が可能で，インターネットなどの高速化が実現されている（ADSLと比較すると20倍の通信速度）。

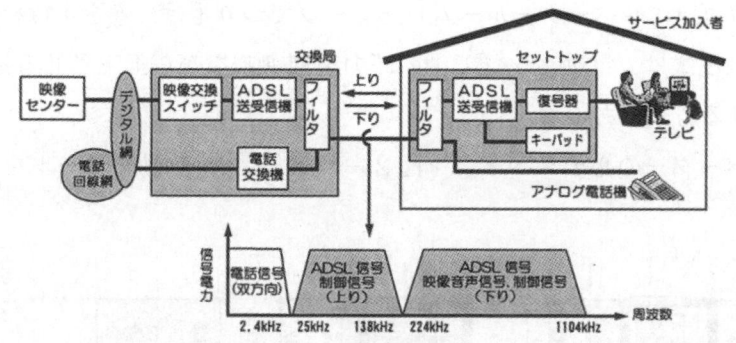

（出所　（財）電気工事技術講習センター「第一種電気工事士定期講習テキスト」独立行政法人製品評価技術基盤機構）

図2-112　ADSLの接続概念図

　一方，**地上デジタル放送**の開始により，最も身近なメディアである地上放送をデジタル化することにより，子供からお年寄りまで誰もが簡単な操作により多様な情報を入手し，活用することができるようになった。固定受信の場合は地上デジタルテレビを設置して視聴する方法と現在使用中のテレビに地上デジタルチューナーを取り付ける方法がある（図2-113）。また，地上デジタル放送の受信には，地上デジタル放送対応のアンテナが必要となる。

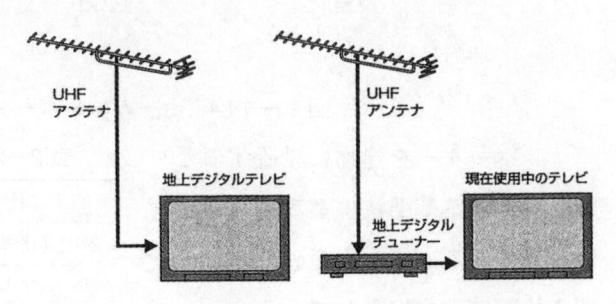

（出所　デジタル放送のインターネット）

図2-113　地上デジタルテレビの設置例

*BACnet：ASHRAE（米国暖房冷凍空調学会）の商標　オープンネットワークによる通信プロトコルの標準化。2003年ISO（国際標準化機構）規格として承認された。

第7節　その他の設備

7.1　小型乗用エレベーター設備

　搬送設備として，人が移動するためのエレベーター，エスカレーター，動く歩道，物を運ぶためのエレベーター，コンベヤ，料理を昇降するためのダムウェイタ，自動車を立体的に駐車するための機械式駐車場装置などがある。

　一般住宅でも，バリアフリーを考慮して家庭用エレベーターの設置が増えている。エレベーター（昇降機）の構造には，駆動方式により主として**ロープ式**と**油圧式**に分けられる。ロープ式は，カゴ（エレベータールーム）をロープでつり上げ，巻き上げ機で上下させる方式である。油圧式は，電動ポンプで油の圧力を制御しながら上下させる運動を基本に，カゴを昇降させる方式である。

　ホームエレベーターの必要スペースを図2－114に示し，移動スピードを表2－22に示す。

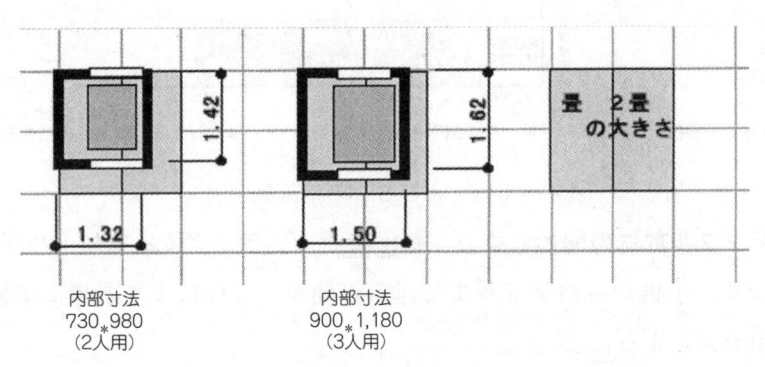

（出所　三菱ホームエレベーターホームページ）

図2－114　ホームエレベーターの必要スペース

　エレベーターを建物に設置するときには，建築基準法による確認申請が必要である。また安全のために定期点検が義務付けられている。

表2－22　ホームエレベーターの移動スピード

よく使われているエレベーターの上下移動スピード	
階段昇降機	7 m/min
ホームエレベーター	12 m/min
高層マンションなどのエレベーター	90 m/min
5～9階程度のマンションでのエレベーター	60 m/min
低層マンションのエレベーター	45 m/min

（出所　三菱ホームエレベーターホームページ）

7.2 防犯設備

防犯設備は，許可なく侵入してくる者に対する防護及び犯罪行為に対する防護を目的とした施設をいい，侵入防止，侵入に対する異常の発見，監視，警報，通報などに必要な設備の総称である。

図2-115に示すシステム構成図のような**ホームセキュリティ**を民間警備会社と契約することが多くなっている。

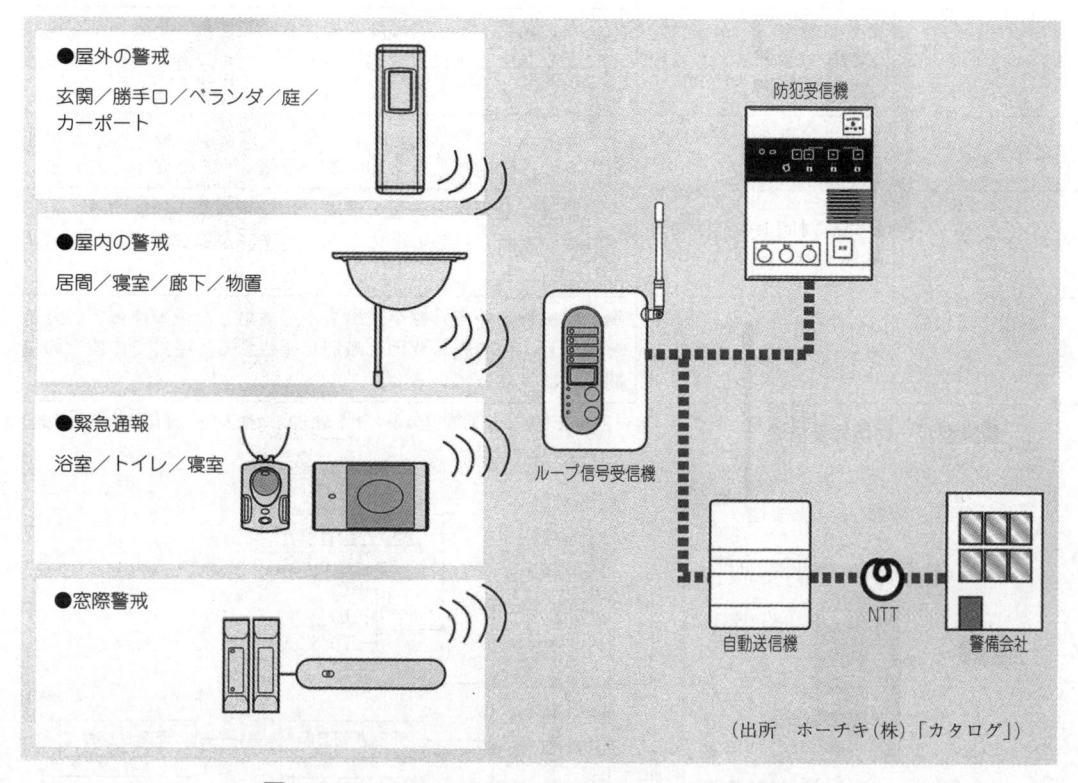

図2-115 ホームセキュリティのシステム構成図

中小ビルの防犯設備では，表2-23で示すように各種防犯センサ（検出装置や施錠装置）があり，これらを制御・監視する集中監視制御装置及び通報装置などで構成されている（図2-116）。

表2-23 各種防犯センサ

センサ名	機能	作業原理
マグネットセンサ	扉や窓の開閉状態を監視	スイッチ（リードスイッチ）部とマグネット部から構成され，マグネット部がスイッチ部に接近したり離れたりすることにより，スイッチ部内部のリードスイッチが開閉し発報する。
熱線式センサ	人体から発する熱を感知	人体から発生する放射温度の変化を感知する。小動物や空調設備による温度変化にも敏感に感応するため，外的要因による誤報に注意が必要である。
圧電素子式センサ	ガラス，壁などの破壊を感知	フィックス（はめ殺し）ガラスなどに設置し，破壊時に発生する固有の振動周波数を検知する。誤報も少なく安定している。
赤外線式センサ	赤外線対向上の遮断物を感知	投光器及び受光器で一組を構成し，投光器から発射する一定の赤外線が遮断されることにより，受光器が異常と判断し発報する。
炎センサ	火災の炎をとらえ感知	炎が出す特定の赤外線を検出する。検出した炎のゆらぎの特徴を抽出し，他の誤報要因と識別し発報する。屋外での放火の早期発見に役立っている。

（出所　（財）電気工事技術講習センター「第一種電気工事士定期講習テキスト」独立行政法人製品評価技術基盤機構）

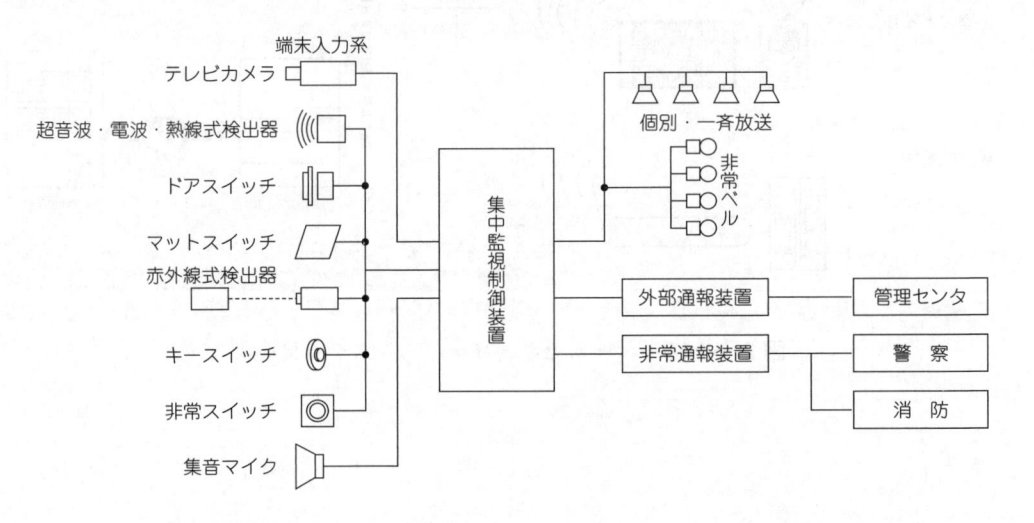

（出所　（財）電気工事技術講習センター「第一種電気工事士定期講習テキスト」独立行政法人製品評価技術基盤機構）

図2-116　防犯設備の機器構成例

7.3　建築設備における省エネルギー対策

　住居において，機器の高効率改善が進む一方で，使用時間の増加，機器の保有台数の増加などにより一世帯当たりの消費電力は増加している。また，ビルにおいても，産業構造の変化によるオフィスビルや商業施設などの延べ床面積の増加によるエネルギー消費量の増加が進んでいる。

　こうした中，**省エネ法**（エネルギーの使用の合理化に関する法律：昭和54年制定）が定められた。

　省エネルギー対策として，エネルギー需要の抑制を図る視点から，

　第一に，製造事業者に対して省エネルギー法に基づく**トップランナー方式**があり，現在商品化されている製品の省エネ性能（エネルギー消費効率）の向上を義務付けた法律で，図2－117に示すように「省エネルギーラベリング制度」（省エネ目標値をどの程度達成しているかラベルに表示する：平成11年4月施行）などを活用して省エネルギー型製品の普及促進に努める。

　第二に，エネルギー需要の適正管理として表2－24に示すように，大規模オフィスビルでのエネルギー管理の強化により，建築物の建築段階において適切な省エネルギー措置の促進と国がエネルギー使用状況を把握する仕組みを導入する。

　第三に，省エネ法に基づく省エネルギー基準を満たす住宅・建築物の普及の促進を進めることにより大幅な省エネ効果を図る。

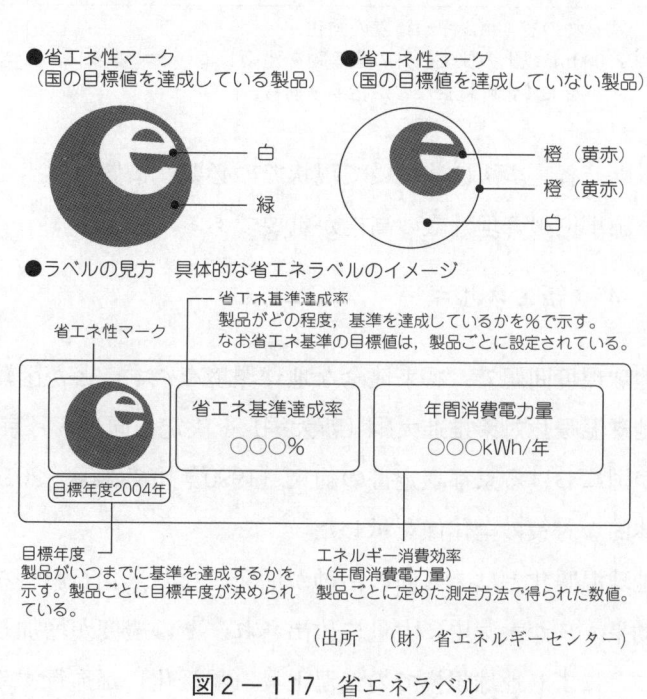

（出所　（財）省エネルギーセンター）

図2－117　省エネラベル

表2—24 オフィスビルなどでのエネルギー管理の変化（省エネ法：平成5年4月施行）

○オフィスビルなどでのエネルギー管理の強化（☆は法改正事項）

年間エネルギー使用量		工場・事業所の設置者	
燃料（熱）（原油換算）	電　気	・製造業 ・鉱業 ・電気供給業 ・ガス供給業 ・熱供給業	・左記を除くすべての業種（例えば，オフィスビル，デパート，ホテル，学校，病院，官公庁，遊園地など） ・左記5業種の本社ビルなどの事務所
―3,000 kℓ―	―1,200万kWh―	【第1種特定事業者】 ○エネルギー管理者の選任 　（エネルギー管理士の資格が必要） ○中長期計画の作成・提出 ○定期の報告	【第1種指定事業者】 ○エネルギー管理員の選任 ☆中長期計画の作成・提出 ☆中長期計画作成の際のエネルギー管理士の参画 ☆定期報告（従来は記録）
―1,500 kℓ―	―600万kWh―	【第2種特定事業者】 ○エネルギー管理員の選任 ☆特定報告（従来は記録）	

注） 建築物の省エネルギー措置の強化
　　2,000m² 以上の住宅以外の建築物を建築しようとする者に，省エネルギー措置の届出を義務付け，建築主事をおく市町村長などが指導・助言。　　　　　　　　　　　　　　　（出所　資源エネルギー庁）

　以上，省エネ法に基づいて現状での必要な措置を述べたが，消費者及び建築主のエネルギー源単位の管理意識の高揚が重要である。

7．4　新エネルギー

　地球環境問題で，将来健全な地球環境を残すことが困難と危惧され，2003年3月，政府は**地球温暖化対策推進大綱（新大綱）**を決定し同年6月**京都議定書**を批准した。新大綱は，我が国における京都議定書の約束（1990年比で2008～2012年に－6％）を履行するための具体的な対策の全体像を示した。

　地球温暖化とは，人間の活動が活発になり，化石燃料などの使用が増えるにつれて，温室効果ガスが大気中に大量に放出され，その濃度が増加し，大気中に吸収される熱が増えたことにより地球規模での気温上昇（温暖化）が進行することである（図2－118）。

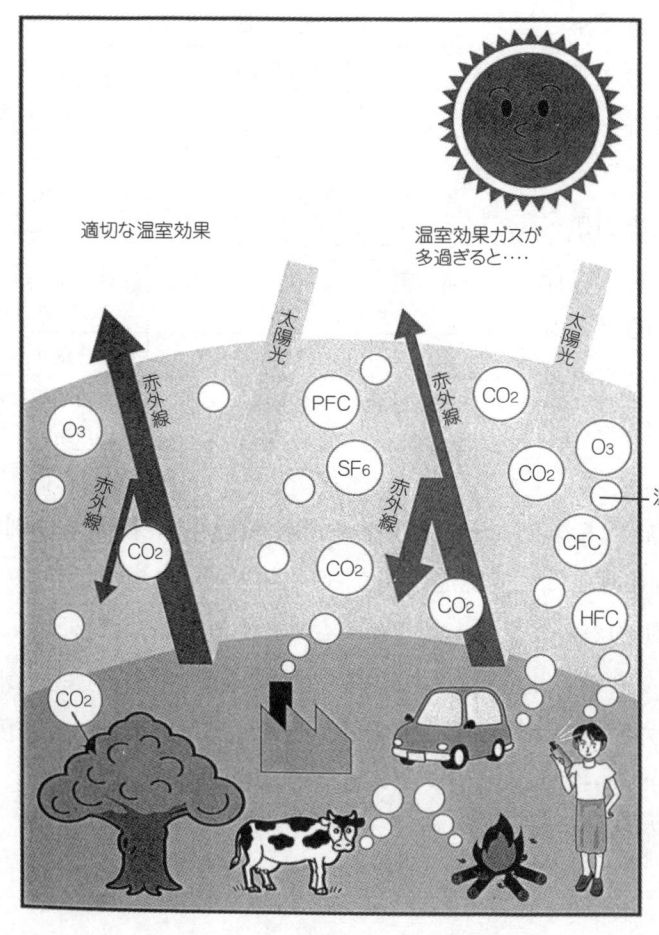

図2－118 温室効果のしくみ
（出所　経済産業省）

温室効果ガスの排出量について，図2－119及び表2－25に示す。建築設備の分野で関連するものは，HFC，SF_6及びCO_2である。

HFC（ハイドロフルオロカーボン）は，現在，着実に代替物質への転換が進められており，またSF₆（六フッ化硫黄）は代替ガスを利用した電子デバイス製造クリーニングプロセスシステムの研究を推進している。

CO_2（二酸化炭素）については，**新エネルギー**の導入による。CO_2排出量

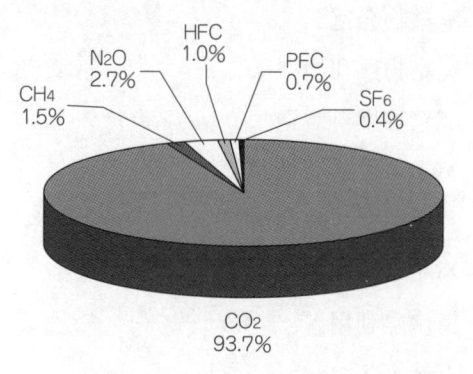

図2－119 温室効果ガス排出量（CO_2換算）
（2002年）
（出所　経済産業省）

の減少など環境へ与える負荷が小さく，資源制限が少ない国産エネルギー，又は石油依存度低下に資する石油代替エネルギーとして，エネルギー安定供給の確保，地球環境問題への対応に資することから，持続可能な経済社会の構築に寄与するとともに，新規産業・雇用の創出にも貢献するなど大いに意義を有している。

表2－25 温室効果ガス

	京都議定書の対象となる温室効果ガス	
1	CO_2（エネルギー起源）	化石燃料の燃焼
	CO_2（非エネルギー起源）	工業プロセス
2	メタン（CH_4）	家畜，水田，廃棄物
3	一酸化二窒素（N_2O）	施肥，工業プロセス
4	HFC（代替フロン）	冷媒，断熱材，発泡剤，エアゾールなど
5	PFC	溶剤，洗浄剤など
6	SF_6	電力用絶縁物質，半導体洗浄剤など

（出所　経済産業省）

（1）新エネルギーとは

新エネルギーは1997年に施行された「**新エネルギー利用等の促進に関する特別措置法**」において，「新エネルギー利用等」として規定されており，「技術的に実用化段階に達しつつあるが，経済性の面での制約から普及が十分でないものもあり，石油代替エネルギーの導入を図るために特に必要なもの」と定義されている中で，実用化段階に達した**水力発電**と研究開発段階にある，**波力発電**や**海洋温度差発電**は，技術的又は経済性の面で実用化段階に達してなく，自然エネルギーであっても新エネルギーには指定されていない。

建築設備分野において具体的には以下のとおりである。

（a）太陽光発電

（b）風力発電

（c）太陽熱利用

（d）温度差エネルギー

（e）廃棄物発電

（f）廃棄物熱利用

（g）廃棄物燃料製造

（h）バイオマス発電[*]

（i）バイオマス熱利用[*]

（j）バイオマス燃料製造[*]

（k）雪氷熱利用[*]

（ℓ）天然ガスコージェネレーション

（m）燃料電池

（注）＊は，政令改正（平成14年1月25日公布・施行）により，新たに追加。

（2）新エネルギーの仕組みと特徴

a．太陽光発電

地表に降り注がれる太陽エネルギーは，1平方メートル当たり1kW程度あり，地球全体に降り注がれる太陽エネルギーは1時間分だけで，世界の年間消費エネルギーを賄えるほどのものである。

図2－120に示すように，2種類の異なるシリコン半導体（n型とp型）を張り合わせたものに太陽光が当たると，光エネルギーは太陽電池本体に吸収され，そのエネルギーによってプラス（＋）とマイナス（－）の粒子（正孔と電子）が生まれ，負荷につなぐと電流が流れることになる。

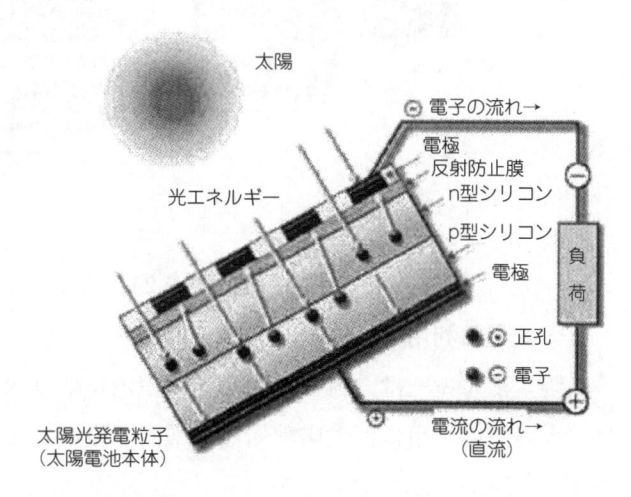

（出所　資源エネルギー庁）

図2－120　太陽光発電の仕組み

b．風力発電

地球にやさしいクリーンエネルギーであるが，風の変動により出力が変化する特性がある。

風速2倍で風力エネルギーが8倍になり，風況の良好な地点を選べば，稼動率・経済性の点で実用化に近いエネルギー源といえる。

図2－121に示すように，「風の力」でブレードを回し，その回転運動を発電機に伝えて「電気」を起こす。

風のエネルギーを回転の機械的エネルギーに変換し，電気エネルギーにすると40％程度であるため比較的効率が高い。

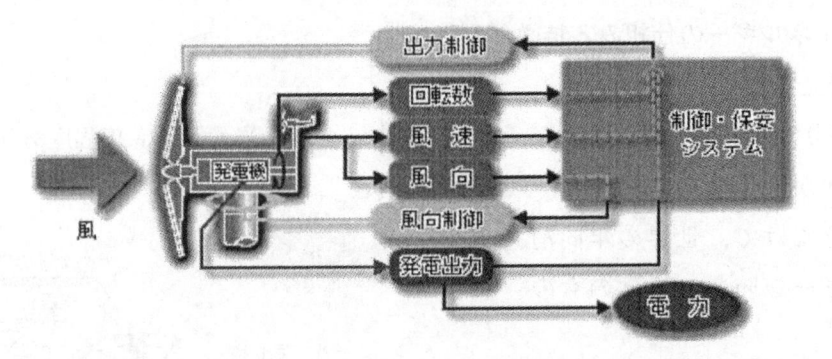

(出所 (社)日本熱供給事業協会)

図2－121　風力発電の仕組み

c．太陽熱利用

太陽エネルギーは，古くは太陽光を室内に取り入れることから始まっているが，現在では，太陽熱の利用は，太陽熱給湯・暖房・吸収式冷凍機などと組み合わせた冷房も可能となる。

図2－122に示すように，太陽熱利用システムは，太陽熱を効率よく集める集熱器・集めた熱を長時間蓄える蓄熱槽・熱を輸送するポンプ，配管などの熱輸送系設備・熱を効率よく利用する放熱器及び給湯設備である。太陽熱利用機器は，エネルギー変換効率が高く，新エネルギーの中でも設備費用が比較的安価で費用対効果の面でも有効である。

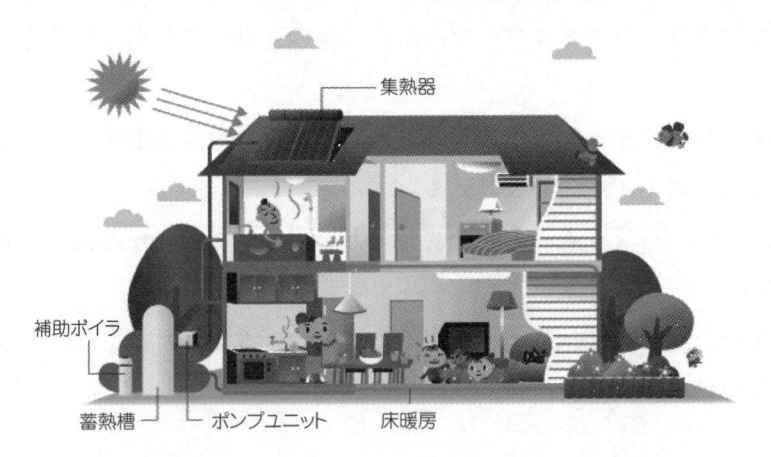

(出所 (財)新エネルギー財団)

図2－122　太陽熱利用システム図

d．温度差エネルギー

河川水や海水などの水温は，夏も冬もあまり変化がなく，安定した熱源といえる。また工場などの排熱といった，今まで利用されてこなかったエネルギーを総称して「未利用エ

ネルギー」と呼ぶ。

図2-123に示すように，吸収ヒートポンプ又は水熱源ヒートポンプの活用により冷暖房などの地域熱供給の熱源として利用できる。エネルギー・環境問題への対策の一環としてエネルギーの供給段階から最終消費段階に至るエネルギーシステム全体のエネルギー利用効率の向上がなされ，大規模，高効率など一定の新エネルギー効果が期待できる。

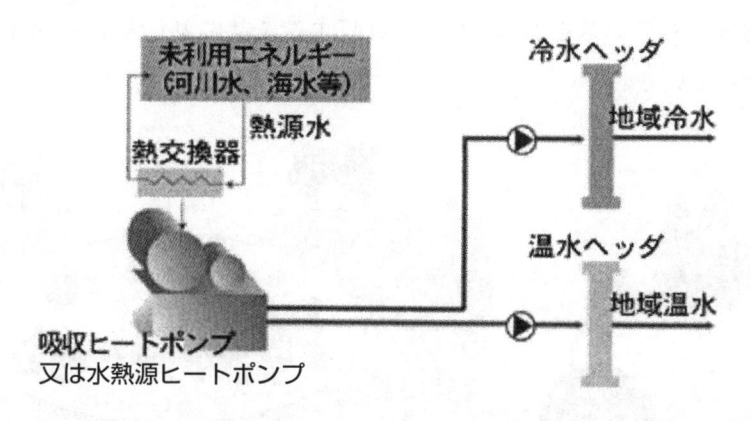

(出所 (社)日本熱供給事業協会)

図2-123 温度差エネルギー利用の仕組み

e．廃棄物発電など

廃棄物の処理問題と地球温暖化のエネルギー問題は，切実な課題である。同一地域から排出される廃棄物は質的にも量的にも比較的安定しており，利用しやすいエネルギーといえる。

図2-124に示すように，廃棄物発電は焼却熱で高温の蒸気を作り，その蒸気でタービンを回し発電する。この蒸気タービンとガスを燃焼させたタービンを回すガスタービンを組み合わせて発電効率を高める「スーパーごみ発電」も導入されている。

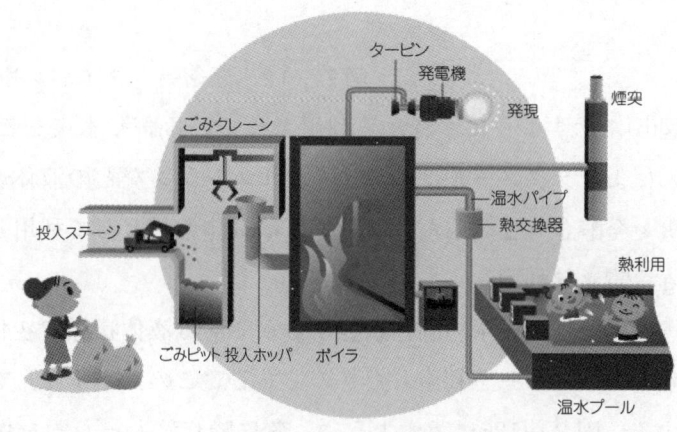

(出所 (財)新エネルギー財団)

図2-124 廃棄物発電・廃棄物熱利用システムズ

f．バイオマスエネルギー

バイオマスの語源は，生物を表す「バイオ」とまとまった量を意味する「マス」を合成して作られた言葉である。そして，この植物などの生物体（バイオマス）を固体燃料，液体燃料，気体燃料に変化させ利用する技術がバイオマスエネルギー技術である。

図2-125(a)に示すように，有機物であるバイオマスを燃焼させるとCO_2が発生するが，同時に植物の生成のバランスを保ち，CO_2を吸収することにより大気中のCO_2の量は増加しない特性を持っている。

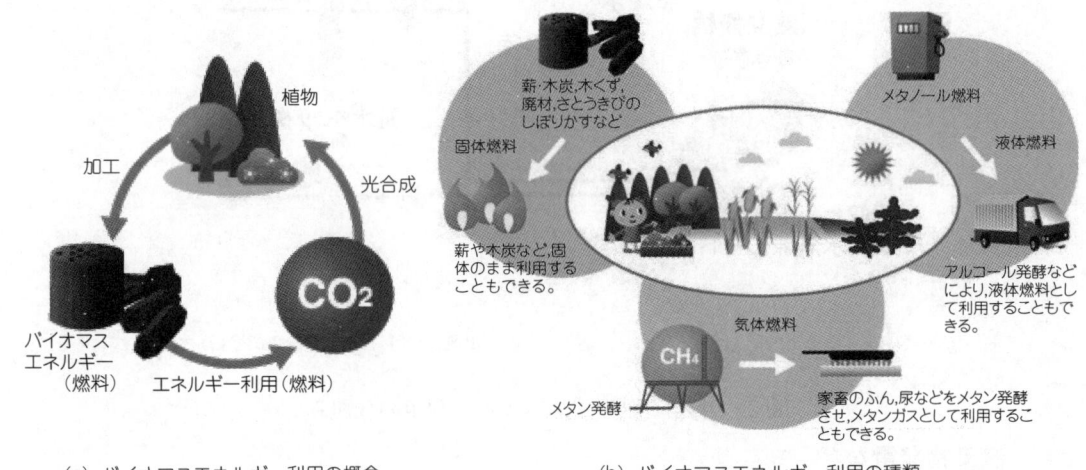

(a) バイオマスエネルギー利用の概念　　(b) バイオマスエネルギー利用の種類

（出所　（財）新エネルギー財団）

図2-125　バイオマスエネルギー

図(b)に示すように，昔から利用されている薪や木炭などの固体燃料，アルコール発酵などによるメタノールは，ディーゼルエンジンなどの液体燃料，家畜のふん（糞）などをメタン発酵させ生成したメタンガスは気体燃料として利用している。

g．雪氷熱利用

雪氷熱とは，雪氷の固体状態から水である液体状態に変化させるために費やされる融解潜熱のエネルギーを利用したものである。このエネルギーを冷房や農作物などの冷蔵に使用する。図2-126に示すように，冬に降り積もった雪を保存し，また，水を冷たい外気で氷にして保存し，今まで利用されなかった「未利用エネルギー」として有効利用することである。

雪の貯蔵（北海道沼田町）　　　　冷気で氷をつくるアイスシェルター（北海道帯広市）
（出所　（財）新エネルギー財団）

図2－126　雪氷の保存

h．天然ガスコージェネレーション

需要地に近いところに発電施設を設置できるため，送電ロスが少なく，また，発電に伴う冷却水，排気ガスなどの廃熱を有効に回収するため，エネルギーを有効利用することができる。

図2－127に示すように，コージェネレーション（Co「共同の」Generation「発生」）とは1つのエネルギーから熱と電気（又は動力）を同時に供給するシステムであり，種類としては，ディーゼルエンジン，燃料電池，ガスタービンなどがある。天然ガスを燃料としたコージェネレーションシステムはエネルギーの高効率利用が可能で新エネルギーとして定義されている。

図2－127　コージェネレーションシステム
（出所　資源エネルギー庁）

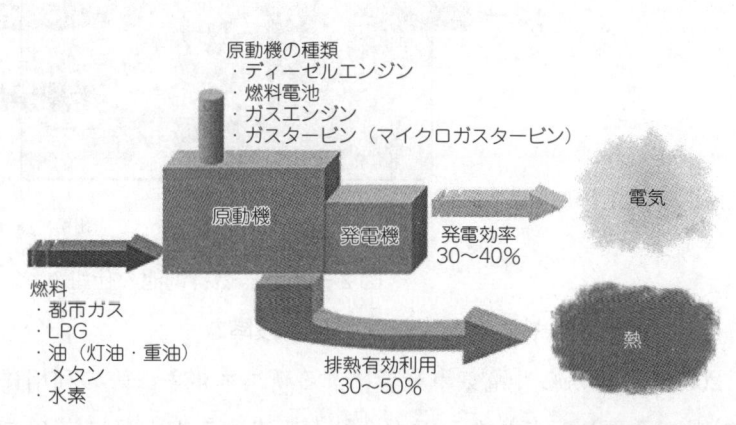

i．燃料電池

燃料電池は，燃料である水素と空気中の酸素を化学反応させ，化学エネルギーを直接電気エネルギーに変換させる発電装置である。

発電効率は40～50％であり，同時に発生する熱の利用もできるので，総合エネルギー効率を80％まで高めることができる。燃料を水素のみ使用した場合，水しか排出せず，環境負荷が小さい発電装置として地球温暖化問題の解決に向け有力な手段となり得る。

図2－128に示すように，水素分子（H_2）は，マイナス電極内にある触媒に吸着され活性な水素原子（H－H）となる。この水素原子は，水素イオン（$2H^+$）となり，2個の電子（$2e^-$）を電極に送り出し，この電子は外部回路を通って反対側に電流として流れる。

プラス電極では，外部から供給された酸素分子（O_2）が外部回路から戻ってきた電子を受け取り，酸素イオン（O_2^-）となる。一方，マイナスイオン電極で電子を取られて，プラスの電荷を帯びた水素イオン（$2H^+$）は，電解質を伝ってプラスの電極に移動し，マイナスの電荷を帯びた酸素イオンと結合し，水（H_2O）となる。）

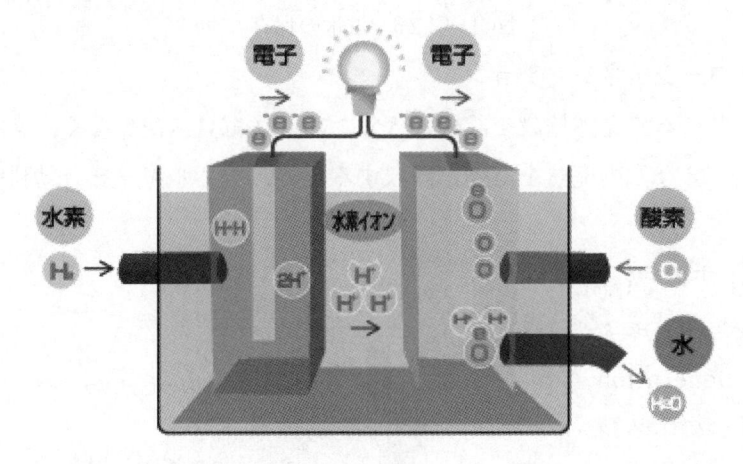

（出所　（財）新エネルギー財団）

図2－128　燃料電池の仕組み

(3) 新エネルギーの導入状況と実用段階

2003年4月から「電気事業者による新エネルギー等の利用に関する**特別措置法（RPS法）**」が全面施行された。電力会社が販売する電力量に応じて一定割合の導入を義務付ける新たな制度（いわゆるRPS（Renewables Portfolio Standard）制度）の導入が始められた。2005年現在の**新エネルギー導入状況**は表2－26に，**実用化段階**を図2－129に示す。

表2-26 新エネルギーの導入状況

新エネルギーの種類	導入状況
太陽光発電	平成5年度から15年度末までの間に、導入量は約36倍に拡大し、システム価格は約1/5まで低減したものの、発電コストは依然高い。
風力発電	立地条件によっては一定の事業採算性も認められ、導入量は過去3年間で約5倍に拡大した。経済性、安定性が課題である。
廃棄物発電	地方自治体が中心に導入が進展している。施設の立地に係る問題などが課題である。
バイオマス発電	木くず、バガス(さとうきびの絞りかす)、汚泥が中心である。近年、食品廃棄物から得られるメタンの利用も見られるが、依然、経済性が課題である。
太陽熱利用	導入量が減少している。経済性が課題である。
廃棄物熱利用	熱供給事業による導入事例はあるものの、導入量は低い水準である。
温度差エネルギー	
バイオマス熱利用など	黒液・廃材は新エネルギーの相当程度の割合を占める。
天然ガスコージェネレーション	導入量は近年比較的順調に進展してきているが、高効率機器設備は、依然、経済性の面が課題である。
燃料電池	りん酸形は減少している。固体高分子形は実用化普及に向けて内外企業の開発競争が本格化している。

(出所 資源エネルギー庁)

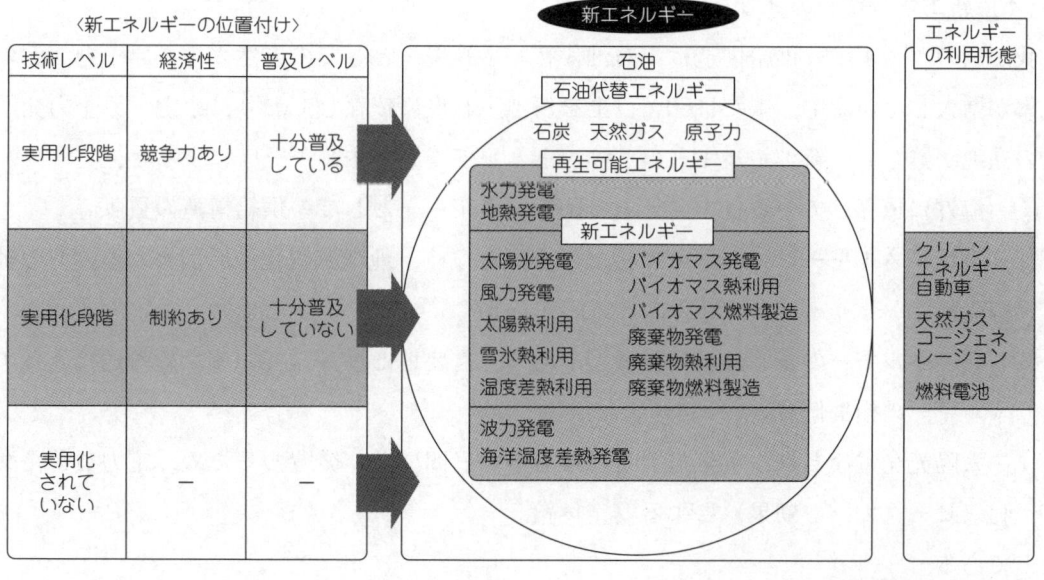

図2-129 新エネルギーの実用化段階

(出所 資源エネルギー庁)

経済産業省では，2010年度までの目標を設定し，対象となり得るエネルギー源は，

1) 風力
2) 太陽光
3) 地熱
4) 水力（水路式の1000ｋＷ以下の水力発電）
5) バイオマス

の5種類であり，電力会社は，

1) 自ら新エネルギーなどの電気を発電する。
2) 他の発電事業者から新エネルギーなどの電気を購入する。
3) 他の発電事業者などから新エネルギーなど電気相当量を購入する。

のうちから最も有利な方法を選択し，義務を履行することとなった。ＲＰＳ法のスキームを図2－130に示す。

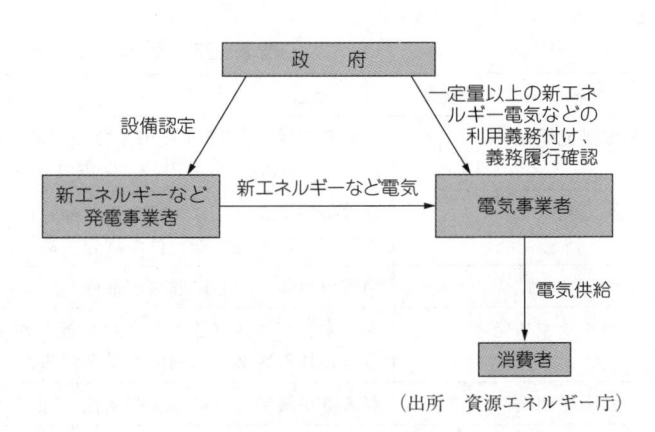

図2－130　ＲＰＳ法のスキーム

（4）新エネルギーのメリット

我が国のエネルギー供給構造は，石油代替エネルギーとしての天然ガス，原子力などの比率が増大している中，未だに60％以上を石油・石炭に依存しており，水力・原子力発電所の立地が難しい。新エネルギーのメリットとして資源エネルギー庁によると，

① 海外に依存している日本にとって国産エネルギーとしての供給構造の貢献。
② 自然エネルギーは，無尽蔵で枯渇の心配もなく，地球温暖化の原因となるCO_2の制御効果。
③ 新エネルギーの多くは地域分散型であり，需要地と近接しているため輸送によるエネルギーの損失低減。
④ 太陽光発電などは，電気需要量の最も多い昼間に多く発電するため，電力負荷平準化（ピークカット効果）による安定供給。

などである。

【練　習　問　題】

1．建築設備の分類について述べなさい。
2．建築物環境衛生管理基準の項目と基準値を述べなさい。
3．機械換気の種類を3つあげなさい。
4．中央式空気調和設備の機器・設備を6つあげなさい。
5．次の文章の（①～③）の中に正しい語句を記入しなさい。
　　水道法第3条より「水道施設」とは，水道のための（①），貯水施設，導水施設，（②），送水施設及び（③）を総称していう。
6．水道直結の一般住宅と受水槽を設置したビルの場合の給水装置の範囲を述べなさい。
7．通気管の目的を3つあげなさい。
8．消防法での防災設備の基準をフロー図にして記入しなさい。
9．ガス機器を燃焼用空気の取り入れと，燃焼廃ガスの方式から4つ述べなさい。
10．供給電圧の種類を直流と交流に分けて述べなさい。
11．低圧屋内配線の電流値と配線の太さを述べなさい。
12．建築設備分野における新エネルギーの種類を述べなさい。

【練習問題の解答】

[第1章]

1.
①主体構造（壁），②外部仕上げ（屋根），③内部仕上げ（天井），④基礎，⑤地業

2.
①小屋梁，②棟木，③なげし，④根太，⑤割ぐり石

3.
①圧縮，②引張り，③欠点，④砂，⑤砂利

4.
①重量，②材料強度，③耐火性，④座屈，⑤耐火被覆

5.
①3，②40，③75，④20，⑤2

[第2章]

1.
①換気・暖房・空気調和設備：室内の温熱環境と空気環境を適正にするための設備。

②給排水・衛生設備：保健衛生上必要とされる水を安全に供給し，消費するための設備。

③ガス設備：ガスエネルギーを安全に供給し，消費するための施設。

④電気設備：電気エネルギーを安全に供給し，消費するための施設。

⑤防災設備：災害の警報，消火，人命避難などの設備。

⑥その他の設備：防犯設備，人や物を搬送するための搬送設備。

2.

建築物の衛生的環境の確保に関する法律に基づく建築物環境衛生管理基準

項　　目	基　準　値
温　　度	17℃ 以上 28℃ 以下 居室における温度を外気温度より低くするときには，その差を著しく低くしないこと
相対湿度	40% 以上 70% 以下
浮遊粉じん量	空気 $1m^3$ につき 0.15mg 以下
CO 含有率	0.001% 以下
CO_2 含有率	0.1% 以下
気流速度	0.5m/s 以下
ホルムアルデヒドの量	空気 $1m^3$ につき 0.1mg 以下

3．機械換気には，①強制給排気を行う第1種機械換気，②強制給気・自然排気による第2種機械換気，③自然給気・強制排気による第3種機械換気がある。

4．
　①熱源機器：ボイラ，冷凍機，ヒートポンプ，冷却塔など，熱を生産する機器。
　②空調機器：空調機（エアハンドリングユニット），ファンコイルユニットなど，熱媒体と空気を熱交換し，空気中のじんあいを除去する機器。
　③搬送機器：ポンプや送風機など，水や空気などの熱媒体を搬送するための機器。
　④配管設備：冷温水，蒸気，冷媒などを輸送するための配管。
　⑤ダクト設備：空気を輸送するための風道。
　⑥自動制御・中央監視設備：温湿度・室間差圧などの制御を行い，温湿度の設定，機器の発停，状態監視などをするための設備。

5．
　①取水施設
　②浄水施設
　③配水施設

6．水道直結の一般住宅の場合は，配水管の分岐から水栓まですべて給水装置であり，ビルのような場合で，受水槽を設置すると，配水管の分岐から受水槽入口のボールタップまでとなり，それ以後は給水装置とはならない。つまり吐水口空間によって配水管の水との水利的な一体性が失われるためである。

7．
　①サイホン作用及びはね出し作用からトラップの封水を保護する。
　②排水管内の流水を円滑にする。
　③排水管内に空気を流通させて排水系統内の換気を行う。

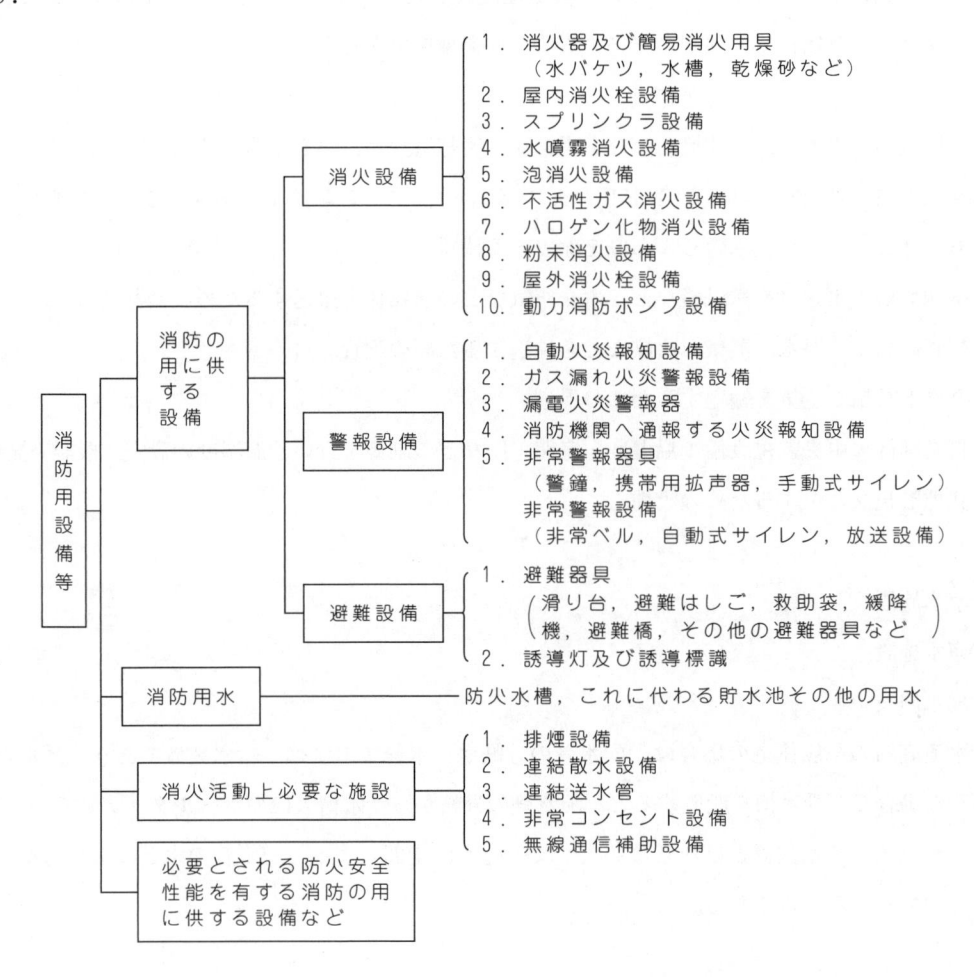

8.

```
消防用設備等
├─ 消防の用に供する設備
│   ├─ 消火設備
│   │   ├─ 1. 消火器及び簡易消火用具
│   │   │      （水バケツ，水槽，乾燥砂など）
│   │   ├─ 2. 屋内消火栓設備
│   │   ├─ 3. スプリンクラ設備
│   │   ├─ 4. 水噴霧消火設備
│   │   ├─ 5. 泡消火設備
│   │   ├─ 6. 不活性ガス消火設備
│   │   ├─ 7. ハロゲン化物消火設備
│   │   ├─ 8. 粉末消火設備
│   │   ├─ 9. 屋外消火栓設備
│   │   └─ 10. 動力消防ポンプ設備
│   ├─ 警報設備
│   │   ├─ 1. 自動火災報知設備
│   │   ├─ 2. ガス漏れ火災警報設備
│   │   ├─ 3. 漏電火災警報器
│   │   ├─ 4. 消防機関へ通報する火災報知設備
│   │   ├─ 5. 非常警報器具
│   │   │      （警鐘，携帯用拡声器，手動式サイレン）
│   │   └─ 非常警報設備
│   │          （非常ベル，自動式サイレン，放送設備）
│   └─ 避難設備
│       ├─ 1. 避難器具
│       │      （滑り台，避難はしご，救助袋，緩降機，避難橋，その他の避難器具など）
│       └─ 2. 誘導灯及び誘導標識
├─ 消防用水 ── 防火水槽，これに代わる貯水池その他の用水
├─ 消火活動上必要な施設
│   ├─ 1. 排煙設備
│   ├─ 2. 連結散水設備
│   ├─ 3. 連結送水管
│   ├─ 4. 非常コンセント設備
│   └─ 5. 無線通信補助設備
└─ 必要とされる防火安全性能を有する消防の用に供する設備など
```

9.
① 開放式ガス機器

燃焼用空気を室内から給気し，燃焼廃ガスを室内に排出する方式のガス機器であり，換気（外気取入れ，燃焼廃ガスの排気）に注意する必要がある。調理用ガスレンジ，小型ストーブ，小型瞬間湯沸器がこの形式である。

② 半密閉式ガス機器

燃焼用空気を室内から給気し，燃焼廃ガスを排気筒で屋外に排出する機器であり，自然換気による自然排気式（ＣＦ式：Conventional Flue）と，排気ファンによる強制排気式（ＦＥ式：Forced Exhaust）がある。

半密閉式ガス機器を設置するときは，排気筒と吸気口の正しい施工が求められる。

③ 密閉式ガス機器

　燃焼用空気を屋外から給気し，燃焼廃ガスを排気筒で屋外に排出する機器であり，自然換気による自然給排気式（ＢＦ式：Balanced Flue）と，給排気ファンによる強制給排気式（ＦＦ式：Forced Draft Balanced Flue）がある。

④ 屋外用ガス機器

　屋外用ガス機器（ＲＦ式：Roof top Flue）は，機器本体を屋外に設置して，屋外で給気するものである。室内への排気の流入や，建物の可燃材料などに注意する必要がある。

10.

供給電圧の種類
（電気設備に関する技術基準を定める省令第3条）

	直　流	交　流
低　圧	750V以下	600V以下
高　圧	750Vを超え 7000V以下	600Vを超え 7000V以下
特別高圧	7000Vを超えるもの	7000Vを超えるもの

11.

低圧屋内配線の許容電流

低圧屋内配線の電流値	低圧屋内配線の太さ	
定格電流が15A以下の過電流遮断器で保護されるもの	直　径	1.6mm
定格電流が15Aを超え20A以下の配線用遮断器で保護されるもの		
定格電流が15Aを超え20A以下の過電流遮断器で保護されるもの	直　径	2mm
定格電流が20Aを超え30A以下の過電流遮断器で保護されるもの	直　径	2.6mm
定格電流が30Aを超え40A以下の過電流遮断器で保護されるもの	断面積	8mm^2
定格電流が40Aを超え50A以下の過電流遮断器で保護されるもの	断面積	14mm^2

12.

- ・太陽光発電
- ・風力発電
- ・太陽熱利用
- ・温度差エネルギー
- ・廃棄物発電
- ・廃棄物熱利用
- ・廃棄物燃料製造
- ・バイオマス発電
- ・バイオマス熱利用
- ・バイオマス燃料製造
- ・雪氷熱利用
- ・天然ガスコージェネレーション
- ・燃料電池

索　引

あ

ＲＣ構造	24
校倉構法	23
圧密沈下	12
圧力水槽方式	87
安全作業法	35
安全ブレーカ	147
アンペアブレーカ	147
異形鉄筋	25
１号消火栓	119
イニシャルコスト（初期費用）	52
インテリア側	68
インバート（溝）	104
インフラストラクチャー	51
ウィンドウ型	68
ウォーターハンマ現象	87
埋戻し	10
エアコン（ヒートポンプ式ルームエアコンディショナ）	59
衛生器具	94
液状化現象	12
エジェクタ	85
ＳＲＣ構造	32
鉛直荷重	15
大壁式	13
オープン方式	143
汚水	102
汚物流し	100
温湿度の設定	65
温水循環ポンプ	61
温水チューブ	61
温水ボイラ	61

か

カーテンウォール工法	29
快感空間（保健空調）	62
外気負荷	67
外皮負荷	67
海洋温度差発電	162
カウンタはめ込み形	100
架空引込み	142
化石燃料	59
型枠	28
合併処理浄化槽	111
家庭用24時間風呂システム	92
壁掛け形	97
壁式鉄筋コンクリート構造	24
仮水準点	8
仮Ｂ．Ｍ．	8
乾き空気	57
簡易専用水道	80
換気・暖房・空気調和設備	53
間接加熱方式	93
幹線	145
管路施設	110
機械換気	54
機器の発停	65
希釈換気	55
基礎	1, 17
基礎（下部）構造	1
給水装置工事	87
給湯・暖房兼用機	92
給排水・衛生設備	79
キュービクル方式	143
強制給排気式（ＦＦ式）	59, 139
京都議定書	160
局所排気方式	55
距離測量	8
緊結金物	16
空気調和設備（空調設備）	62

空調機	64	軸組	15
掘削機械	10	自然換気	54
グリース阻集器	104	自然給排気式（ＢＦ式）	59, 139
クロスコネクション	85	自然排気式（ＣＦ式）	139
Ｋ．Ｂ．Ｍ．	8	自然流下	102
下水処理場	110	室内熱負荷	67
下水道管	110	室内浮遊粉じん量	70
結露	58	自動洗浄弁	98
嫌気ろ床接触ばっ気方式	112	自動フラッシュ弁	99
建築基準法	114	地盤	11
建築工事測量	8	地盤沈下	12
建築構造	1	湿り空気	57
好気性微生物	110	湿り空気線図	57
高気密高断熱住宅	55	集じん装置	73
公共下水道	107	集成材構造	13, 22
工業化住宅	21	重力排水	103
高性能フィルタ（ＨＥＰＡフィルタ）	72	取水施設	80
鋼製ラジエータ	60	受変電設備	143
構造材	30	省エネ法	159
構造部	2	蒸気トラップ	60
構造物	11	蒸気ボイラ	60
高置水槽方式	87	浄水施設	80
合流式	102, 104, 108	照度	151
個別暖房	59	消毒剤（塩素）	111
小屋	19	上部構造	1
小屋組	15, 19, 30	消防法	114
コンクリート	25	新エネルギー	161, 162, 168, 169

さ

		真壁式	13
		水撃作用	87
在来軸組構法	13	水準測量	8
先止め式	92	水準点	8
座屈	29	水蒸気	57
雑排水	102	水道直結増圧方式	87
さや管ヘッダ方式	94	水道用水供給事業	80
産業空調（工場空調）	62	水平荷重	15
ＣＡＴＶ（ケーブルテレビ）	51	水力発電	162
仕上げ部	2	スクリーン	110
地業	1	ストール形	97
仕口	15	生物膜法	110

石綿	73	直結給水方式	87
接合部材	30	貯湯式	92
接地工事	148	沈殿（沈殿汚泥）	110
設備計画	51	ツーバイフォー構法（2×4構法）	19
セパレート型	68	継手	15
セントラルヒーティング	59	定圧比熱	68
洗髪器	100	鉄筋コンクリート構造	24
洗面化粧台	100	鉄骨構造	29
専用水道	80	鉄骨鉄筋コンクリート構造	32
送水施設	80, 83	電気集じん器	73, 74
装置熱負荷	67	電気設備	141
ゾーニング	68	電気ヒータ	61
送風機	64	電力量計	147
阻集器	104	導管	79
		導水施設	80
		特別措置法（RPS法）	168

た

		独立基礎	2
耐火性能	5	都市ガス	137
第1種機械換気	54	都市下水路	107
第2種機械換気	54	吐水口空間	85
第3種機械換気	54	トップランナー方式	159
大断面集成材構造	22	トラップ	103
太陽光発電	163	トラップます	104
太陽光発電システム	145		

な

ダクト用換気扇	56		
ダスト	73	内部負荷	67
単独処理浄化槽	111	軟弱地盤	11
暖房設備	58	2号消火栓	119
地域下水道	107	布基礎	2
地球温暖化対策推進大綱（新大綱）	160	根切り	9
地上デジタル放送	155		

は

地耐力	11		
地中引込み	142	ばい煙	73
窒息作用	127	排水口空間	104
窒息消火	126	配水施設	80, 83
中央監視設備	144	排水設備工事	104
中央式暖房	59	配線用遮断器	147
鋳鉄製放熱器	60	バキュームブレーカ	85
直接加熱方式	93	波力発電	162
貯水施設	80		

B．M．（ベンチマーク）	8
ＢＯＤ除去率	112
ヒートポンプ	63
引込み設備	142
非常電源	144
避難はしご	131
標準活性汚泥法	110
避雷設備（避雷針）	148
ビル用マルチタイプエアコンディショナ型	69
ファンコイルユニット	64
ファンコンベクタ	60
フィン付きパネルヒータ	60
封水	102
風力発電	162, 163, 169
吹出し温度差	68
普通鉄筋	25
不同沈下	12
不燃性能	5
浮遊生物法	110
プレハブ	21
分岐回路	145
粉じん	73
分流式	102, 104, 108
平板型パネルヒータ	60
ベースボードヒータ	60
べた基礎	2
ペデスタル形	100
ペリメータ側	68
ボイラ	63
ボイラ給水ポンプ	60
防火性能	5
防火設備	6
防災設備	114
放射パネル	60
放熱器	60
放熱器弁	60, 61
防犯設備	157
ホームセキュリティ	157
補強コンクリートブロック造	33

ホットウェルタンク（還水槽）	60
ポンプ	64
ポンプ場	110
ポンプ直送方式	87

ま

丸太組構法	13, 23
水盛り	8
無停電電源装置	148
毛髪阻集器	104
木質構造	13
木質プレハブ構造	21
木質プレハブ構法	13, 21
元止め式	92

や

山止め	11
やり方	8
有圧扇	55
誘導用照明設備	132
床組	15, 18
床暖房	61
床の軸組	18
ユニットヒータ	60
養生	28
幼児用便器	100
予測不満足者率（ＰＰＤ）	53
予測平均申告（ＰＭＶ）	53
予備電源	144

ら

ラーメン構造	24
ライフサイクルコスト（生涯費用）	52
ランニングコスト（運転費）	52
流砂現象	12
量産住宅	21
冷却塔	63
冷凍機	63
冷凍サイクル	68

レジオネラ属菌	93	露点温度	58
レンジフード	56		
漏電	147		
漏電遮断器	147		

わ

枠組壁工法	13, 19

委員一覧

平成8年12月

＜作成委員＞

大 岩 明 雄	東電設計株式会社
小 泉 康 夫	株式会社電業社機械製作所

＜監修委員＞

川 上 英 彦	東芝エンジニアリングサービス株式会社

(委員名は五十音順，所属は執筆当時のものです)

設備施工系基礎　　　　　　　　　　　　　　　　　　　　　　　　ⓒ

平成8年12月20日	初 版 発 行	定価：本体1,570円＋税
平成20年3月15日	改訂版発行	
平成25年11月15日	2 刷 発 行	

編集者　独立行政法人　高齢・障害・求職者雇用支援機構
　　　　職業能力開発総合大学校　基盤整備センター

発行者　一般財団法人　職業訓練教材研究会

〒162－0052
東京都新宿区戸山1丁目15－10
電　話　03(3203)6235
FAX　03(3204)4724

編者・発行者の許諾なくして本教科書に関する自習書・解説書若しくはこれに類するものの発行を禁ずる。

ISBN978－4－7863－1103－1